DROIT ROMAIN

DU LEGS DE LA DOT,

ET EN GÉNÉRAL

DE LA CHOSE DUE

DROIT FRANÇAIS

LE

DIVORCE ET LA SÉPARATION DE CORPS

EN DROIT INTERNATIONAL PRIVÉ

SPÉCIALEMENT AU POINT DE VUE DU DROIT FRANÇAIS

THÈSE POUR LE DOCTORAT

PAR

ÉDOUARD CENTNER

AVOCAT A LA COUR D'APPEL

PARIS

LIBRAIRIE NOUVELLE DE DROIT ET DE JURISPRUDENCE

ARTHUR ROUSSEAU, ÉDITEUR

14, RUE SOUFFLOT ET RUE TOULLIER, 13

1893

THÈSE

POUR LE DOCTORAT

DROIT ROMAIN

DU LEGS DE LA DOT

ET EN GÉNÉRAL

DE LA CHOSE DUE

DROIT FRANÇAIS

LE

DIVORCE ET LA SÉPARATION DE CORPS

EN DROIT INTERNATIONAL PRIVÉ

SPÉCIALEMENT AU POINT DE VUE DU DROIT FRANÇAIS

THÈSE POUR LE DOCTORAT

L'ACTE PUBLIC SUR LES MATIÈRES CI-APRÈS

Sera soutenu le mercredi 19 avril 1893, à 8 heures 1/2,

PAR

ÉDOUARD CENTNER

AVOCAT A LA COUR D'APPEL

Président : M. RENAULT.

Suffragants : { MM. DUCROCQ, *professeur.* / PLANIOL, / GIRARD. } *agrégés.*

PARIS

LIBRAIRIE NOUVELLE DE DROIT ET DE JURISPRUDENCE

Arthur ROUSSEAU, Éditeur

14, RUE SOUFFLOT ET RUE TOULLIER, 13

1893

A LA MÉMOIRE DE MON PÈRE

A MA MÈRE

A MON FRÈRE

DROIT ROMAIN

DU LEGS DE LA DOT

ET EN GÉNÉRAL DE LA CHOSE DUE

PRÉLIMINAIRES

Il était d'usage à Rome que le mari léguât à sa femme la dot qu'elle lui avait apportée ; Paul le dit expressément (1), et les nombreux textes insérés au Digeste, qui ont ce legs pour objet, confirment son témoignage en nous montrant qu'il devait y avoir là un usage très-répandu.

Je me suis proposé, dans cette étude, de rechercher quelle a pu être l'origine de cette coutume, quelles ont été les circonstances qui ont pu lui donner naissance ; de montrer en quoi consistait le legs de la dot, quels avantages il offrait, soit sur les autres legs, soit sur l'action dotale que la législation romaine a fini par reconnaître à la femme, avantages qui expliquent, me semble-t-il, autant que l'influence de la tradition, la persistance de cette coutume jusque dans la dernière période du droit romain ;

---

(1) L. 13, Dig., *de dote præl.*, XXXIII, 4 : « Si filiusfamilias, uxorem cum haberet, dotem ab ea acceperat ; deinde paterfamilias factus, *dotem ei, ut solet, legavit...* ».

C.

et enfin de voir si, conformément à l'opinion la plus généralement adoptée aujourd'hui, ce legs de la dot ne constituait qu'une espèce particulière de legs de la chose due, ou s'il n'a pas plutôt pris naissance antérieurement à ce dernier et sous l'influence d'idées toutes différentes.

CHAPITRE PREMIER

ORIGINE DU LEGS DE LA DOT. — SON HISTOIRE.

§ 1. — Avant la création de l'action rei uxoriæ.

L'usage de la dot paraît avoir été aussi ancien à Rome que le mariage lui-même. A l'époque primitive où la *manus* se confondait en quelque sorte avec le mariage (1), le mari, par l'effet de la *conventio in manum*, devenait déjà propriétaire de tous les biens de la femme (2). Sans remonter jusqu'à cette époque lointaine sur laquelle nous n'avons pas de renseignements très précis, nous savons qu'au temps de Plaute, la coutume d'apporter une dot au mari était si bien établie qu'il était honteux pour un père de ne pas doter sa (3) fille, et que l'absence de dot faisait présumer

(1) Kuntze, *Excurse über rœm. Recht* (2ᵉ éd., 1 vol. Leipzig, Hinrichs, 1880), p. 581 ; — Esmein, *Mélanges* (1 vol. Paris, Larose et Forcel, 1886) : *La manus, le palerfam. et le div. dans l'anc. dr. Rom.* ; — Labbé, *Du mar. Rom. et de la manus* (Nouv. Rev. histor. de dr. franç. et étr., 1887).

(2) Plutarque, *Rom.*, 22 ; — Cicéron, *Topiques*, ch. IV, § 23 : « Cum mulier viro in manum convenit, omnia quæ mulieris fuerunt, viri fiunt dotis nomine ». (*Ed. Orelli*, Zurich, 1845, t. I, p. 458) ; — Boëce, *Comm. sur les Top.* (*même éd.*, t. V, 1ʳᵉ part., p. 307).

(3) Plaute, *Trinumus*, acte III, sc. I, vers 11 (*Ed. Naudet, dans la Bibl. cl. lat. de Lemaire*. Paris, 1862, t. III, p. 403) :
« Flagitium quidem, hercle, fiet, nisi dos dabitur virgini ».
Trinumus, acte III, sc. II, v. 63 et s. (*même éd.*, p. 407-408) :
« Nolo ego mihi te tam prospicere, qui meam egestatem leves
Sed ut inops infamis ne sim ; ne mihi hanc famam disferant
Me germanam meam sororem in concubinatum tibi
Sic sine dote dedisse, magis quam in matrimonium.
Quis me improbior perhibeatur esse ? hæc famigeratio
Te honestet, me autem conlutulet, si sine dote duxeris ».

le concubinat ; et plus tard, la loi ne fit que consacrer l'usage établi, en imposant aux parents l'obligation de doter leurs filles (1).

Le mari était propriétaire exclusif de la dot ; à l'origine, il n'était tenu de la restituer dans aucun cas, à la dissolution du mariage : Denys d'Halicarnasse atteste que Romulus n'avait pas établi de loi sur ce point (2) ; Aulu-Gelle confirme ce fait : « On rapporte que pendant les cinq cents premières années environ de la fondation de Rome, il n'y eut ni action ni caution *rei uxoriæ* dans la ville de Rome ou dans le Latium ; sans doute parce qu'il n'en était pas besoin, aucun mariage n'étant alors suivi de divorce. Servius Sulpicius, dans son ouvrage sur la dot, dit que les cautions *rei uxoriæ* ne parurent nécessaires que lorsque Spurius Carvilius, surnommé Ruga... répudia sa femme... l'an 523 de la fondation de Rome (3) ».

Cette situation pouvait avoir de graves inconvénients pour la femme, lorsque le mariage se dissolvait par le prédécès du mari.

Supposons en effet, un mariage avec *conventio in manum* : tous les biens de la femme ont passé dans le patrimoine du mari ; elle lui succède en qualité d'*heres sua ;* s'il n'y a pas d'enfants elle recueille toute la succession,

(1) L. 7, C. *De dot. prom.*, V, 11 ; — L. 19, Dig., *De ritu nupt.*, XXIII, 2.

(2) *Antiq. Romaines*, liv. II, ch. 25 : « Ὁ δὲ Ῥωμύλος... οὔτε περὶ προικὸς ἀποδόσεως ἢ κομιδῆς νόμους δεὶς... (*Ed. Reiske*, Leipzig, 1774, t. I, p. 287) ; — Plutarque, *Rom.*, 22.

(3) *Nuits Attiques* liv. IV, ch. III : « Memoriæ traditum est, quingenti fere annis post Romam conditam, nullas rei uxoriæ neque actiones neque cautiones in urbe Romana aut in Latio fuisse : quia profecto nihil desiderabantur, nullis etiam tunc matrimoniis divertentibus. Servius quoque Sulpicius, in libro quem composuit de dotibus, tum primum cautiones rei uxoriæ necessarias esse visas scripsit, quum Sp. Carvilius, cui Ruga cognomen tum fuit, vir nobilis, divortium cum uxore fecit ; quia liberi ex ea, corporis vitio, non gignerentur, anno Urbis conditæ IↃXXIII ». Comp. *Nuits Att.*, liv. XVII, ch. 21.

mais s'il y a des enfants, elle n'a droit qu'à une part virile comme chaque enfant, et par suite sa part est d'autant plus petite que les enfants sont plus nombreux.

Si le mariage n'a pas été accompagné de *conventio in manum*, la femme n'a aucun droit sur la succession de son mari (jusqu'à l'époque où le préteur, par l'édit *unde vir et uxor*, lui donne un rang parmi les *bonorum possessores*) ; sa dot est donc entièrement perdue pour elle puisqu'elle ne peut agir en restitution contre les héritiers de son mari, et qu'elle ne peut non plus espérer recueillir cette dot dans la succession de ses enfants.

D'autre part, à l'époque où je me place, les paraphernaux sont peu usités (1), et la femme mariée ne paraît avoir d'autres ressources personnelles que celles indiquées par Plaute (2).

La mort du mari la laisserait donc sans ressources, si le mari mourait intestat.

Mais on sait combien les Romains répugnaient à mourir intestats (3) : le correctif de la situation fâcheuse que je viens de signaler était donc tout naturellement le testament du mari. Ce devait être un usage établi dès cette époque que le mari léguât à sa femme sa dot (*legatum dotis*) ou quelque chose qui en tînt lieu (*legatum pro dote*), et le nom même de ce legs de la dot que les textes considèrent comme un legs préciputaire (*prælegatum*) (4) indique bien que le mari, même en instituant sa femme héritière, lui léguait ordinairement sa dot ; à plus forte raison devait-il en être ainsi, quand la femme n'était pas instituée.

(1) Esmein, *Mélanges. Le testament du mari et la don. ante nup.*, p. 40, et les textes qu'il cite : 1. 9, § 3, Dig., *De jure dot.*, XXIII, 3; 1. 95, p. Dig., *Ad leg. Falc.*, XXXV, 2.

(2) *Casina*, acte II, sc. II, v. 28 (*Ed. Naudet*, t. I, p. 586) :
« Quin viro aut subtrahat, aut stupro invenerit ».

(3) Esmein, *Mél. Le test. du mari*, p. 38-39.

(4) Gaius, *Comm.* II, § 217 et suiv.— Esmein, *ouv. cité*, p. 41.

L'usage du legs de la dot serait donc dû en grande partie à l'absence d'action en restitution de la dot ; par suite, l'origine de ce legs serait antérieure à la création de l'action *rei uxoriæ*, c'est-à-dire antérieure au VIe siècle de la fondation de Rome (1). Il n'y a là qu'une hypothèse, puisque nous n'avons pas de textes précis sur ce point ; mais elle repose sur des données si sérieuses, qu'elle a toutes les apparences d'une vérité.

Ce legs de la dot paraît, en effet, avoir été très usité à Rome (2) ; il a dû avoir, comme nous l'avons vu, son maximum d'utilité en l'absence de l'action *rei uxoriæ* : on comprendrait difficilement que les maris se fussent avisés de faire, pour la première fois, des legs de ce genre à leurs femmes, précisément au moment où l'intérêt de ces legs devenait moins pressant. L'usage fréquent du *legatum dotis*, après la pratique des *cautiones rei uxoriæ* et la création de l'action *rei uxoriæ*, ne peut être considéré que comme l'effet d'une habitude contractée antérieurement sous l'influence d'autres besoins, et si profondément entrée dans les mœurs qu'elle s'est maintenue jusqu'au règne de Justinien.

L'existence de l'édit *de alterutro* vient confirmer encore cette hypothèse : cet édit avait pour but d'interdire à la veuve de cumuler le bénéfice de l'action *rei uxoriæ* avec celui des dispositions de dernière volonté de son mari (3),

(1) Gide, *Du caract. de la dot. en dr. rom.* Rev. de légis., 1872, p. 121 et s. — Esmein, *op. cit.*, p. 43.

(2) Même encore au temps de Paul : « dotem ei, *ut solet*, legavit » (l. 13, Dig., *De dote præl.*, XXXIII, 4) ; en outre sa fréquence est attestée par la grande quantité des textes qui s'en occupent (Dig., *De dote præl.*, XXXIII, 4 ; l. 1, Dig., *De leg. præst.*, XXXVII, 7 ; plusieurs fragments du titre *De liber. legata*, XXXIV, 3, etc.).

(3) Voy. les deux seuls textes qui mentionnent expressément cet édit : l. 7, C. Th. *De testam.*, IV, 4 ; — l. un. § 3 C., *De rei. uxor. act.*, V, 13 ; — Bechmann, *Das ræm. Dotalr.* (2 part. Erlangen, Deichert, 1863, 1867) § 16, Ire part., p. 56-57 ; — Czyhlarz, *Das ræm. Dotalrecht* (1 vol. Giessen,

qu'elles eussent pour but la restitution de la dot ou une libéralité quelconque (1). M. Esmein explique cette prescription de l'Edit d'une façon très-plausible, par le désir du préteur d'amortir le coup que l'introduction de l'action *rei uxoriæ* portait à l'ancienne organisation familiale, et de mettre la femme en demeure d'opter entre l'ancien régime, sous lequel le testament du mari fixait seul tous ses droits, et le nouveau qui lui permettait de porter la question devant le juge, en intentant l'action *rei uxoriæ* (2) ; s'il faut admettre cette explication, l'Edit *de alterutro* daterait de la création de l'action *rei uxoriæ* et viendrait confirmer l'hypothèse de l'existence antérieure de l'usage du legs de la dot.

§ 2. — Après la création de l'action rei uxoriæ.

D'après Aulu-Gelle (3), l'action *rei uxoriæ* aurait pris naissance vers le milieu du VIe siècle de la fondation de Rome ; il est probable, comme le fait remarquer M. Gide (4), en s'appuyant sur le passage de Sulpicius cité par Aulu-Gelle, que la restitution conventionnelle précéda la restitution légale. Les femmes, rendues méfiantes par l'exemple de Sp. Carvilius qui, en répudiant sa femme, avait conservé la dot, prirent l'habitude d'exiger du mari, en lui remettant leur dot, la promesse d'une restitution totale ou partielle en cas de divorce (5).

Roth, 1870) § 138, p. 476 ; — Esmein, *Mélanges. Le test. du mari*, p. 56-58.
(1) L. un. § 3, C. *De rei uxor. act.*, V, 13.
(2) Esmein, *Mél. Le test. du mari*, p. 57.
(3) *Nuits att.*, liv. IV, ch. 3, texte cité.
(4) Gide, *Du caract. de la dot en dr. rom.* (Rev. de législ., 1872, p. 138).
(5) Boëce, *Comment. sur les Top.*, ch. XVII, § 65-66 ; liv. VI (*Ed. Orelli*, t. V, 1re part , p. 378).

Quoique Sp. Carvilius, en donnant le premier exemple
de divorce (1), eût été vivement blâmé par ses contemporains (2), il dut avoir rapidement de nombreux imitateurs :
d'où la création de l'action *rei uxoriæ* (3).

Cette action, nécessitée par l'intérêt supérieur de l'État,
paraît avoir eu un double but :

1° Restreindre le nombre des divorces en forçant le mari
qui renvoyait sa femme, à lui rendre sa dot.

Le nombre des divorces, en effet, alla toujours croissant
à partir du VI° siècle ; les renseignements qui nous sont
parvenus sur cette période de l'histoire de Rome, viennent
l'attester (4) ; d'où la nécessité de l'action *rei uxoriæ*, la
perspective de la restitution de la dot pouvant arrêter bien
des maris sur le point de divorcer sans motif sérieux.

2° Permettre à la femme de se remarier grâce à sa dot,
si le divorce avait eu lieu ; les Romains, en effet, étaient
absolument réfractaires à l'idée d'épouser une femme sans
dot (5).

XXIV, 3 ; l. 18, Dig., *de reb. auct.*, XLII, 5 ; l. 25 § 1, Dig. *quæ in fraud.*

(1) Toutefois un texte de Valère-Maxime (*Fact. dictorq. memor.*, liv. II,
ch. IX, n° 2) indique un premier cas de divorce qui paraît se placer en
l'an 447 de la fond. de Rome ; mais Valère-Maxime n'était sans doute pas
fixé lui-même sur la question, puisqu'il dit ailleurs que S. Carvilius fut
le premier Romain qui divorça. (*Factor. dictq. memor.*, liv. II, ch. I, n° 4).
Peut-être Sp. Carvilius fut-il seulement le premier Romain qui divorça
sans restituer la dot ni payer à sa femme l'indemnité pécuniaire (*Diction.
des antiq. Gr. et Rom.* mot : *Divortium*, p. 322).

(2) Denys d'Halicarnasse, *Antiq. Rom.*, liv. II, ch. 25 (*Ed. Reiske*, t. I,
p. 291).

(3) Elle ne fut sans doute au début qu'un arbitrage, et non une véritable
action civile. (Cuq, *Les Instit. jurid. des Rom.*, p. 493 et s).

(4) Suétone, XII *Cæsares* ; *César*, ch. 43 ; *Tibère*, ch. 35 (*Ed. Hase*, Bibl.
cl. lat. de Lemaire. Paris, 1828, t. I, pp. 71, 400) ; — Sénèque, *de Beneficiis*,
liv. III, ch. 17 (*Ed. Bouillet*, même coll. Paris, 1827, t. II, p. 428) ; — Juvénal, *Sat.*, VI, v. 227 et s. (*Ed. Lemaire*, même coll. Paris, 1823, t. I, p. 355) ;
— Martial, *Epigrammes*, liv. VI, 7 *de Thelesina* (*Ed. Parisot*, même coll.
Paris, 1825, t. II, p. 113).

(5) L. 2, Dig., *de jure dot.*, XXIII, 3 : « Reipublicæ interest mulieres
dotes salvas habere, propter quas nubere possunt ». L. 1, Dig., *Sol. mat.*

L'action *rei uxoriæ* fut créée d'abord pour le cas de divorce : Aulu-Gelle ne parle pas du cas de décès du mari (1); Ulpien non plus (2). Il était donc tout naturel que la coutume du legs de la dot se maintînt, et qu'elle continuât à être vue avec faveur par le législateur. Les raisons qui l'avaient fait naître subsistaient en effet ; et le législateur ne pouvait qu'approuver et encourager des legs qui tendaient — indirectement, si on veut — à un but que lui-même se proposait d'atteindre par la création de l'action *rei uxoriæ* : les seconds mariages.

Il est très-probable, comme le veut Bechmann (3), qu'un motif d'équité étant venu s'ajouter à ceux qui avaient fait créer l'action, elle fut étendue, sous forme d'action utile, au cas de mort du mari : on venait ainsi en aide à la femme à qui son mari n'avait pas fait un legs qui la mît à l'abri du besoin. Tout ce que nous savons sur la date de cette extension de l'action au cas de décès du mari, c'est qu'elle existait au temps des Gracques, c'est-à-dire au cours du VIIe siècle de la fondation de Rome (4).

La situation de la veuve est, dès lors, bien améliorée : elle a dans tous les cas, que son mari ait testé en sa faveur ou non, une action pour obtenir la restitution de sa dot.

Le legs de la dot est toujours fréquent à l'époque classi-

cred., XLII, 8 ; Venuleius s'y appuie sur ce principe, qu'un mari n'aurait jamais épousé sa femme, si elle n'avait pas eu de dot.

Remarquons, en passant, que la réciproque paraît avoir été vraie : Pline le Jeune, *Lettres*, II, 14 ; — Juvénal, *Sat.*, III, v. 161 :

« Quis gener hic placuit, censu minor atque puellæ.
Sarcinulis impar ? »

Horace, *Epîtres*, I, 6, v. 36 :

« Scilicet uxorem cum dote, fidemque et amicos
Et genus, et formam regina Pecunia donat ».

(1) *Nuit att.*, textes cités.
(2) *Règles*, VI, *de dotibus*.
(3) *Das rœm. Dotalr.*, § 16, Ire part., p. 59 et s.
(4) L. 66, p. Dig., *Sol. matr.*, XXIV, 3.

que, grâce à l'influence des mœurs (1), et aussi parce qu'il offre sur l'action *rei uxoriæ* certains avantages que j'étudierai plus loin. Il est à remarquer que presque tous les textes que nous avons sur ce legs sont de la période classique, et que, dans presque tous les fragments du titre du Digeste qui lui est consacré, les jurisconsultes l'étudient par comparaison avec l'action *rei uxoriæ*. Il faisait partie de ces clauses en faveur de la femme, qui étaient de style dans le testament du mari, et il en constituait vraisemblablement la principale (2). Aussi devait-il fournir aux jurisconsultes l'occasion d'une théorie très étudiée et toute spéciale, fondée, semble-t-il, sur la faveur qu'il y avait lieu d'accorder à ce legs, en raison de son caractère de restitution par le mari à la femme, des biens dont elle lui avait transmis la propriété, et sur lesquels elle paraissait avoir conservé des droits, puisque l'action *rei uxoriæ* lui était accordée à la dissolution du mariage (3).

Le legs de la dot, après la création de l'action *rei uxoriæ* avait pris, par la force des choses, un caractère particulier : le mari disposait en faveur de la femme d'un ensemble de biens dont elle pouvait obtenir tout ou partie, même en l'absence de toute disposition de dernière volonté du mari. L'existence de l'action *rei uxoriæ* donnait donc à ce legs une certaine analogie avec un legs de chose due, et peu à peu l'idée d'un legs de chose due devait s'en dégager : de

(1) L. 13, Dig., *de dote præl.*, XXXIII, 4.

(2) L. 33, p. § 1 ; l. 45. Dig., *de leg.*, III°, XXXII. — Esmein, *Mél. Le test. du mari*, p. 43.

(3) *Ulpien* : « dotem enim recepisse magis quam accepisse », l. 2, § 1, Dig., *de dote præl.*, XXXIII,4 ; —*Gaius* : « quia suam rem mulier recipere videtur ». l, 81, § 1, Dig., *ad leg. Falc.* XXXV, 2 ; —*Papinien* : « quoniam reddi potius videtur quam dari », l. 77, § 12, Dig. *de leg.* II°, XXXI. Je me borne à indiquer que je me range à la théorie, d'ailleurs peu contestée aujourd'hui, suivant laquelle le mari seul était propriétaire de la dot durant le mariage (Gide, *Du caractère de la dot en dr. Rom.*).

là l'influence de la théorie du *prælegatum dotis* sur celle du *legatum debiti* ; c'est ce que j'examinerai dans la dernière partie de cette étude.

§ 3. — Sous Justinien.

L'usage du legs de la dot a persisté jusque dans le dernier état du droit romain : le fait qu'un titre du Digeste lui est consacré, nous montre que, sous Justinien, il devait avoir conservé une certaine importance.

Pourtant il semble qu'à cette époque, il avait dû perdre beaucoup de son intérêt. En effet, au cas de dissolution du mariage par la mort du mari, la restitution de la dot à la femme était assurée d'une façon beaucoup plus solide qu'auparavant : l'action *rei uxoriæ* était absorbée par l'action *ex stipulatu* (1) ; entre 529 et 531, Justinien avait accordé à la femme une hypothèque légale pour la restitution de sa dot ; il avait ensuite privilégié cette hypothèque, même à l'égard des créanciers du mari antérieurs au mariage, et avait peut-être, en outre, accordé à la femme l'action en revendication à l'égard des biens apportés en dot (2).

Cependant, quelle que fût l'importance de ces garanties, le legs de la dot présentait encore certains avantages sur l'action *rei uxoriæ*, devenue l'action *de dote* à la suite de sa fusion avec l'action *ex stipulatu* (3) : ces avantages tenaient principalement au *commodum repræsentationis*, à la suppression par Justinien de l'Edit *de alterutro* (4), et peut-être aussi à l'existence de l'hypothèque des légataires, si

(1) C. *de rei ux. act.*, V, 13.
(2) L. 30, C. *de Jure dot.*, V, 12 ; l. un. § 15, C. *de rei ux. act.*, V, 13 ; l. 12 C. *qui potior.*, VIII, 18.
(3) Pellat, *Textes sur la dot*, 2ᵉ édit., p. 10, note 4.
(4) L. un. § 3, C. *de rei ux. act.*, V. 13.

on admet que la constitution de Justinien, de 529, n'a pas accordé à la femme l'action en revendication, mais simplement une priorité de rang sur les biens qui sont encore dans le patrimoine du mari au moment de son décès (1).

Ces avantages sur lesquels je reviendrai, et la persistance bien naturelle d'une coutume qui avait duré des siècles, expliquent pourquoi on retrouve, sous Justinien, cet ancien usage.

Mais sous l'influence des garanties de plus en plus considérables accordées à la femme pour la restitution de sa dot, ce legs devait prendre de plus en plus le caractère d'un legs de chose due : aussi l'assimilation est-elle complète sous Justinien ; par une sorte de choc en retour, c'est le principe qui avait servi de base à l'élaboration de la théorie du *legatum debiti* — l'existence d'un avantage sur la créance primitive (2) — qui sert à justifier la validité du legs de la dot (3).

Je ne connais pas de texte des jurisconsultes de l'époque classique qui fasse cette assimilation d'une façon aussi précise que le § 15 du liv. II, 20 des Institutes. Elle n'a dû être complète que sous Justinien, puisqu'elle ne se trouve exprimée nettement que dans les Institutes.

(1) L. 30, C. *de jure dot.*, V, 12. — Gide, *Du caract. de la dot.* (Rev. de législ., 1872, p. 169-175).

(2) Paul : « sin autem neque modo, neque tempore, neque conditione, neque loco debitum differatur : inutile est legatum ». L. 29, Dig., *de leg.*, Iº, XXX.

(3) *Inst.*, II, 20, § 15 : « sed si uxori maritus dotem legaverit, valet legatum, *quia plenius est legatum quam de dote actio* ».

CHAPITRE II

THÉORIE DU LEGS DE LA DOT.

§ 1er. — Formes du legs.

Le legs de la dot se présente sous deux formes :

Le mari peut léguer à la femme sa dot d'une façon générale, en la considérant dans son ensemble, comme une universalité, et en indiquant ou non de quoi elle se compose : ce legs porte le nom de *legatum dotis* (1).

Il peut aussi lui léguer un ou plusieurs objets déterminés, ou une somme d'argent, en ajoutant que ce legs lui tiendra lieu de dot ; c'est l'addition de cette *demonstratio* qui distingue ce legs des legs ordinaires, et fait de la somme ou des objets légués, un équivalent de la dot : c'est un *legatum pro dote* (2).

Les quatre catégories de legs de l'époque classique peuvent être employées, que le legs de la dot soit fait sous l'une ou l'autre forme.

La loi 10 du titre *de dote prælegata* (Dig., XXXIII, 4) fournit un exemple de legs *pro dote* fait *per vindicationem* ; on a soutenu que le *legatum dotis*, portant sur l'ensemble de la dot (*universitas dotis*) qui peut comprendre les biens les plus différents, ne pouvait, dans le droit classique, être fait que *per damnationem* ou *sinendi modo* (3), et on y a vu une différence entre cette forme de legs et la forme

(1) L. 1, § 14 ; l. 2, p. ; l. 9, Dig., *de dote præl.*, XXXIII, 4.
(2) L. 2, p.; l. 6, § 1, Dig., *eod. lit.* ; l. 8, § 6, Dig., *de leg. præst.*, XXXVII, 5.
(3) Czyhlarz, *Das ræm. Dotalr.*, § 136, p. 469.

pro dote (1) ; mais tout en portant sur une universalité, ce legs pouvait ne comprendre que des corps certains, lorsque la dot elle-même ne comprenait que des corps certains ; la seule restriction possible à l'emploi de la formule *per vindicationem* tenait donc à la présence dans la dot, de biens qui n'étaient pas susceptibles de revendication : en dehors de ce cas, il n'y a pas de raison de douter que le *legatum dotis*, comme le *legatum pro dote*, pût être fait *per vindicationem* ; le legs du pécule qui a quelque analogie avec le legs de la dot (2) puisqu'il comprend comme lui une universalité, pouvait être fait *per vindicationem* (3).

Nous avons une formule de *legatum dotis per præceptionem* (4) : « *Uxor mea, quidquid ei comparavi, et quod mihi dedit, e medio sibi sumat* ». Ici le legs de la dot est sous-entendu.

La formule la plus fréquente dans les textes, est celle du legs *per damnationem* ; pour le *legatum dotis*, le testateur disait par exemple : « *Titiæ, amplius quam dotem, aureos tot heres meus damnas esto dare* (5) » ; pour le *legatum pro dote* : « *Quanta pecunia dotis nomine, et reliqua : pro ea quinquaginta heres dato* (6) ». Il est probable que cette formule qui était la plus commode, devait être la plus usitée : elle était plus souple que les autres, et pouvait être employée quelle que fût la nature des biens dont se composait la dot.

Enfin quoique nous n'ayons pas dans les textes (à ma connaissance du moins) d'exemple de legs de la dot fait *si-*

---

(1) Czyhlarz, *Das ræm. Dotalr.*, § 137, p. 474-475.

(2) Julien compare ces deux legs (l. 1, § 10, Dig., *de dote præl.*, XXXIII, 4).

(3) L. 56, Dig., *de rei vindic.*, VI, 1 ; l. 6, p. Dig., *de pecul. leg.*, XXXIII, 8.

(4) L. 17, p. ; Dig., *de dote præl.*, XXXIII, 4.

(5) L. 3, Dig., *eod. tit.*

(6) L. 6, p. ; § 1, Dig., *eod. tit.*

nendi modo, il est assez vraisemblable que cette façon de
léguer pouvait être employée comme les autres ; rien n'indique qu'elle ait dû être écartée.

Peu importe la manière de léguer sous Justinien, puisqu'il n'y a plus qu'une classe de legs, et que la femme légataire a toujours la revendication des corps certains compris dans sa dot (1).

Comme on peut le voir par la loi 17 (**D.** *de dot præl.*)
citée plus haut, le terme *dos* n'était pas absolument nécessaire dans le legs de la dot ; une *demonstratio* pouvait
avoir le même effet, pourvu qu'elle fût suffisamment
claire (2). On s'attachait moins ici à la formule employée
par le mari, qu'à la volonté qu'il avait manifestée.

Remarquons encore qu'il arrivait que le mari employât
la forme d'un fidéicommis (3) ; mais, en général, il faisait
ce legs directement à la femme dans un testament (4), ou
dans un codicille (5).

On voit que la latitude la plus grande était laissée au
mari ; en définitive, au point de vue des formes, le legs de
la dot ne se distinguait nullement des autres.

§ 2. — Parties en cause.

D'une façon générale, le legs de la dot émane de celui
entre les mains duquel la dot a été constituée (6), c'est-à-

(1) L. 1, C., *Comm. de leg.*, VI, 43.

(2) L. 78, § 6 ; l. 95, Dig., *de leg.*, 3º, XXXII ; l. 2, p. ; l. 9, Dig., *de dote
præl.*, XXXIII, 4.

(3) L. 1, § 12, Dig., *de dote præl.*, XXXIII, 4 ; l. 27, Dig., *de Usu et usufr.*,
XXXIII, 2.

(4) L. 16, Dig., *de dote præl.*, XXXIII, 4 ; l. 41, §1 ; 88, § 7, Dig., *de leg.*,
2º, XXXI.

(5) L. 77, § 12, Dig., *de leg.*, 2º, XXXI ; comp., l. 34, § 7, *eod. tit.* ; l. 14,
Dig., *de dote præl.*, XXXIII, 4.

(6) Gaius : « ... Si is qui tales res in dotem accepit, dotem prælegaverit... » l. 15, Dig., *de dote præl.*, XXXIII, 4.

dire du mari ou de son père. Cette situation appelle quelques observations, à cause du caractère particulier de la puissance paternelle à Rome.

En fait le legs devait émaner le plus souvent du mari lui-même (1), déjà par cette raison que lorsque sa succession s'ouvrait, celle du père devait être liquidée dans la majorité des cas, puisque, le plus fréquemment, les parents meurent avant leurs enfants. Rien de particulier si le mari n'était déjà plus soumis à la puissance paternelle lorsque la dot a été constituée entre ses mains : il a acquis la dot et en dispose, à son décès, en faveur de sa femme, comme tout propriétaire dispose de ses biens.

Mais le mari peut avoir été soumis à la puissance paternelle lors de la constitution de dot : si celle-ci a été faite entre ses mains, il peut incontestablement, dès qu'il est libéré de la puissance paternelle, léguer la dot à sa femme, sans se préoccuper de savoir s'il est ou non l'héritier de son père (2). Cela va de soi, puisque lors même qu'il est sous la puissance paternelle, c'est contre lui que l'action en restitution de la dot est dirigée, le père ne pouvant être poursuivi que *de peculio* ou *de in rem verso* (3).

Si la dot a été constituée entre les mains du père du mari et que le père vienne à mourir le premier, le fils recueille la dot, qu'il soit institué héritier pour le tout ou seulement pour partie : en ce dernier cas, en effet, il a un droit de *præceptio*, à l'égard de la dot, droit qu'il fait valoir par l'action *familiæ erciscundæ* (4) ; il peut arriver

---

(1) L. 1, § 7 ; 2 p. ; 3, Dig., *eod. tit.* ; 1. 41, § 1, Dig., *de leg.*, 2°, XXXI, et quantité d'autres textes.

(2) L. 13, Dig., *de dote præl.*, XXXIII, 4.

(3) L. 22, § 12 ; 1. 53, Dig., *Sol. mat.*, XXIV, 3 ; 1. 38, § 1, Dig., *de Pec.*, XV, 1.

(4) L. 85, Dig., *ad leg. Falc.*, XXXV, 2 ; 1. 20, § 2, Dig., *fam. erc.*, X,

aussi que son père, tout en l'exhérédant, lui lègue la dot (1). Dans ces hypothèses, le fils peut incontestablement fai re un *legatum dotis* en faveur de sa femme ; mais en dehors d'elles, lorsque par exemple il est exhérédé sans que le père lui ait légué la dot (2), il ne peut léguer la dot à sa femme : une pareille disposition ne sera pas sans effet, mais elle ne produira pas les effets propres au *prælegatum dotis* ; elle ne pourra être considérée que comme un legs de la dot fait par un tiers. La femme, en pareil cas, a l'action en paiement du legs contre les héritiers du mari, et l'action *rei uxoriæ* contre les héritiers de son beau-père ; il semblerait donc qu'elle pût se faire payer deux fois le montant de sa dot ; les textes ne fournissent pas de renseignement précis sur ce point, mais il est possible qu'on ait appliqué par analogie le système suivi lorsque le père du mari avait légué la dot à sa bru, sans instituer son fils : on veillait par des *cautions*, à ce que les héritiers n'eussent pas à payer deux fois (3).

Si le père du mari, ayant reçu la dot, la lègue à sa bru et meurt du vivant du mari, le legs est nul, car le mariage du fils subsiste, et il est contraire aux principes que la

2 ; l. 1, § 9 ; 7, § 3, Dig., *de dote præl.*, XXXIII, 4. Voy. Bechmann, *Das ræm. Dotalr.*, § 118, IIᵉ part., p. 282 et s.

(1) L. 1, § 10 ; 7, p. Dig., *de dote præl.*, XXXIII, 4. Remarquons, en passant, que ce legs n'aura pas les effets d'un *prælegatum dotis* au sens propre : notamment il sera sujet au prélèvement de la quarte Falcidie. L. 7, § 2, Dig., *de dote præl.*, XXXIII, 4. Cons. Bechmann, *Das ræm. Dotalr.*, § 119, IIᵉ part., p. 287-288 ; — Tigerstrœm, *Das ræm. Dotalr.* (2 vol., Berlin, Natorff, 1831-1832), § 32, t. I, p. 326-327.

(2) En ce cas il n'a pas droit à la *præceptio* de la dot, car elle suppose la qualité d'héritier et ne peut être exercée que par l'action *familiæ erciscundæ*. Voy. sur ce point Bechmann, *Das ræm. Dotalr.*, § 120, IIᵉ part., p. 290-291, et les textes dont il tire argument : l. 1, § 9-10 ; 13, Dig., *de dote præl.*, XXXIII, 4 ; l. 31, § 3, Dig., *Sol. matr.*, XXIV, 3.

(3) L. 1, § 9, Dig., *de dote præl.*, XXXIII, 4. Conf., l. 66, p., Dig., *de leg.*, 2º, XXXI.

C.

femme recouvre sa dot au cours du mariage (1) : le legs ne peut lui donner le *jus actionis de dote* qu'elle n'a que très-exceptionnellement pendant le mariage (2). Il est donc nul parce que l'exécution de la volonté du testateur est impossible (3) ; Ulpien l'indique clairement : « *Si nurui do-tem prælegaverit, eaque mortis tempore nupta sit, nullum legatum est : quia dos nondum debeatur ; sed cum et cons-tante matrimonio adversus heredes soceri dabitur actio : di-cendum est etiam prælegatæ dotis petitionem dari debere* (4) »

On ne peut parler ici, comme le fait Czyhlarz (5), d'une application de la règle Catonienne : si telle était la cause de la nullité, le legs eût toujours été nul dès le début et défi-nitivement, dans notre hypothèse, et Ulpien n'eût pu s'ex-primer comme il l'a fait (6).

Le legs qui nous occupe pouvait être compris dans un autre sens : le père avait pu employer le terme *dos* pour désigner collectivement les objets du legs, dans le sens de *pecunia dotalis* (7); le terme *dos* n'était pas pris au sens propre. C'était une question d'intention. Un pareil legs était absolument valable, mais n'avait plus le moindre rapport avec le *prælegatum dotis*.

C'est à la femme seule que le mari peut faire un *præ-legatum dotis* proprement dit. Le seul cas qui appelle l'at-tention ici, est celui où la fille, au moment de l'ouverture du droit au legs, est soumise à la puissance paternelle.

---

(1) L. 1 ; 76, Dig., *de jure dot.*, XXIII, 3.

(2) Dans le cas seulement où le mari devient insolvable : l. 24, p. Dig., *Sol. mat.*, XXIV, 3.

(3) L. 1, § 9, Dig., *de dote præl.*, XXXIII, 4.

(4) L. 10, § 1, Dig., *de leg præst.*, XXXVII, 5. Voy. Bechmann, *Das ræm. Dotalr.*, § 158, II° part. p. 420, note 3.

(5) *Das ræm. Dotalr.*, § 136, p. 469.

(6) L. 1, p. Dig., *de reg. Caton.*, XXXIV, 7.

7) L 1, § 9. Dig., *de dote præl.*, XXXIII, 4.

Est-ce le père ou la fille qui agira en paiement du legs ? La question n'est pas résolue dans les textes. Suivant les principes généraux de la théorie des legs, l'action *ex testamento* n'appartient qu'au père, en pareil cas (1) ; mais il est extrêmement probable que les principes généraux étaient écartés ; on devait employer ici, pour la protection des droits de la femme, le même système que lorsque le mariage était dissous par le divorce. Les textes ne parlant que rarement ou incidemment du sort de la dot au cas de décès du mari, il me semble qu'on devait appliquer par analogie les règles suivies au cas de divorce. Les termes généraux du paragraphe 14 de la loi unique au Code *de rei uxoriæ actione* (V, 13) ne permettent guère une distinction entre le cas de divorce et celui de mort du mari. Dans le droit classique, il devait en être de même, car on ne voit pas la raison pour laquelle il y aurait eu une différence ; en outre l'édit *de alterutro* était en vigueur : il supposait une option, et il semble bien qu'elle appartenait à la femme seule et non à son *paterfamilias* (2), ce qui indiquerait qu'on se plaçait au même point de vue, dans le cas de décès du mari et dans le cas de divorce. Le silence des textes ne permet donc pas de raisonner *a contrario* : il autorise le raisonnement par analogie.

Or nous voyons que, lorsque la dissolution du mariage est produite par le divorce, c'est à la fille qu'appartient le droit à la restitution de la dot (3) : si elle sort d'une façon quelconque de la puissance paternelle (soit par éman-

(1) L. 5, § 7, Dig., *quando dies leg.*, XXXVI, 2.
(2) L. 7, C. Théod., *de Testam. et Cod.*, IV, 4 : « Sic mulier in edicto quod de alterutro est, cum *suam explanaverit optionem*, ne pœnitentia possit ad alium transire, etiam satisdatione cogetur præcavere, nisi si ætatis juvetur auxilio ». En ce sens : Bechmann, *Das røm. Dotalr.*, § 157, II° part., p. 416.
(3) L. 2, p. § 1-2 ; 3, Dig., *Sol. matr.*, XXIV, 3.

cipation, soit par le décès de son père avant que l'action ait été intentée) l'action n'appartiendra qu'à elle seule ; ce n'est pas à titre d'héritière qu'elle recueillera dans la succession de son père, le droit à la restitution : elle le gardera « *quasi proprium patrimonium* » (1). Cependant elle ne pourra intenter seule l'action *rei uxoriæ* tant qu'elle sera soumise à la puissance paternelle : le concours du père sera indispensable. Tel est le sens de la maxime : *dos est communis patris et filiæ* (2). Ulpien cependant paraît donner l'action au père seul, mais avec le concours de la fille (3) : « *Divortio facto si quidem sui juris sit mulier, ipsa habet rei uxoriæ actionem, id est dotis repetitionem ; quod si in potestate patris sit, pater adjuncta filiæ persona habet actionem ; nec interest, adventitia sit dos, an profectitia* ».

Mais il ne tient ce langage que par respect pour les anciens principes : il rend hommage à la puissance paternelle en lui portant atteinte ; en outre dans la pratique, c'est le père qui agira pour la fille : elle est encore *alieni juris* et ne peut avoir la pratique des affaires. Le but était de protéger la femme contre la perte possible de sa dot : à l'époque où le père avait le droit de prononcer, à lui seul, le divorce de sa fille restée en sa puissance, un père cupide eût pu être tenté de prononcer le divorce de sa fille pour reprendre la dot : ce calcul était déjoué par l'existence du droit propre de la fille. Ce droit permettait en outre à celle-ci de veiller à la conservation de sa dot : si elle se défie de son père, elle refusera son consentement à l'exercice de l'action, et les héritiers du mari garderont la dot provisoirement.

Quoique les textes et particulièrement celui d'Ulpien

(1) L. 2, p. § 1, Dig. *eod. lit.* ; l. un. § 14, C. *de rei ux. act.*, V, 13.
(2) L. 3, Dig., *Sol. matr.*, XXIV, 3.
(3) Règles, *de dotibus*, VI, 6.

n'aient en vue que la dissolution du mariage par le divorce,
la décision devait être la même, si la dissolution avait pour
cause le décès du mari : dans l'un et l'autre cas les motifs
de décision sont les mêmes ; la femme a besoin de la même
protection : il est naturel que cette protection soit assurée
par le même moyen.

Si telle est la situation, si, dès l'époque classi que,le s
Romains ont fait échec aux principes de la puissance paternelle, dans notre espèce, en ne permettant au père l'exercice de l'action que sous le contrôle et avec le concours
effectif de sa fille, on a le droit de penser que les principes
de la théorie des legs devaient subir la même atteinte lorsque la fille était appelée à recueillir sa dot, non plus par l'effet de la loi, comme dans l'action *rei uxoriæ*, mais par la volonté de son mari, exprimée sous forme de *prælegatum dotis*.

Je conclus de ces observations que le concours de la
fille était indispensable au père, pour intenter l'action en
paiement du legs. En pratique, et hors le cas où la contestation était soumise au juge, l'héritier du mari ne devait
payer le montant de la dot léguée, entre les mains du père,
que lorsque celui-ci justifiait du consentement de sa fille,
ou lorsqu'il le couvrait par une *cautio* contre le danger possible de l'action *rei uxoriæ*, intentée par la fille libérée de
la puissance paternelle.

L'action *ex testamento* pour obtenir le montant de la dot
sera dirigée par la veuve contre les mêmes personnes contre lesquelles elle intenterait l'action *rei uxoriæ*, c'est-à-
dire contre les héritiers du mari ou du père du mari. Il
peut toutefois en être autrement dans deux cas dont le second est plutôt une atténuation qu'une dérogation à ce
principe : si le testateur a imposé le legs de la dot à un légataire sous forme de fidéicommis (1) ou s'il a grevé du

(1) L. 1, § 12, Dig., *de dote præl.*, XXXIII, 4 ; l. 57, Dig., *ad. leg. Falc.*,
XXXV, 2.

legs un de ses héritiers à l'exclusion des autres (1) ; dans le premier cas, le fiduciaire est exposé à l'action de la femme, alors qu'il ne pourrait être poursuivi par l'action *rei uxoriæ* ; dans le second, l'héritier grevé est exposé seul à l'action née du legs jusqu'à concurrence de son émolument, alors qu'il ne devrait être poursuivi que pour sa quote-part et en concurrence avec ses co-héritiers.

§ 3. — Objet du legs.

Quel est l'objet du legs de la dot sous forme de *prælegatúm dotis* ? Ulpien répond à cette question : « *Cum dos relegatur, verum est, id dotis legato inesse, quod actione de dote inerat* (2) ».

L'objet de ce legs est donc le même que celui de l'action *rei uxoriæ* ; d'où une différence fondamentale entre cette forme et la forme *pro dote*, dans laquelle l'objet du legs est désigné par le testateur et peut correspondre ou non à celui de l'action *rei uxoriæ*, puisqu'il est destiné à tenir lieu à la veuve de restitution de sa dot (3).

Cette définition de l'objet du legs de la dot est celle du droit classique ; elle est forcément postérieure à la création de l'action *rei uxoriæ* ; cependant le legs de la dot était en usage comme je crois l'avoir démontré, bien avant les cau-

---

(1) L. 53, p., § 2, Dig., *de leg.*, 2°, XXXI. Bechmann (§ 158, II° part., p. 421, note 3) rattache la disposition de ce texte à l'édit *de alterutro* : « Dieser Satz stand im engsten Zusammenhange mit dem *Edictum de alterutro* und scheint mir die früher aufgestellte Theorie von der ursprünglichen subsidiæren Natur der Dotalklage wesentlich zu bestætigen... » Mais il n'en donne pas les raisons et elles sont assez difficiles à deviner.

(2) L. 1, p. Dig., *de dote præl.*, XXXIII, 4 ; Comp. l. 1, § 5 *eod. tit.*

(3) Cette différence entraîne un certain nombre de différences secondaires que je signalerai à mesure qu'ells se présenteront. Voy. Esmein, *Mél. Le test. du mari*, p. 45-46.

tions et l'action *rei uxoriæ* ; quel était son objet à cette époque? C'est une question à laquelle on ne peut répondre que par des hypothèses : aucun texte ne peut être invoqué. Peut-être la femme avait-elle à faire la preuve du montant des biens apportés en dot, ce qui devait lui être difficile, l'usage d'un écrit n'ayant guère commencé à prévaloir que dans les premiers temps de l'Empire (1), peut-être le mari rappelait-il dans son testament l'objet de la dot, peut-être aussi n'y eut-il au début que des *legata pro dote* (2).

Nous n'avons une réponse précise que pour l'époque qui a suivi l'établissement de l'action *rei uxoriæ* ; c'est celle qui nous est fournie par Ulpien. Le principe qu'il pose soulève un certain nombre de questions qui ont trait, d'une part à la validité du legs sous ses deux formes, de l'autre à son étendue : que se passe-t-il lorsque la dot promise n'a pas été livrée, lorsqu'il n'y a jamais eu de dot promise ni apportée par la femme, lorsque la dot lui a été restituée antérieurement à l'ouverture du droit au legs ? Quelles sont les conséquences du principe sur la détermination du montant du legs ; en particulier, comment se comportent ici les rétentions usitées dans l'action *rei uxoriæ* (3) ?

(1) Daremberg et Saglio, *Dict. des Antiq. Gr. et Rom.* au mot : *Dos*, p. 395, et les textes cités ; — Suétone, *Claude*, XXV, 29 ; — Tacite, *Ann.*, XI, 27 et s.

(2) Esmein, *Mél. Le test. du mari*, p. 46-47.

(3) Sur l'ensemble de ces questions, voy. Pothier, *Pandectes, De dote præl.*, (Ed. Latruffe, Paris, *Belin-Leprieur*, 4e éd. 1821, t. II, p. 491 et s.) ; — Esmein, *ouv. cité* ; — Accarias, *Précis de dr. rom.*, 4e édit., § 391, t. I, p. 1065 et s. ; — Tigerstrœm, *Das rœm. Dotalr.*, § 82, t. I, p. 311 et s.; — Bechmann, *Das rœm. Dotalr.*, § 135, IIe part., p. 352-353 ; 414 et s. ; — Czyhlarz, *Das rœm Dotalr.*, § 135, p. 465 et s. ; — Vangerow, *Lehrb. der Pandekt.* (7e éd. 3 vol. Marburg et Leipzig, *Elwert*, 1863-1869) § 555, t. II, p. 542 et s. ; — d'Ihering, *Die active Solidarobligation* (Jahrbücher f. d. Dogmatik), t. 24, p. 170 et s. ; — Windscheid, *Lehrb. des Pandektenr.* (6e éd. 3 vol. Francfort, *Rutten et Lœning*, 1887) § 658, t. III, p. 408 et s. ; Brinz, *Lehrb. der Pand.* (2e éd. 4 vol. Erlangen et Leipzig, *Deichert*, 1873-1892), t. III, p. 325 et s. ; —Arndts, *Lehrb. der Pand.* (13e éd., 1 vol.,Stuttgart, *Cotta*, 1886), § 577, p. 1039 et s.

Si la dot promise par la femme est encore due par elle, au décès du mari, le *prælegatum dotis* se résout en legs de libération (1). Il est possible qu'en pareil cas, par un effet de la distinction signalée plus haut, la femme eût droit au montant du *legatum pro dote*.

Il peut arriver que la femme n'ait pas de dot ; que se passe-t-il en pareil cas, lorsque le mari lui lègue cependant sa dot ? C'est une espèce qui devait se présenter fréquemment à Rome, à en juger par le nombre des textes qui la mentionnent ; elle étonne au premier abord, mais elle paraît pouvoir s'expliquer. Les Romains devaient avoir, tout comme nous, de ces règles de convenance que chacun tient à respecter, au moins en apparence, et qu'on n'ose pas violer ouvertement : un mari pouvait tenir à avantager sa femme au détriment de ses enfants (2), par exemple, ou d'enfants d'un premier lit, ou de proches parents très dignes d'intérêt, et craindre que sa conduite ne fût sévèrement jugée dans le monde ; d'autant plus que le testament était à Rome un acte presque imposé par les mœurs, auquel on attachait une importance extrême, et qui par suite devait avoir un certain retentissement dans le milieu où le testateur avait vécu (3) ; le mari avait un excellent prétexte : la dot (4). Ce prétexte était d'autant plus sûr, que très-peu de mariages devaient se faire sans dot, comme je l'ai déjà fait remarquer. Une pareille disposition pouvait intervenir aussi pour éluder les restrictions apportées par la loi au droit de succession : à Rome déjà, on respec-

---

(1) L. 1, § 7, *de dote præl.*, XXXIII, 4 ; Comp. 1. 33, Dig., *de jure dot.*, XXIII, 3.

(2) Je me place, bien entendu, en dehors des cas d'application de la *querela inofficiosi testamenti*.

(3) Sur l'importance du testament à Rome, voy. notamment : Esmein, *Mél., Le testam. du mari*, p. 38-39.

(4) « *Sub prætextu dotis* ». L. 15, § 3, Dig., *de leg. præst.*, XXXVII, 5.

tait la loi en la tournant (1). Dans la succession du mari, la femme fut longtemps sacrifiée : elle était complètement exclue à l'origine, et si, dans le cas de mariage avec *manus*, elle était considérée comme héritière, ce n'était pas à raison de sa qualité d'épouse, mais parce que cette convention particulière en faisait juridiquement la fille de son mari ; si plus tard, le préteur corrigea ce que cette situation avait d'injuste, en créant un droit de succession au profit de la femme, il n'accorda à celle-ci qu'un rang très éloigné (2) : nous ne pouvons guère nous en étonner puisque chez nous, jusqu'à une date très-récente, il en était de même. Mais lorsque le mari disposait de ses biens par testament, la femme n'était guère plus favorisée ; l'institution des *decimæ* qui réduisaient les legs entre époux, avait pu faire dire que les courtisanes étaient mieux traitées que les épouses (3) ; le legs fait sous prétexte de rendre la dot pouvait avoir pour but d'éviter l'application de ces *decimæ* qui, en effet, ne s'appliquaient pas à la dot (4). Ce legs pouvait aussi être fait pour éluder l'application de la loi Falcidie qui ne s'étendait pas au legs de la dot, et peut-être aussi pour faire échec à la disposition de la loi Voconia qui interdisait au légataire de recueillir plus que l'héritier (5) : la loi Falcidie ne s'appliquant pas au legs de la dot, il est fort possible que la loi Voconia ait été soumise antérieurement à la même restriction.

Que vaudra un pareil legs ? Si le mari a employé le ter-

---

(1) M. d'Ihering consacre un intéressant chapitre aux fraudes à la loi, dans son *Esprit du droit Romain*, t. IV, p. 260 et s.

(2) Inst., *de bon. poss.*, III, 9, § 3.

(3) Quintilien, *De Institutione oratoria*, VIII, 5, 19 : « Placet hoc ergo, o leges diligentissimæ pudoris custodes, decimas uxoribus dari, quartas meretricibus » ? (*Ed. Dussault, dans la Bib. cl. lat. de Lemaire*, Paris, 1821-1825, t. III, p. 246). Ulpien, *Règles*, tit. XV, *de Decimis* .

(4) Ulpien, *Règles*, tit. XV, § 3.

(5) Gaius, *Comm.*, II, § 226.

me *dos*, il n'y a pas là une désignation collective pour un ensemble d'objets particuliers, mais la désignation d'une *universitatis juris*, qui forme l'objet de l'action dotale (1) ; ce qui est légué, c'est l'ensemble des biens qui devraient pouvoir être réclamés par l'action dotale (2) : ce legs est nul, parce que l'action dotale est elle-même sans objet (3). En fait d'ailleurs, même si ce principe n'existait pas, il serait impossible de fixer le montant d'un pareil legs : en intentant l'action dotale, la femme doit prouver qu'elle a fourni la dot, la désignation de cette dot dans un *instrumentum dotale* ne faisant pas présumer le versement (4) ; la nécessité de cette preuve est étendue, par la force des choses, au cas où le mari a légué à sa femme sa dot, en termes généraux (5) : lorsque celle-ci n'a pas apporté de dot, on se heurte à une impossibilité.

Il en est autrement si le mari a employé la formule *pro dote* : le legs est valable ; en effet, il ne diffère des legs ordinaires que par l'addition d'une *demonstratio* ; elle se trouve être fausse dans notre cas : cette circonstance est sans influence. On appliquait ici le principe *falsa demonstratio non nocet*, conformément à l'avis d'un grand nombre de jurisconsultes et à des rescrits d'Antonin le Pieux, de Septime Sévère et de Caracalla, d'Alexandre Sévère (en 224) et de Dioclétien et Maximien (en 293). Il en était encore ainsi, à l'époque de Justinien, et c'est lui qui rapporte, dans les Institutes, le rescrit de Septime Sévère (6).

---

(1) L. 1, p., § 4-5, 10, Dig., *de dote præl.*, XXXIII, 4.

(2) On peut rapprocher de ceci, ce que dit Bechmann au sujet de la stipulation : *dotem dare spondes ?* intervenant en l'absence de dot. *Das ræm. Dotalr.*, § 135, II⁰ part., p. 349 et s.— Conf., l. 75, § 1-2, Dig., *de leg.*, I⁰, XXX.

(3) L. 6, § 1, Dig., *de dote præl.*, XXXIII, 4.

(4) L. 1, C., *de dote causa non num.*, V, 15.

(5) L. 3 ; 5, C., *de falsa causa*, VI, 44.

(6) L. 6, § 1, Dig., *de dote præl.*, XXXIII, 4 ; l. 40, § 4, Dig., *de cond. et*

On considérait ici que l'objet légué était suffisamment désigné, et on accomplissait par suite la volonté du testateur :
mais ce legs n'étant plus qu'un legs pur et simple, auquel
se trouvait jointe une fausse démonstration, était naturellement soumis aux règles des legs ordinaires, par exemple à l'application de la loi Falcidie. Le calcul du testateur
qui avait voulu, en faisant ce legs, éluder l'application de
certaines lois, se trouvait donc déjoué, et son legs était considéré comme ce qu'il était en réalité, un legs pur et simple.

On ne. peut objecter à cette théorie la disposition de la
loi 15, § 3, *Digeste, de legatis præstandis* (**XXXVII**, 5) :
« *Ei, quæ dotem non habet, nullum legatum debebitur, licet sub prætextu dotis legetur* (1) ». Ce texte ne doit pas
être isolé du milieu où il se trouve, sans quoi on en déna-
turerait le sens : il n'a trait qu'à la *bonorum possessio contra tabulas.* Lorsque le préteur accordait cette *bonorum
possessio*, tous les legs tombaient avec le testament, à part
quelques legs que le préteur maintenait, à titre tout à fait
exceptionnel, en raison de leur caractère particulièrement
intéressant : parmi ceux-ci le legs fait à la femme ou à la
bru, sous forme de *prælegatum dotis* ou de *legatum pro
dote* (2). Mais cette faveur se limitait au cas où la femme
avait réellement apporté une dot, sans quoi le testateur
aurait pu lui laisser tout ce qu'il aurait voulu, sous prétexte de dot, et tourner ainsi les dispositions de l'Édit du
préteur relatives à la *bonorum possessio contra tabulas.*
Tel est le sens de la loi 15, § 3 : Paul, dans ce fragment,

dem., XXXV, 1 ; l. 25, Dig., *de lib. leg.*, XXXIV, 3 ; l. 71, § 1, Dig., *de leg.*,
I°, XXX ; l. 21, Dig., *de verb. obl.*, XLV, 1 ; l. 3 ; 5, C. *de falsa causa*,
VI, 44 ; Inst., II, 20, § 15 ; — Conf. Inst., II, 20, § 30 ; l. 33, p., Dig., *de
cond. et dem.*, XXXV, 1.

(1) Bechmann cite ce texte à l'appui de la nullité du legs pour défaut
d'objet, en l'absence de dot. C'est vraisemblablement par erreur, (*Das
ræm. Dotalr.*, § 158, II° p. ; p. 418, note 2).

(2) L. 1, p. ; 8, § 6, Dig., *de leg. præst.*, XXXVII, 5.

ne refuse pas, d'une façon générale, toute validité au legs ; il se borne à en refuser le maintien, lorsque la *bonorum possessio contra tabulas* a été obtenue (1).

De ce cas où la femme n'a jamais eu de dot, il faut rapprocher celui où la dot qu'elle avait apportée, lui a été restituée au cours du mariage, et où, par suite, elle aura bien l'action dotale à la dissolution du mariage, mais une action dotale dont l'objet matériel a disparu (2). La loi autorise, dans certains cas exceptionnels, la restitution de la dot à la femme, au cours du mariage, qu'elle soit ou non soumise à la puissance paternelle : pour lui permettre de pourvoir elle-même à ses besoins et à ceux de ses esclaves, de payer ses dettes lorsqu'elle n'a pas de paraphernaux, ou lorsque les paraphernaux sont plus productifs que le fonds dotal, d'acheter un immeuble propre à garantir le paiement d'une dette, de subvenir aux besoins d'enfants d'un premier lit, ou de proches parents pauvres, exilés ou relégués, ou de payer leur rançon (3). En pareil cas, l'action dotale n'a plus d'objet ; le *prælegatum dotis* n'en a pas non plus. Il est donc nul : « *Adeo autem dotis actionem continet dotis relegatio ut si vivus eam uxori (scilicet quibus licet casibus) solverit, cesset legatum* (4) ». Cette décision est d'ailleurs conforme aux principes généraux d'interprétation des legs, suivant lesquels la femme ne peut recueillir qu'une seule fois le montant de sa dot, si le testateur n'a pas manifesté clairement la volonté contraire (5).

---

(1) En ce sens, Ihering, *Die active Solidarobligation* (Jahrb. für die Dogm., t. 24, p. 172, note 2).

(2) L. 1, § 10, Dig., *De dote præl.*, XXXIII, 4 : « *At dotis actio nihilominus competit, etsi dotem desierit habere* ».

(3) L. 73, § 1 ; 85, Dig., *De jure dot.*, XXIII, 3 ; 1. 20, Dig., *Sol. mat.*, XXIV, 3. — Conf. Pellat, *Textes sur la dot*, p. 347 et s.

(4) Ulpien, 1. 1, § 5, Dig., *De dote præl.*, XXXIII, 4.

(5) L. 1, § 14, Dig., *eod. tit.* ; 1. 84, § 6, Dig., *de leg.*, 1°, XXX ; 1. 88, § 7, Dig., *de leg.*, 2°, XXXI.

Un pareil legs est valable sous la forme *pro dote* ; c'est ce que décide Celsus dans l'espèce suivante : le mari a restitué la dot à la femme, et, le sachant, lui lègue une somme de 40, sous le prétexte de lui rendre sa dot (*dotis reddendæ nomine*) ; les 40 seront dûs. Il y a surtout là une question d'intention ; Celsus donne la raison de sa décision : « *Etenim reddendi verbum quanquam significationem habeat retro dandi, recipit tamen et per se dandi significationem* (1) ». Il y avait en pareil cas un legs pur et simple avec fausse démonstration, et non un legs équivalant à la restitution de la dot. Aussi devait-il être soumis, comme le précédent, aux règles générales des legs ordinaires.

Toutefois il y avait peut-être une différence entre lui et le précédent ; lorsque le mari a légué « *quodcumque ad eum dotis nomine pervenisset, perventurumve esset* », la femme est tenue, par la force des choses, de faire la preuve de l'existence et du montant de la dot (2). Par suite le legs *pro dote*, dans lequel le mari qui n'a rien reçu en dot, ne désigne pas nettement ce qu'il lègue, est nul ; il est possible qu'un pareil legs fût valable, si le mari ayant reçu une dot, l'avait restituée au cours du mariage ; car la femme pourra fournir la preuve du fait de l'apport, et du montant de celui-ci.

Enfin une dernière espèce se rapproche des précédentes : le mari a reçu une dot et ne l'a pas restituée au cours du mariage ; il fait en faveur de sa femme un legs de la dot dans lequel il exagère le montant de celle-ci. L'espèce est prévue au Digeste (3) pour le legs *pro dote* : le mari lègue une somme de 50 *pro dote*, quoique la dot ne contienne que 40 ; le legs est valable pour les 50, par application du

---

(1) L. 21, Dig., *de leg.*, 2º, XXXI.
(2) L. 3, C. *de falsa causa adj.*, VI, 44.
(3) L. 6, p. Dig., *de dote præl.*, XXXIII, 4.

principe : *falsa demonstratio non nocet*. Le *prælegatum do-tis* dans lequel le mari rappelait, en l'exagérant, le montant de la dot, devait être nul pour ce qui excédait le montant de la dot puisque cet excédent ne pouvait être compris dans l'action *rei uxoriæ*.

Ce legs, à la différence de celui qui portait sur une dot imaginaire, donnait action à la femme lorsque le testament tombait par la concession faite par le préteur de la *bonorum possessio contra tabulas* (1); mais on ne sait si l'action était donnée pour le montant du legs, ou seulement jusqu'à concurrence du montant de la dot.

Voyons maintenant de quelle façon le principe rappelé plus haut : *dotis legato inesse quod actione de dote inerat*, affecte l'étendue du legs, fait sous forme de *prælegatum dotis*.

Ce principe entraîne les conséquences suivantes :

1° Le legs comprend tout ce qui doit être considéré comme dot pour une cause quelconque, c'est-à-dire non seulement les objets qui dès le début ont été constitués en dot, mais tout ce qui s'est ajouté à la dot comme accessoire, par exemple les fruits perçus avant le mariage (2) car tout cela peut être récupéré par l'action *rei uxoriæ*.

Il est presque inutile de faire observer qu'il n'en était pas de même dans le legs *pro dote* ; mais ici l'évaluation de la dot devait se faire de la même façon, lorsqu'il y avait lieu d'établir par exemple que ce legs dépassait le montant de la dot.

2° Le *prælegatum dotis* ne comprend pas les corps certains non estimés, qui ont péri au cours du mariage (3).

---

(1) L. 9, Dig., *de leg. præst.*, XXXVII, 5.
(2) L. 38, § 12, 15, Dig., *de usur. et fruct.*, XXII, 1.
(3) L. 1, § 6, Dig., *de dote præl.*, XXXIII, 4.

Le legs *pro dote* au contraire peut les comprendre ; on ne considère que l'existence de son objet propre (1).

3° Lorsque la dot comprend des corps certains qui ont été remis au mari grevés de charges réelles, le *prælegatum dotis* les fera parvenir tels quels à la femme, l'héritier n'étant pas tenu de les libérer. Sauf, bien entendu, le cas où le mari aurait exprimé la volonté contraire (2).

Quant au legs *pro dote*, il est bien difficile de dire, en l'absence d'un texte, s'il était soumis à la même règle ou au droit commun, suivant lequel les objets légués devaient parvenir au légataire libres de toutes charges ; ce legs, en effet, est tantôt soumis aux règles du droit commun, tantôt assimilé à un *prælegatum dotis* ; le principe me paraît avoir été celui-ci (3) : le *legatum pro dote*, jusqu'à concurrence du montant de la dot, est soumis aux mêmes règles que le *prælegatum dotis* ; si tel est le principe, il est possible que, dans notre espèce, il n'y eût pas de différence entre les deux formes de legs.

4° La femme est tenue de respecter les baux du mari, pourvu que ce soit elle-même qui ait droit à la perception du loyer ; il en est de même lorsqu'elle recouvre sa dot par l'action *rei uxoriæ* (4). Cette décision, donnée à l'occasion du *prælegatum dotis*, appelle la même observation que la précédente, en ce qui touche son application au legs *pro dote*.

Il me reste à examiner une question en partie controversée : comment se comportent les rétentions à l'égard du *prælegatum dotis* ?

Les deux rétentions *propter liberos* et *propter mores* sup-

(1) L. 8, Dig., *eod. tit.*
(2) L. 15, Dig., *de dote præl.*, XXXIII, 4.
(3) L. 2, Dig., *eod. tit.*
(4) L. 1, § 15, Dig., *de dote præl.*, XXXIII, 4 ; 1. 25, § 4, Dig., *sol. mat.*, XXIV, 3.

posent, la première un divorce dû à la faute de la femme
ou de son père ayant sur elle la puissance paternelle, la
seconde un divorce causé par les mauvaises mœurs de la
femme (1) ; elles ont plutôt un intérêt moral qu'un intérêt
pécuniaire, et supposent que l'action *rei uxoriæ* est dirigée
contre le mari lui-même : il ne saurait donc en être question ici, pas plus d'ailleurs que dans le cas où l'action *rei
uxoriæ* n'a pris naissance que par le décès du mari (2). Il
n'y a pas de controverse sur ce point.

Il n'y en a pas non plus sur la rétention pour cause d'impenses nécessaires : ces impenses diminuent la dot de plein
droit. Le contenu de l'action dotale est fixé non seulement
par l'étendue de la dot telle qu'elle a été constituée primitivement, mais aussi par celle de ces impenses ; il en est
par suite de même pour le contenu du legs de la dot. Un
texte absolument net d'Ulpien décide en ce sens (3).

Une controverse s'est élevée au sujet des rétentions ayant
leur cause dans une donation ou dans des impenses utiles.
Deux textes s'en occupent :

Ulpien, l. 1, § 3, Dig., *de dote præl.*, XXXIII, 4 : « *Est
et illud, quod ob res donatas hodie post senatusconsultum
nulla fit exactio, si modo voluntatem non mutavit testa-
tor* ».

Exactio dans ce texte ne peut avoir que le sens de *reten-
tio*, car l'action pouvant naître de la révocation d'une donation n'aurait aucun rapport avec la *prælegatum dotis*,
et ce texte n'aurait aucun sens, placé où il se trouve ; Ulpien reconnaît donc le droit de rétention à l'héritier puis-

____

(1) Ulpien, *Règles, de dotibus*, VI, 10-12.
(2) Accarias, *Précis de dr. rom.*, § 391, t. I, p. 1067, note 1.— Bechmann,
Das ræm. Dotalr., § 135, IIᵉ part., p. 352 ; § 157, IIᵉ part., p. 414 et s.
— Czyhlarz, *Das ræm. Dotalr.*, § 135, p. 465 et s.
(3) L. 1, § 4, Dig., *de dote præl.*, XXXIII, 4 ; Conf., l. 2, p., Dig., *eod.
tit.*

qu'il ne le lui refuse que par cette raison de fait : que le testateur est mort sans avoir révoqué la donation, ce qui en entraîne la pleine validité, conformément au sénatus-consulte Emilien (*Oratio Antonini*) (1). Si le testateur avait révoqué la donation avant sa mort, la rétention devrait s'appliquer.

Cette solution donnée pour la rétention à raison des donations est déjà un préjugé pour l'admissibilité de la rétention *propter impensas*. Celle-ci est admise dans un fragment de Marcien, qui a été invoqué cependant en sens contraire :

Marcien, l. 5, Dig., *de dote præl.*, **XXXIII**, 4 : « *Dote relegata non est heres audiendus, si velit ob donationes in mulierem factas solutionem differe, vel ob impensas alias, quam quæ ipso jure dotem minuunt : aliud est enim, minorem esse factam dotem, quod per necessarias impensas accidit : aliud, pignoris nomine retineri dotem ob ea, quæ mulierem invicem præstare æquum est* ».

Marcien reconnaît le droit de l'héritier au montant des donations et des impenses utiles, mais lui refuse de le faire valoir sous forme de rétention. En effet, *solutionem differre* signifie *retarder* et non pas *refuser* le paiement ; le sens dans lequel est pris ici le mot *differre* est confirmé par la remarque finale du texte : ces rétentions sont voulues par l'équité. La conclusion à tirer de ce texte, c'est que, tout en admettant au fond les prétentions de l'héritier à la déduction des impenses utiles et des donations, on l'obligeait, pour établir qu'elles étaient fondées, à suivre une procédure différente de celle des rétentions. La restitution de la dot aurait pu être retardée par des contestations soulevées dans le but de gagner du temps, et le refus du droit de rétention en attendant le jugement, pouvait empêcher

(1) L. 32, p. § 1-2, Dig., *de donat. int. vir. et uxor.*, XXIV, 1.

des contestations de ce genre. Dans le droit classique, l'héritier pas plus que le mari, n'avait une action indépendante pour recouvrer le montant des impenses utiles ; le sens du texte de Marcien devait donc être celui-ci : l'héritier devra se contenter d'une caution de la femme, et, cette caution fournie, il ne pourra différer le paiement du legs(1). Il y a là une question de procédure qui nous échappe en partie, le texte de Marcien n'étant pas suffisamment explicite, mais certainement on ne peut le comprendre dans le sens d'un refus absolu du droit de rétention : il n'y a là que le refus d'opérer les déductions sous forme de rétention. La femme recevait plus tôt le montant du legs, mais c'était elle et non l'héritier, qui supportait, en définitive, le paiement des impenses utiles et la restitution de la donation révoquée par le mari.

L'interprétation contraire qui refuse d'une façon absolue le droit de rétention, aboutit à supprimer la remarque finale de l'un et de l'autre texte, et à donner à l'expression *solutionem differre* un sens que les Romains ne connaissaient pas (2).

L'interprétation que je soutiens a encore pour elle un texte de Javolenus (l. 41, § 1, Dig., *de leg.*, 2° XXXI) : le testateur dispose en faveur de la femme de son héritier, sous cette forme : « *Quidquid propter Titiam ad Seium dotis nomine pervenit, tantam pecuniam Seius heres meus*

---

(1) Bechmann, *Das ræm. Dotalr.*, § 135, p. 352-353 ; — Czyhlarz, *Das ræm. Dotalr.*, § 135, p. 466 et s. ; — Esmein, *Mél.*, *Le test. du mari*, p. 46.

(2) Cujas, *Comm. in tit. de dote præleg.*, (Ed. de Naples, 1722, t. VII, c. 1411 et s. ; — Altamiranus, *ad 10 fr. de dote præl.*, (Thesaurus de Meerman. La Haye, 1751, t. II, p. 488) ; — Pothier, *Pand.*, XXXIII, 4, t. II, p. 492 (Ed. citée) ; — Tigerstrœm, *Das ræm. Dotalr.*, § 32, t. I, p. 318 et note 24 ; — Ihering, *Die act. Solidarob.*, p. 171, note 5 ; — Mühlenbruch, *Doctrina Pand.*, § 744, note 9, p. 667 ; — Accarias, *Précis de dr. Rom.*, § 391, t. I, p. 1067, note 1 ; — Brinz, *Lehrb. der Pand.*, t. III, p. 331, note 84 ; — Arndts, *Lehrb. der Pand.*, § 577, p. 1039-1040.

Titiæ det. » Les impenses doivent-elles être déduites ? Le jurisconsulte dont Javolenus rapporte la décision répond : Non, et fait à ce sujet une distinction entre le legs de la dot fait par un tiers à la femme, et celui qui lui est fait par son mari : « *Non autem idem jus servari debet ex testamento extranei, quod servatur in testamento viri qui dotem uxori relegavit : hæc enim taxationis loco habenda est* quidquid ad te pervenit ; *illic autem, ubi vir uxori relegat, id videtur legare, quod in judicio dotis (mulier) consecutura fuerit* ». Donc lorsque le legs de la dot est fait par le mari, il y a lieu d'opérer les déductions, parce que le legs comprend ce que la femme obtiendrait par l'action dotale ; Javolenus précise ainsi le principe posé par Ulpien (*quod dotis actione inerat*) en indiquant que le moment où il faut se placer pour apprécier le contenu de cette action, n'est pas celui où elle est intentée, mais celui où elle serait jugée, Et en effet, ce n'est pas seulement le montant de la dot, mais celui des impenses et des donations, qui sert à délimiter ce que la femme obtiendra par l'action dotale.

Ce texte suffirait pour établir que c'est la femme qui devra supporter les impenses et les donations révoquées ; il vient éclairer le texte de Marcien.

Cujas l'invoque en sens contraire, mais il est obligé d'avoir recours au glossateur inintelligent ; celui-ci aurait ajouté les mots : *ubi vir uxori relegat* (1). Rien n'est moins sûr ; même en admettant la suppression de ces mots, il resterait l'opposition faite par Javolenus entre l'espèce posée, dans laquelle les déductions sont refusées à l'héritier, et le cas du *prælegatum dotis* fait par le mari à sa femme : cela suffit.

Reste enfin la rétention *ob res amotas* : les textes n'en parlent pas en matière de legs de la dot ; mais nous sa-

____

(1) Cujas, *ad tit. de dote præl.* (Ed. de Naples, t. VII, c. 1415).

vons que l'action *rerum amotarum* était accordée même aux héritiers du mari, lorsque des détournements au préjudice du mari avaient été opérés par la femme au cours du mariage (1). Il est donc certain que la femme devait voir déduire de sa dot le montant des détournements ; admettait-on ici une véritable rétention, ou bien les considérations qui avaient prévalu pour les impenses et les donations, avaient-elles amené à imposer à l'héritier, ici aussi, une procédure particulière ? C'est un point sur lequel on ne peut faire que des hypothèses.

Lorsque le legs est fait *pro dote*, il ne peut être question de rétention, car le mot *dos* ne se trouve là que comme une démonstration ; la femme n'a même pas à tenir compte à l'héritier des impenses nécessaires (2).

La Constitution de Justinien, de 530, a fait disparaître toutes les rétentions, à part celle des impenses nécessaires, qui n'est pas à proprement parler une rétention, puisque c'est de plein droit que la dot se trouve diminuée par ces impenses (3) ; la question des rétentions ne se présente donc plus dans le droit de Justinien.

§ 4. — Avantages du legs.

On voit par ce qui précède que l'étendue du *prælegatum dotis* se fixe assez exactement par l'étendue de la dot, telle qu'elle devrait être déterminée dans l'action dotale. Sa fréquence à l'époque où l'action *rei uxoriæ* avait pris tout son développement, s'explique par les avantages qu'il of-

(1) L. 6, § 5 ; 22, § 1 ; Dig., *Rer. amot.*, XXV, 2.
(2) L. 2, p. Dig., *de dote præl.*, XXXIII, 4.
(3) L. un., § 5, C. *de rei ux. act.*, V, 13. Voy. Esmein, *Mél., Le test. du mari*, p. 46.

frait sur cette action. Il y a ici deux classes d'avantages à
considérer : ceux que présente ce legs sur l'action dotale ;
ceux qu'il présente sur les legs ordinaires, et dont la plupart sont une conséquence nécessaire des premiers.

Le legs de la dot présente trois avantages sur l'action
rei uxoriæ : l'abréviation des délais de restitution de la dot ;
la suppression de certains pactes dotaux ; enfin, il était
toujours transmissible.

On sait que, de droit commun, lorsque la femme inten-
tait l'action dotale, les choses non fongibles comprises dans
la dot devaient lui être restituées immédiatement ; quant
aux choses fongibles, elles étaient restituées en trois ans
par tiers (1). Le legs de la dot avait pour effet d'abréger
ce délai : c'est un avantage que les textes désignent sous le
nom de *commodum repræsentationis* (2).

On admet généralement que par l'effet du legs la dot
entière devait être restituée immédiatement (3) : je crois,
avec Czyhlarz (4), que l'avantage était moindre et qu'il n'y
avait ici qu'une abréviation et non une suppression des
délais de restitution. Africain dit en effet (l. 4, **Dig.**, *de dote
præl.*) : « *Cum vulgari modo dies legatorum profertur, nihil
eam rem ad dotis relegationem pertinere ait : quia suum
diem habeat* ». Ce texte vise vraisemblablement la clause
usitée dans les testaments, qui fixait d'une façon générale
un délai de paiement de trois ans par tiers, pour les legs
auxquels le testateur n'avait pas assigné un terme particulier (5) ; Africain dit que cette clause ne peut s'appliquer

(1) Ulpien, *Règles* ; *de dot.*, VI, § 8.
(2) L. 1, § 2, 12 ; 2, p. § 1, Dig.. *de dote præl.*, XXXIII, 4.
(3) Pothier, *Pand.*, liv. XXXIII, 4, t. II, p. 492 ; — Accarias, *Précis de dr.
Rom.*, § 391, t. I, p. 1066 ; — Ihering, *Die act. Solid.*, p. 170, note 1, p. 171,
note 5 ; — Bechmann, *Das ræm. Dotalr.*, § 158, II⁰ part., p. 417.
(4) *Das. ræm Dotalr.*, § 136, p. 471.
(5) L. 30, p. Dig., *de leg.*, 1⁰ XXX.

au legs de la dot, qui a un terme particulier ; c'est ce qu'expriment les mots *suum diem* qui ne peuvent désigner qu'un terme légal particulier applicable à ce legs ; c'est bien aussi dans ce sens qu'Ulpien a dû entendre le *commodum repræsentationis*, lorsqu'il dit (l. 1, § 12, *in fine*, D., *de dote præl.*) : « *Ego quæro, an commoda repræsentationis in hoc legato sic observentur, atque si dos ipsi mulieri fuisset relegata ?* » Il est difficile de dire quel était ce délai fixé par la loi. Il devait certainement être plus court que les délais de l'action dotale ; il était vraisemblablement d'un an. Ulpien dit en effet (l. 1, § 2, Dig., *de dote præl.*) : « *Et verum est, commodum in dote relegata esse repræsentationis, quamvis annua die dos præstaretur* ». On prétend généralement que ce texte a dû être abrégé et que la commission chargée par Justinien de réunir les fragments qui composent le Digeste, a dû supprimer après *annua*, les mots *bima, trima* (1). Le sens du fragment serait ainsi absolument changé : Ulpien y aurait fait une opposition entre le legs et l'action *rei uxoriæ*, le second membre de phrase s'appliquant à cette dernière. Cette interprétation, outre qu'elle suppose une altération de texte qu'on ne doit admettre que lorsqu'il est impossible de faire autrement, donne au mot *quamvis* le sens de *quia ;* mais *quamvis* ne peut être traduit que par *quoique*, et le sens du passage est celui-ci : Il y a un *commodum repræsentationis* dans le legs de la dot, quoique la dot ne doive être payée qu'au bout d'un an. Cette interprétation du texte a été donnée pour la première fois, à ma connaissance du moins, par Czyhlarz, et je crois qu'elle est la bonne. Elle évite l'hypothèse d'une altération, et concorde avec le sens grammatical de la phrase d'Ulpien.

(1) Accarias, *Précis de dr. Rom.*, § 391, t. I, p. 1066, note 3 ; — Tigerstrœm, *Das rœm. Dotalr.*, § 32, t. I, p. 315, note 11 ; il voit aussi une interpolation dans la l. 4, D., *de dote præl.*, p. 315 ; — Bechmann, *Das rœm. Dotalr.*, § 140, IIᵉ part., p. 372, note 3.

L'application de ce délai se limite au *prælegatum dotis*, et naturellement aux choses fongibles seules, puisque les autres étaient restituées sans délai par l'action *rei uxoriæ*.

Cette situation changea sous Justinien : suivant sa constitution de 530 (1), les immeubles doivent être restitués immédiatement après la dissolution du mariage, comme auparavant ; mais tout ce qui compose la dot, à part les immeubles, doit être remis à la femme au bout d'un an. Le *commodum repræsentationis*, dans le legs, est donc l'équivalent de la suppression du délai de restitution, et les compilateurs du Digeste ont pu insérer le fragment d'Ulpien en l'interprétant dans le sens qu'on lui donne généralement aujourd'hui, d'une opposition faite par Ulpien entre le *legatum dotis*, et l'action *rei uxoriæ* ; mais tel n'a pas dû être le sens primitif. Sous Justinien, le *prælegatum dotis* est donc, comme tous les autres legs, payable au décès du testateur, et c'est ce qui lui donne un avantage sur l'action *de dote*.

Quant au legs *pro dote*, il ne peut être question, évidemment, d'une distinction entre lui et le *legatum dotis*, sous Justinien ; dans le droit classique, il devait offrir un avantage sur le *legatum dotis*, en ce qu'il était exigible, comme tous les autres legs, au décès du testateur ; les textes d'Africain et d'Ulpien, cités plus haut, ne s'appliquent en effet qu'au *legatum dotis*.

Les femmes ayant rarement à Rome quelque fortune personnelle, puisque les paraphernaux jouèrent pendant longtemps un rôle peu important, et qu'elles n'avaient pas de moyen de s'enrichir, cet avantage d'un paiement anticipé, même restreint comme je viens de le dire, devait avoir pour elles un intérêt assez considérable. Il devait avoir son origine dans la volonté présumée du mari de res-

(1) L. un., § 7, C. *de rei ux. act.*, V, 13.

treindre les délais de paiement ; mais il paraît certain qu'à
l'époque classique, où se place le texte d'Africain, cette
idée avait dû faire place à une autre : celle d'une faveur à
accorder au legs de la dot ; car il tendait — en dehors de
la volonté du testateur, si l'on veut — au but que le législateur poursuivait par l'action dotale : la restitution de la
dot à la femme dans l'intérêt des secondes noces ; cette
idée de faveur ressort bien, à mon avis, du texte d'Africain, qui considère comme non écrit, le terme apposé au
legatum dotis. L'action *rei uxoriæ*, après avoir été créée
pour le cas de divorce, avait été étendue au cas de décès
du mari, non pas pour battre en brèche le vieil usage du
legs de la dot, mais pour le consacrer, en venant en aide
à la femme à laquelle son mari n'avait pas légué sa dot ;
l'interdit *de alterutro* vient confirmer cette manière de voir
si, comme il y a tout lieu de le croire (1), il a eu pour but
d'imposer à la femme une option entre l'ancien régime
sous lequel le testament du mari était tout, et le nouveau,
sous lequel la femme avait un droit reconnu par la loi, à
la restitution de sa dot : il est assez naturel que les Romains pour lesquels le testament était un acte capital, aient
préféré le voir respecter que de voir la femme intenter
l'action *rei uxoriæ*, et que pour pousser la femme à le préférer à l'action ils lui aient accordé certains avantages sur
celle-ci, même à l'encontre de la volonté du mari. Cette
abréviation des délais de restitution et la façon dont elle
était accordée à la femme, indique bien qu'on ne traitait
pas ici le legs de la dot comme un legs de la chose due.

Le legs de la dot peut offrir un avantage considérable à
la femme, lorsque, par un pacte, il a été convenu entre le
mari et la femme, que les héritiers du mari garderaient la
dot à la dissolution du mariage : en pareil cas, même si

(1) Esmein, *Mél.*, *Le test. du mari*, p. 58.

des enfants sont nés de l'union, le pacte est considéré
comme annulé par le legs, et la femme qui, en l'absence
du legs, se serait vu repousser par une exception, recouvrera
sa dot grâce à lui ; tel est le sens d'une décision d'Ulpien (1). Il devait y avoir là une présomption de renonciation du mari au pacte. Mais elle ne paraît avoir prévalu
qu'au temps d'Ulpien : car, dans un autre texte, il rapporte
une réponse de Papinien qui considère ce pacte comme
nul dans tous les cas (2).

Enfin le legs de la dot a un avantage qui se présente dans
tous les cas : le *commodum repræsentationis* n'existe pas
quand la dot ne comprend que des immeubles ; l'intérêt
indiqué ci-dessus ne se présente que lorsqu'il est intervenu
un pacte *de lucranda dote* ; au contraire, le legs de la dot
est toujours transmissible aux héritiers de la femme, tandis que l'action *rei uxoriæ* n'est transmissible que dans
certains cas. C'est un avantage qui devait avoir de l'intérêt
surtout pour les héritiers de la femme. Lorsque la femme
meurt après le mari, sans que les héritiers du mari aient
été mis en demeure soit par elle, soit par toute personne
en son nom, elle ne transmet pas l'action *rei uxoriæ* à ses
héritiers (3) ; en principe, le legs est transmissible, pourvu
que le légataire ait survécu au *dies cedens* : il n'est pas dérogé à ce principe en notre matière, et la femme transmet
à ses héritiers l'action née du legs, pourvu que le *dies cedens* soit survenu de son vivant (4).

Sous Justinien, il ne peut plus y avoir là un avantage du

(1) Ulpien, l. 1, § 1, Dig., *de dote præl.*, XXXIII, 4.
(2) L. 2, Dig., *de pact. dotal.*, XXIII, 4.
(3) Ulpien, *Règles* ; *de dot.*, VI, § 7 ; — Fragm. Vat., § 112.
(4) L. 8, Dig., *de dote præl.*, XXXIII, 4 ; l. 31, *Quando dies leg.*, XXXVI,
2 ; Conf., l. 16, § 1 ; 17, Dig., *de reb. dub.*, XXXIV, 5. — Czyhlarz, *Das
ræm. Dotalr.*, § 135, p. 468 et note 19 ; — Tigerstrœm, *Das ræm. Dotalr.*,
§ 32, t. 1, p. 322 et note 33.

legs, car l'action dotale est devenue transmissible dans tous les cas, comme l'ancienne action *ex stipulatu* (1).

A côté de ces avantages que présentait le legs sur l'action, et dont les deux premiers tout au moins, devaient avoir pour but, comme ils avaient pour résultat de le faire préférer par la femme, à l'action, il y en avait d'autres qu'il offrait sur les legs ordinaires. Ils se rattachaient aux premiers ; étant donné le point de départ, ils étaient nécessaires : c'étaient le refus au fiduciaire de la quarte Falcidie, et la nullité du fidéicommis imposé à la femme.

Je mets à part le maintien du legs, malgré la chute du testament et de toutes ses dispositions, lorsque le préteur accordait la *bonorum possessio contra tabulas* : j'ai déjà eu à le signaler ; je n'y reviens pas. Le préteur avait dû être amené à ordonner ce maintien par une considération toute de fait : si le legs de la dot tombe comme les autres par la concession de la *bonorum possessio contra tabulas*, la femme en sera quitte pour agir par l'action *rei uxoriæ* ; autant maintenir le legs. A cette considération s'ajoutait une idée de faveur envers la femme, puisque le legs était maintenu tel quel, avec tous ses avantages. Et ceci montre bien que ce legs n'était pas considéré comme un *legatum debiti*. Ulpien emploie, il est vrai, le terme *æs alienum* (l. 8, § 5, Dig., *de legat. præst.*, XXXVII, 5) : « *Cum autem dotis nomine legatur, non puto, ad virilem uxorem nurumve redigendam : cum mulier ista ad æs alienum veniat* ». Mais s'il emploie ce dernier argument, ce n'est pas, ainsi que le dit avec raison Bechmann (2), pour justifier le maintien du legs, mais uniquement pour justifier l'étendue de ce maintien.

Le *prælegatum dotis* n'est pas soumis à la déduction de

(1) L. un., § 4, C. *de rei ux. act.*, V, 13.
(2) *Das ræm. Dotalr.*, § 158, IIe part., p. 419, texte et note 1.

la quarte Falcidie. Un fragment de Gaius l'atteste (l. 81,
§ 1, Dig., *ad legem Falcidiam*, XXXV, 2) : « *Dos relegata,
extra rationem legis Falcidiæ est, scilicet quia suam rem
mulier recipere videtur* ». Il est à remarquer que, même
l'avantage du paiement anticipé n'entre pas en ligne de
compte : ceci vient confirmer cette idée qu'il n'y a pas là un
legatum debiti. Il s'agit uniquement d'un avantage accordé
à la femme : on la traite comme si elle recueillait un bien
qui lui appartient. Le fait nous est confirmé par Marcellus
dans le cas d'un fidéicommis (l. 57, Dig., *eod. tit.*) : « *Cum
dotem maritus alicui legaverit, ut uxori restituatur : non
habere legem Falcidiam locum, dicendum est : et sane in
plerisque ita observatur, ut omissa interpositi, capientis
persona spectetur* ». On aurait pu être tenté de considérer
le legs comme un legs ordinaire, à l'égard du fiduciaire :
que lui importe en effet que le legs ait pour objet la dot ?
Marcellus répond qu'on néglige le fiduciaire, pour ne considérer que la personne à laquelle doit parvenir effectivement le legs.

Les Romains toutefois, paraissent avoir été divisés sur
cette question : Ulpien rapporte que Julien admettait la déduction de la quarte Falcidie (l. 1, § 12, Dig., *de dote prælegata*, XXXIII, 4) : « *Idem* (Julianus) *quærit, si dos alii
legata esset, eamque rogatus sit mulieri restituere : an lex
Falcidia in legato locum haberet ? Et dicit habere : sed quod
minus est in fideicommisso, mulierem dotis actione consecu-
turam. Ego quæro an commoda repræsentationis in hoc
legato sic observentur, atque si dos ipsi mulieri fuisset relegata ? Et puto habere* ». Il est difficile de savoir quelle
fut l'opinion qui prévalut : Gaius, Marcellus et Julien
étaient contemporains. Le fait qu'Ulpien, qui vécut un peu
plus tard, rapporte exclusivement l'opinion de Julien, indique peut-être qu'on se rangea à cette opinion. Mais l'exis-

tence même de la controverse montre bien qu'il n'y avait pas là un *legatum debiti*, et Ulpien a soin de dire que la femme jouira, en pareil cas, de l'avantage d'une restitution anticipée.

Quel que soit le système qui ait prévalu, on écartait de toute façon l'application de la loi Falcidie : dans le premier système, on l'écartait absolument, dans le second on ne l'admettait qu'en la forme, puisqu'on en palliait immédiatement l'application, par le droit reconnu à la femme d'agir par l'action dotale pour recouvrer ce que la Falcidie lui avait enlevé. Dans l'un ou l'autre cas, elle jouissait du *commodum repræsentationis* ; de toute façon, elle était soustraite, en fait, à la déduction de la quarte Falcidie. Cette solution était nécessaire, étant donné le point de départ de la théorie qui cherchait à rendre le legs plus avantageux à la femme que l'action (1).

A propos de la quarte Falcidie, il faut signaler la disposition intéressante de la loi 10, Dig., *de dote prælegata*, XXXIII, 4 : Scævola : *Si Seiæ pro dote centum fundus legatus sit, idemque Mævio : quod Mævio Falcidia aufert, pro eo, quasi concursus non fuerit, mulier plus vindicet : quia amplius sit in dote mulieris.* » L'espèce est la suivante : Un fonds est légué à la femme *pro dote, per vindicationem* ; le testateur en a disposé en même temps en faveur de Mævius. Par son concours avec Mævius, la femme obtiendrait donc la moitié du fonds (2). Mais il y a lieu à application de la loi Falcidie : le legs de Mævius est donc diminué du quart, c'est-à-dire de 1/8 de la valeur totale du

_____

(1) Consult. Tigerstrœm, *Das rœm. Dotalr.*, § 32, t. I, p. 322 et s. ; mais il rattache cette théorie à l'idée qui domine dans tout son ouvrage : celle de la propriété de la femme sur sa dot pendant la durée du mariage. — Bechmann, *Das rœm. Dotalr.*, § 158, p. 418 et note 7. Il passe sous silence la loi 1, § 12, *de dote prælegata*.

(2) Gaius, *Comm.*, II, § 199.

fonds ; Mævius recevrait par suite 3/8 du fonds et l'héritier garderait 1/8. Mais la dot de la femme est plus considérable que la moitié qui lui revient (*quia amplius sit in dote mulieris*) : elle revendiquera donc le 1/8 que la loi Falcidie enlève à Mævius ; son legs au lieu de comprendre 1/2 du fonds, comprendra 1/2 + 1/8. Il y a une sorte de droit d'accroissement au profit de la femme (1). Pratiquement, le résultat était le suivant : si l'on admet, avec Marcellus et Gaius, que le legs de la dot n'est pas soumis au prélèvement de la quarte Falcidie, non seulement la femme obtiendra sa part sans prélèvement, mais le prélèvement fait sur la part de son co-légataire se fera à son profit ; si l'on admet avec Julien et Ulpien que le legs de la dot est soumis au prélèvement, la femme se verra enlever la

---

(1) Czyhlarz, *Das ræm, Dotalr.*, § 137, p. 473. — Conf. Cujas, *Com. in lit. de dote præl.*, (Ed. de Naples, 1722, t. VII, c. 1421) ; — Altamiranus, *ad l. Seiæ* 10 *fr. de dote præl.* (Thesaurus de Meerman, t. II, p. 487 et s.) ; — Tigerstrœm (*Das ræm. Dotalr.*, § 32, t. I, p. 324) donne une autre interprétation de ce fragment : Il n'y a pas lieu à application de la loi Falcidie, mais si la moitié que garde la femme ne suffit pas à la remplir de sa dot, on interprète ainsi la disposition : la femme doit être considérée comme une légataire qui a été chargée de remettre un legs à Mævius et qui par conséquent a le droit de déduire, contre Mævius, la quarte Falcidie (*Die Frau soll als Legatarin angesehen werden, welcher zur Pflicht gemacht sei, ein Legat an den Mævius herauszugeben, und in Folge dessen wird sie berechtigt die* quarta Falcidia *dem* Mævius *abzuziehen* ». Mais le texte suppose bien que la loi Falcidie a enlevé une partie de son legs à Mævius, et que la femme revendique cette partie ; l'interprétation de Tigerstrœm conduit à cette conséquence, que la femme a *toujours* le droit de prélever la quarte Falcidie sur la part de son co-légataire, quand sa propre part est inférieure au montant de sa dot ; tandis que le texte, tout en conduisant indirectement à cette conséquence, la limite exclusivement à l'hypothèse qu'il prévoit : celle où le legs du co-légataire de la femme serait sujet au prélèvement de la quarte Falcidie, même en l'absence de tout legs fait à la femme. Dans l'interprétation de Tigerstrœm, le droit à la quarte Falcidie naît, par fiction, dans la personne de la femme ; dans l'interprétation que j'expose, il est né dans la personne d'un héritier ou d'un légataire, et c'est la femme qui en profite : s'il n'était pas né dans la personne de cet héritier ou de ce légataire, la femme n'y aurait aucun droit.

quarte sur sa part, mais c'est encore à son profit que se fera
le prélèvement sur la part de son co-légataire. De toute
façon, son legs échappe à l'application de la loi Falcidie,
dans l'hypothèse spéciale présentée par Scævola.

Lorsque le mari lègue la dot à sa femme, en la grevant
d'un fidéicommis, il y a lieu de distinguer entre le cas où
le legs est égal au montant de la dot (*prælegatum dotis*),
et celui où il est supérieur (ce qui peut arriver dans le *legatum pro dote*).

Dans le premier cas, la question de la validité du fidéicommis paraît avoir été controversée primitivement : suivant Julien le fidéicommis est nul ; par suite il ne peut
être question pour la femme de prélever la quarte Falcidie :
(l. 1, § 13, Dig., *de dote prælegata*, XXXIII, 4). « *Idem
Julianus quærit, si mulieri dos sit relegata, eaque rogata
dotem restituere, an Falcidia locum habeat*? *Et negat habere : quoniam fideicommissum quoque negat valere* ». Le
commodum repræsentationis lui-même n'était donc pas
considéré par Julien, comme un avantage qui pût être enlevé à la femme par le fidéicommis. Mais, suivant Celsus,
dont Ulpien adopta plus tard la manière de voir, le fidéicommis était valable et portait sur le *commodum repræsentationis* ; il pouvait porter aussi, en pareil cas, sur le montant des impenses nécessaires qui diminuent la dot de plein
droit, si le mari en avait fait l'abandon à la femme (1).

La validité du fidéicommis grevant le *legatum pro dote*,
ne paraît pas avoir été contestée ; mais on faisait deux
parts dans le legs : l'une égale au montant de la dot, et
soustraite au fidéicommis ; l'autre comprenant les avantages que la femme retirait du legs (*commodum repræsentationis*, montant supérieur à celui de la dot) ; la femme, s'il

____

(1) L. 2, p. Dig., *de dote præleg.*, XXXIII, 4.

y avait lieu, prélevait la quarte Falcidie sur cette dernière
partie, qui formait l'objet du fidéicommis (1).

Cette décision ne pouvait provenir de l'idée qu'il y avait
ici un *legatum debiti* ; en effet le motif donné par Ulpien
et par Papinien est que la dot paraissait plutôt restituée
que donnée : « *Dotem enim recepisse eam magis quam accepisse* » (2, § 1, D., *de dote præl.*) ; « *quoniam reddi potius videtur, quam dari* » (77, § 12, D., *de leg.*, 2º) ; en outre Ulpien, pour la décision qu'il donne après Celsus, croit
devoir s'appuyer sur une raison d'analogie, tirée de ce qui
se passe lorsqu'un père, ayant reçu la dot de sa bru, la
lègue à son fils, en le grevant d'un fidéicommis au profit
de la bru : la bru venant à mourir, le fils n'est pas tenu du
fidéicommis, car il a acquis la dot, non par le legs de son
père, mais comme une sorte de gain de survie (2).

Ici, comme lorsque le legs aurait dû être soumis au prélèvement de la quarte Falcidie, la décision donnée était nécessaire : l'Édit *de alterutro* obligeait la femme à opter
entre le legs et l'action *rei uxoriæ* ; elle n'aurait pas hésité
à choisir l'action, si le legs avait dû lui faire parvenir sa
dot diminuée, et cela même en admettant qu'elle eût eu
l'action pour obtenir le complément de sa dot ; car, outre
la peine que pouvait lui donner l'exécution du fidéicommis,
elle aurait eu en perspective deux procès au lieu d'un. Le
fidéicommis ne s'appliquant pas au legs jusqu'à concurrence du montant de la dot, la femme n'avait pas de raison
pour ne pas préférer le testament du mari à l'action dotale,
et elle jouissait des avantages attachés au legs.

---

(1) L. 2, p. § 1, Dig., *eod. tit.* (Ulpien) ; l. 77, § 12 (Papinien) Dig., *de
leg.*, 2º XXXI. — Voy. Ihering, *Die act. Solidarobl.*, p. 170-172.
(2) L. 2, p. *in fine*, Dig., *de dote præl.*, XXXIII, 4.

CHAPITRE III

On considère généralement le legs de la dot comme un
legs de la chose due, et on lui applique les principes de
la théorie du *legatum debiti* (1). Cela provient de ce que
la plupart des auteurs (2) qui se sont occupés de ce legs,
se sont placés au point d'arrivée de la théorie — à l'époque
de Justinien, — et ont pris en bloc cette théorie. Dans le
dernier état du droit, il est certain qu'on n'a plus considéré le legs de la dot que comme un legs de la chose due ;
mais telle n'a pas dû être la manière de voir des Romains
à l'origine. Des raisons historiques, et aussi les indications
des textes, conduisent à penser que la théorie du legs de la
dot a été élaborée tout à fait à part, que c'est elle qui a in-
flué sur la théorie du legs de la chose due qu'elle a contri-
bué à former (3).

Au point de vue historique, tout d'abord, il est extrêmement vraisemblable que l'idée d'une dette (*debitum*) ne

(1) Tigerstrœm, *Das rœm. Dotalr.*, § 32, passim, t. I, p. 311 et s. ; — Czyhlarz, *Das rœm. Dotalr.*, § 135, p. 467 ; — Accarias, *Précis de dr. rom.*
§ 391, t. I, p. 1066 ; — Mühlenbruch, *Doctrina Pandect.*, § 744, p. 667 ; —
Windscheid, *Lehrb. des Pandektenr*, § 658, t. III, p. 408 ; — Brinz, *Lehrb.
der Pandek.*, § 486, t. III, p. 330 ; — Arndts, *Lehrb. der Pand.*, § 577,
p. 1039-1040.

(2) A part Tigerstrœm (*loc. cit.*) qui s'appuie sur l'idée de la propriété
de la dot, restant à la femme.

(3) En ce sens Bechmann, *Das rœm. Dotalr.*, § 158, passim., IIᵉ part.,
p. 417 et s. ; — Ihering., *Die act. Solidarob.*, p. 173.

s'est dégagée que tard du legs de la dot ; j'ai montré dans la première partie de cette étude que le legs de la dot a dû précéder l'usage des *cautiones rei uxoriæ*, et que cet usage a lui-même précédé l'action *rei uxoriæ* ; ce n'est que vers l'époque classique, comme le dit avec raison M. Cuq (1), que l'action *rei uxoriæ* a dû exister comme action civile ; lorsque la loi de Romulus ordonnait au mari, en cas de divorce, d'abandonner une partie de ses biens à sa femme, il n'y avait pas là une idée de dette, mais d'assistance ; lorsque les cautions furent en usage, en dehors d'elles il n'y avait qu'un *arbitrium rei uxoriæ*, arbitrage rendu par un homme de bien, parent ou ami des parties, qui estimait ce que l'équité commandait au mari de faire pour la femme dont il se séparait, mais qui ne décidait que comme simple particulier, et non comme juge : ici encore il ne peut être question d'une dette ; enfin lorsque l'action *rei uxoriæ* fut définitivement établie, elle ne s'appliqua tout d'abord qu'au cas de divorce, et non au cas de décès du mari. Pendant toute cette période le legs de la dot était en usage ; il répondait à un véritable besoin social, et comblait une lacune de la législation ; c'est la pratique de ce legs depuis un temps immémorial, qui a fait naître la théorie que j'ai exposée ; et cette théorie a forcément pris naissance, sous l'impulsion des faits, à une époque qui, à coup sûr, est tout au moins contemporaine des cautions et de l'*arbitrium rei uxoriæ*. Lorsque, par la suite, l'*arbitrium rei uxoriæ* a donné naissance à une action civile, l'idée d'une dette du mari envers la femme devait se dégager de cette action, puis celle d'une dette des héritiers du mari ; de là naturellement, devait découler l'idée d'une assimilation entre le legs de la dot et celui de la chose due : mais à l'époque

____

(1) *Les institutions juridiques des Rom.*, (1 vol. Paris, *Plon*, 1891), p. 493 et s.

classique même, cette assimilation n'était pas absolument faite. Si les jurisconsultes de l'époque classique avaient vu une véritable dette dans l'obligation des héritiers du mari de rendre la dot à la veuve, pourquoi ne l'auraient-ils pas dit nettement? Si la théorie du legs de la chose due était élaborée, pourquoi ne pas l'appliquer carrément au legs de la dot?

J'ai déjà cité un certain nombre de textes où l'assimilation est loin d'être faite ; on s'appuie sur ce que la femme paraît plutôt reprendre ce qu'elle a donné, que recevoir une libéralité (*recepisse magis quam accepisse*). Ce qui se dégage de ces textes, ce n'est pas l'idée d'un légataire recevant ce qui lui est dû, mais d'un légataire digne d'un intérêt tout particulier, parce que c'est lui qui a fourni au testateur ce que le testateur lui lègue ; c'est l'idée d'une faveur qu'il est juste d'accorder à la femme. Je rappellerai seulement ici le passage si caractéristique, où Ulpien croit devoir s'appuyer, pour justifier sa décision et celle de Celsus au sujet de la validité du fidéicommis et de sa limitation à ce qui dépasse le montant de la dot, sur une raison d'analogie, tirée d'une espèce très-différente (1) ; aurait-il employé cet argument si, la théorie du *legatum debiti* étant formée, il n'avait eu qu'à l'appliquer à l'espèce qu'il discute?

Quelques textes emploient les termes *æs alienum* en cette matière : j'en ai déjà signalé un dans lequel ces mots ne sont pas pris au sens propre (2). Dans un autre (3), Julien dit que, la dot ayant été constituée entre les mains du beau-père, et son fils étant seul héritier, le montant de la dot sera déduit de l'actif brut « *in ære alieno* » pour le

---

(1) L. 2, p. *in fine*, D., *de dote præl.*, XXXIII, 4.
(2) L. 8, § 5, Dig., *de leg. præst.*, XXXVII, 5. Voy. p. 42.
(3) L. 85, Dig., *ad leg. Falc.*, XXXV, 2.

calcul de la quarte Falcidie ; mais lui-même explique aussitôt cette expression : « *aliter enim videbitur indotatam uxorem habere* (1) ».

La théorie du *legatum debiti* est postérieure à celle du *legatum dotis,* par cette raison que l'usage du legs de la chose due ne peut avoir pris naissance lui-même qu'à une époque où le legs de la dot était en usage depuis longtemps.

Le legs de la dot, je l'ai dit, venait combler une lacune de la législation ; il avait sa source dans l'affection du mari pour sa femme, et dans son désir de lui assurer des moyens d'existence pour le jour où elle serait livrée à elle-même. C'est ce qui explique surtout sa persistance jusque dans le dernier état du droit.

Le legs de la chose due est nul s'il ne procure au créancier un avantage sur la créance primitive : il ne peut donc avoir sa source que dans la reconnaissance du débiteur, et dans une reconnaissance qui tient à s'affirmer d'une façon positive, en remboursant plus qu'il n'est dû. C'est un sentiment qui devait être aussi rare à cette époque qu'aujourd'hui. Qu'on se rappelle avec quelle dureté, avec quelle férocité même, les Romains protègent les créanciers : lorsque le débiteur ne paie pas, il devient, en fait, l'esclave du créancier qui, au bout de peu de temps, doit le vendre au-delà du Tibre ou le mettre à mort ; la loi des XII Tables autorise les créanciers à tuer leur débiteur et à se partager les morceaux du cadavre (2). Les voies d'exécution sur la

(1) Dans un autre fragment (l. 104, § 7, Dig., *de leg.*, 1°, XXX), Julien assimile la dot, comprise dans l'institution d'héritier faite par le gendre en faveur de son beau-père, à une somme due « *pecunia ex crediti causa socero debita* » mais il semble bien ici, qu'il s'agissait d'une dot réceptice.

(2) Aulu-Gelle, *Nuits attiques*, XX, 1 (*Ed. Gronovius*, p. 872-873) ; cette disposition ne peut être contestée, en présence du texte d'Aulu-Gelle, mais il ajoute qu'il n'est pas à sa connaissance qu'on ait fait usage de ce droit.

personne du débiteur subsistaient encore sous l'Empire ; je
ne parle pas de la privation de la liberté qui peut être un
excellent moyen de contrainte vis-à-vis des débiteurs de
mauvaise foi et dont la suppression est plutôt regrettable,
à ce point de vue, dans notre droit actuel ; mais à Rome,
encore sous l'Empire, le débiteur devenait, en fait sinon en
droit, l'esclave du créancier (1). Il est assez naturel qu'en
présence de ces dispositions, les débiteurs se soient sentis
peu portés à favoriser leurs créanciers en testant à leur
profit ; ils ne ressentaient pour eux que de la haine. Un
grand nombre de soulèvements eurent pour cause, unique
ou principale, les violences des créanciers sur leurs débiteurs, et pour but l'abolition des dettes et la mise en liberté des débiteurs : en 493 avant notre ère, en 356, en 342,
en 326, en 286 (2) ; de même que Rome, les provinces
étaient dévorées par l'usure.

Il est invraisemblable qu'à cette époque le legs de la
chose due ait été en usage : alors que les débiteurs, en présence de la sévérité de la loi et des violences des créanciers, se soulèvent et obtiennent l'abolition des dettes
sous la menace de la guerre civile, on ne les voit pas bien
léguant à leurs créanciers ce qu'ils leur doivent, pour leur
affirmer leur reconnaissance.

A cette époque pourtant, le legs de la dot était en usage
et sans que la dot pût être considérée comme une dette de
la succession du mari.

A l'époque classique, Paul, en parlant du legs de la
chose due et des questions qu'il soulève, ajoute : « *Cotti-
diana enim sunt* (3) ». Le caractère des débiteurs romains

----

(1) Aulu-Gelle, *Nuits att.*, XX, 1 ; — Sénèque, *de Benefic.*, III, 8 ; —
Paul, *Sentences*, V, 26, 2 ; — Gaius, *Comm.*, III, § 199.

(2) Duruy,*Histoire des Romains* (Ed. illustrée, Paris, Hachette, 1879-
1885), t. I, p. 143, 155 et s. 271, 284 et s. ; t. II, p. 620-621.

(3) L. 25, Dig., *de liber. leg.*, XXXIV, 3.

aurait donc bien changé entre la fin de la République et
les premiers temps de l'Empire. Il y a une explication
plausible de la naissance de l'usage du *legatum debiti* ; elle
peut être attribuée à M. d'Ihering (1) : le *legatum debiti*
faisait partie des moyens employés pour éluder les restrictions au droit d'hérédité, et notamment les lois Julia et
Papia Poppœa et la loi Falcidie ; le testateur, voyant que
l'application de ces lois empêcherait la libéralité qu'il avait
en vue d'avoir son effet, imaginait d'insérer dans son testament une reconnaissance de dette au profit de la personne qu'il voulait gratifier ; les textes nous offrent plusieurs exemples de cette façon de tourner la loi (2).

Cet emploi du *legatum debiti* devait être très usité et
peut-être a-t-il été exclusif au début. Le *legatum debiti*
n'aurait pas une origine antérieure à la fin de la République, si cette manière de voir est exacte : elle trouve un appui dans la façon dont ce legs était traité.

Lorsque le débiteur lègue à son créancier ce qu'il lui
doit, les Romains exigent, pour que ce legs soit valable,
qu'il offre au créancier un avantage sur sa créance primitive : par exemple, le débiteur abandonne l'exception perpétuelle qui le protégeait, il supprime le terme ou la condition qui affectaient le paiement de sa dette, il change le
lieu de paiement à l'avantage du créancier ; en dehors des
cas de ce genre, lorsque le débiteur lègue au créancier purement et simplement ce qu'il lui doit, le legs est nul (3).

____

(1) *L'Esprit du dr. Rom.*, t. IV, p. 263. M. d'Ihering reconnaît d'ailleurs
que le *legatum debiti* pouvait être employé à atteindre d'autres buts.

(2) L. 27, D., *de prob.*, XXII, 3 ; 1. 37, § 6, Dig. *de leg.*, 3°, XXXII ; Valère-Maxime, VIII, 2, 2 : « *Expensa ferre sibi passus est, eo consilio, ut si
decessisset, ab heredibus eam summam peteret, quam legati genus esse voluit, libidinosam liberalitatem debiti nomine colorando* » ; 1. 45, *in fine*, C.,
de episcopis, I, 3 : « *Simulata quædam obligatio sub specie mutui, vel alterius contractus instrumenti* ».

(3) L. 28, p. § 1 ; 29, Dig., *de leg.*, 1°, XXX ; 1. 29, Dig., *de jure dot.*,

Quelle est la raison de cette nullité? Windscheid y voit une interprétation de la volonté du testateur : lorsque le débiteur lègue à son créancier ce qu'il lui doit, sans lui donner aucun droit qu'il n'ait déjà par l'effet de sa créance primitive, c'est qu'il n'a pas voulu disposer en sa faveur ; si cependant la volonté contraire du testateur peut être établie, le créancier aura son action primitive, et une se-conde action née du legs (1). Cette interprétation est erro-née : les textes ne se placent pas au point de vue du débi-teur, mais au point de vue du créancier légataire et de l'avantage que peut lui offrir le legs. C'est dans le carac-tère propre du *legatum debiti* qu'il faut chercher le fonde-ment de la nullité.

Ainsi que le fait remarquer avec raison M. d'Ihering (2), le débiteur peut faire, entre-vifs, à son créancier, une nou-velle promesse de payer, s'appliquant à une dette anté-rieure : le créancier, outre l'action née de la créance primitive, obtient ainsi une seconde action, sans que l'exis-tence de cette seconde action soit subordonnée à la condi-tion de lui offrir un avantage sur la première. Pourquoi n'en est-il pas de même lorsque c'est par une disposition de dernière volonté que le débiteur tend à lui donner une seconde action ?

Le motif de la différence doit être le suivant : le legs contient, par nature, une intention libérale ; son applica-

XXIII, 3 ; 1. 66, p., Dig., *de leg.*, 2°, XXXI ; 1. 11 ; 28, § 13, Dig., *de lib. leg.*, XXXIV, 3 ; Inst., II, 20, 14.

(1) *Lehrb. des Pand.*, § 658, t. III, p. 408-409 : « In einer Verfügung, welche Befriedigung eines Glæubigers anordnet, ohne demselben etwas zu gewæhren, was er nicht schon als Glæubiger hat, darf im Zweifel gar nicht der Wille, ein Vermæchtniss zu hinterlassen, gefunden werden ; wenn aber der Wille, ein Vermæchtniss zu hinterlassen, anderweitig feststeht, so hat der Glæubiger auf das ihm als Glæubiger gebührende, einen zweiten Anspruch aus dem Vermæchtnisse ».

(2) *Die act. Solidarob.*, p. 166.

tion à une dette implique donc une contradiction : l'idée de dette exclut celle de libéralité (1).

En dehors de cette raison de droit, M. d'Ihering (2) croit que ce principe a eu des motifs pratiques : la nature hybride du *legatum debiti* pouvait être extrêmement incommode pour le règlement de la succession. Comment doit-on le faire figurer dans le calcul de la masse ? Comme dette ? mais alors la masse est diminuée, pour le calcul de la quarte Falcidie, au détriment des héritiers et des légataires ordinaires ; rien de plus simple pour le testateur que de faire sous cette forme, des legs qui échappent à l'application de la loi Falcidie. Si la masse active contient 20.000, la quarte donne 5.000 à l'héritier, les 15.000 qui restent vont aux légataires ; si le testateur lègue 8.000 sous forme de *legatum debiti* à une personne à laquelle il ne doit rien en réalité, et si, sur le fondement de cette déclaration du testateur, on considère ces 8.000 comme une dette, les 20.000 se partagent ainsi : 8.000 au prétendu créancier, 9.000 aux autres légataires, 3.000 à l'héritier. Considère-t-on au contraire ce legs comme un legs ordinaire ? le légataire après avoir obtenu, comme tel, le montant du legs, le réclamera une seconde fois, comme créancier. Et pourtant l'intention du testateur a bien été que la somme due ne lui fût payée qu'une fois.

Ces difficultés disparaissent lorsque, en fait, l'héritier est assuré contre le danger d'un double paiement ; Scævola en donne un exemple à propos d'un fidéicommis ainsi conçu : « *Semproniæ uxori meæ reddi jubeo ab heredibus meis quinquaginta ea quæ mutua acceperam chirographo particulatim in negotia mea* (3) ». La femme fait valoir

<hr>

(1) L. 29, p., Dig., *de don.*, XXXIX, 5 : « *Donari videtur quod nullo jure cogente conceditur* ».

(2) *Die act. Solidarob.*, p. 166 et s.

(3) L. 28, § 13, Dig., *de lib. leg.*, XXXIV, 3.

ses droits en justice, en s'appuyant sur sa prétendue
créance : elle est déboutée. Mais elle peut alors réclamer la
somme léguée en s'appuyant sur le fidéicommis, « *quod
apparuisset non fuisse ex alia causa debitum* (1) ». Il est
bien établi que le legs n'est pas un *legatum debiti*, mais un
legs ordinaire auquel est ajoutée une fausse démonstration,
et l'héritier est protégé contre une action de la femme fondée sur la prétendue créance, par l'exception de chose jugée : on accorde donc à la femme le droit d'agir en vertu
du fidéicommis ; mais elle n'est plus considérée que comme
ce qu'elle est réellement : une légataire pure et simple, et
non une créancière. Un autre texte de Scævola décide dans
le même sens (2).

Le legs est nul lorsqu'il n'offre pas au créancier un avantage sur sa créance primitive : mais il peut avoir effet
comme legs pur et simple, lorsqu'il est établi que le légataire n'est pas en réalité créancier. On peut donc dire, avec
Pothier, que le legs de la chose due présente son maximum
d'intérêt lorsqu'il n'est rien dû (3). Mais alors le légataire
est placé sur la même ligne que les autres, ses droits dépendent de la validité du testament, de l'adition de l'hérédité, et il est soumis à la loi Falcidie.

Qu'importe au véritable créancier que la loi déclare nul
ou tienne pour valable un legs de la chose due qui ne lui
offre aucun avantage ? Il ne changera jamais sa situation
solide et indépendante de créancier contre celle de légataire (4). On peut donc considérer comme nulle la disposition de dernière volonté faite en sa faveur.

---

(1) L. 28, § 14, Dig., *eod. tit.*
(2) L. 88, § 10, Dig., *de leg.*, 2°, XXXI.
(3) *Pandectes. De liber. leg.*, t. II, p. 540 : « Hujusmodi legatum tunc
maxime valere quum debitum non subest ».
(4) L. 66, p. Dig., *de leg.*, 2°, XXXI (Ulpien) : « Debitor autem non sem-
per, quod debet, jure legat ; sed ita, si plus sit in specie legati ; si enim

Tout autre est la situation du légataire auquel le testateur a cherché à donner l'apparence d'un créancier, pour cacher la véritable situation aux yeux des héritiers ou du monde, ou pour éluder une disposition gênante de la loi (1). C'est lui qu'on veut forcer, par la nullité du *legatum debiti,* à se dévoiler, et à montrer ce qu'il est : un simple légataire. Tant qu'il se présente comme créancier, il n'obtient rien ; s'il veut obtenir le montant du legs, il doit d'abord établir qu'il n'est pas créancier. Il y avait là, comme le dit M. d'Ihering (2), un moyen ingénieux de mettre en lumière la vérité, à la façon du jugement de Salomon : il n'offre aucun inconvénient pour le véritable créancier, mais il permet de prendre le faux créancier dans ses propres filets, s'il cherche à tirer parti de sa prétendue qualité.

Ce principe que le *legatum debiti* est nul lorsqu'il n'offre pas au créancier un avantage sur sa créance primitive, a donc été posé, selon toute vraisemblance, pour empêcher la fraude : il domine la matière du *legatum debiti,* et vient, par suite, appuyer ce que je disais plus haut sur l'origine de ce legs.

Il est remarquable que c'est le legs de la dot qui a eu de l'influence ici sur le legs de la chose due : ce dernier est valable lorsqu'il n'y a pas de dette ; l'expression *quod debeo* est donc considérée comme une *falsa demonstratio.* Mais l'inexistence de la dette étant établie par jugement ou avouée par le légataire, il reste à fixer l'objet du legs : si le testateur a fixé le montant de la somme dont il se prétend débiteur (*decem quæ Titio debeo*) le legs est valable ;

idem sub eadem conditione relinquitur, quod emolumentum legati futurum est ? »

(1) Cf. l. 15, § 3, Dig., *de leg. præst.,* XXXVII, 5; l. 28, § 1, Dig., *de leg.,* 1°, XXX.

(2) *Die act. Solidarob.,* p. 169.

sinon (*quod Titio debeo*), il est nul. Cette extension du principe *falsa demonstratio non nocet* est attestée par deux textes de Paul et d'Ulpien : ils tirent leur décision ainsi que la distinction entre le cas où le testateur a fixé la somme qu'il prétend devoir et celui où il ne l'a pas fixée, des principes posés à l'occasion du legs de la dot, par Julien et par le rescrit d'Antonin le Pieux (1).

Peut-être y a-t-il eu aussi une influence de la théorie du legs de la dot dans le cas suivant : lorsque le *legatum debiti* ne contient pas une simulation, mais offre au créancier un avantage sur sa créance primitive, il peut être de l'intérêt du créancier de le faire valoir ; le traitera-t-on comme un légataire pour la totalité du legs, la quarte Falcidie et les fidéicommis s'imputant sur la totalité de l'objet du legs ? ou bien fera-t-on, comme dans le legs de la dot, deux parts : l'une égale au montant de la créance primitive, et irréductible, l'autre pouvant être grevée de fidéicommis et soumise à la quarte Falcidie ? M. d'Ihering dit ici que les textes sur le *legatum debiti* ne fournissent aucun éclaircissement et il raisonne par analogie du legs de la dot : il se prononce pour la seconde solution, et ne conçoit pas pourquoi les Romains, ayant décidé en ce sens au sujet du legs de la dot, n'auraient pas décidé de même au sujet du *legatum debiti* (2).

La solution qu'il donne est exacte ; elle est d'accord avec un texte de Paul qui ne peut laisser aucun doute, et qui a dû échapper à M. d'Ihering ; Paul restreint l'application de la loi Falcidie à l'avantage tiré du legs par le créancier (l. 1, § 10, Dig., *ad. leg. Falcidiam*, XXXV, 2) : « *Si quis*

---

(1) L. 25, *in fine*, Dig., *de liber. leg.*, XXXIV, 3 ; l. 75, § 1, Dig., *de leg.*, 1°, XXX. Sur l'interprétation de ces deux textes, voy. Vangerow, *Lehrb. der Pand.*, § 555, t. II, p. 542 et s.

(2) *Die act. Solidarob.*, p. 170-173.

creditori suo, quod debet, legaverit : *aut inutile legatum erit, si nullum commodum in eo vergabitur ; aut si propter repræsentationis puta commodum utile erit, lex quoque Falcidia in eo commodo locum habebit* ». Un texte d'Ulpien parle du fidéicommis imposé au créancier légataire, mais on ne peut en tirer argument en faveur de la théorie de M. d'Ihering, car il traite plutôt de la validité du fidéicommis que de son étendue possible (1).

Cette division du legs en deux parties suppose nécessairement que le légataire faisait la preuve du montant de sa créance : elle était déjà nécessaire pour établir que le legs contenait quelque chose de plus que la créance ; la reconnaissance de dette contenue dans le testament était sans effet, au point de vue de la preuve, car il eût suffi au testateur, pour tourner la loi Falcidie, de reconnaître une prétendue dette à terme, dans son testament, et de supprimer le terme en faveur du prétendu créancier.

C'est encore à la théorie du legs de la dot que Paul emprunte une décision au sujet de la suppression du terme : lorsque le débiteur lègue à son créancier une somme qui ne serait exigible que dans un an, le créancier a le droit d'exiger immédiatement, en vertu du legs, non-seulement l'équivalent de l'avantage qu'il aurait à être payé un an plus tôt, mais la totalité de la somme due ; et Paul ajoute : « *Sic et in dote prælegata responsum est, totam eam ex testamento peti posse* (2) ».

On peut conclure de tout ce qui précède : que le legs de la dot n'était pas au début un *legatum debiti* ; que la théorie du legs de la dot a précédé celle du legs de la chose due, et que, dans le droit classique, elle a eu de l'influence sur la théorie du legs de la chose due, parce que l'idée

(1) L. 7, § 2, Dig., *de leg.*, 3°, XXXII.
(2) L. 82, p., Dig., *de leg.*, 2°, XXXI.

d'une dette commençait à se dégager de celle d'une restitution de la dot.

Mais ce n'est que sous Justinien, dans les Institutes (1),
que le legs de la dot est assimilé par un texte au legs de la
chose due : « *Sed si uxori maritus dotem legaverit, valet
legatum, quia plenius est legatum quam de dote actio* ». Si
le legs est considéré comme valable, c'est parce qu'il est
plus avantageux que l'action : il est assimilé à un legs de
la chose due, puisque le même principe sert à en déterminer la validité. Les avantages du legs de la dot qui,
au début, étaient indépendants de la question de validité,
servent, sous Justinien, à expliquer pourquoi ce legs est
toujours valable : après avoir eu de l'influence sur la
théorie du legs de la chose due, il a fini par ne plus être
considéré que comme une espèce particulière de ce legs,
et par être soumis lui-même à cette théorie qu'il avait con-
tribué à former.

Toutefois la raison donnée par les Institutes laisse place
à un doute : Justinien a transformé l'action *rei uxoriæ* ; la
nouvelle action *de dote*, qu'il a formée par la fusion des
anciennes actions *rei uxoriæ* et *ex stipulatu*, a enlevé au
legs de la dot la plupart de ses avantages : l'avantage du
paiement immédiat ne se présente pas toujours, puisque la
dot peut ne contenir que des immeubles ; l'action *de dote*
est toujours transmissible aux héritiers de la femme (2) :
à ce point de vue, le legs n'est donc pas plus avantageux ;
la suppression du pacte *de lucranda dote* par le legs, suppose l'existence de ce pacte. Il peut donc y avoir tel cas où
le legs présentera un avantage sur l'action *de dote* et tel
autre où il n'en présentera aucun.

---

(1) *Institutes*, II, 20, § 15.
(2) L. un., § 6, C. *de rei uxor. act.*, V, 13.

M. Esmein (1) donne une explication hypothétique mais assez plausible, des termes généraux dont se servent les Institutes : si le legs de la dot est fait *per vindicationem*, il est possible que la femme puisse revendiquer les corps certains compris dans la dot et non aliénés valablement par le mari ; en effet, le legs de la dot ressemble à celui du pécule, l'objet de l'un et de l'autre étant une universalité ; les jurisconsultes romains font eux-mêmes la comparaison (2) ; or il semble bien que le légataire du pécule sous la forme *do, lego*, pouvait revendiquer les corps certains compris dans le pécule (3). Le legs de la dot aurait donc été fort avantageux, même avec la nouvelle action en restitution de la dot. Mais cet avantage est, lui aussi, limité : il ne peut en être question que lorsque le mari a aliéné, au cours du mariage, des corps certains compris dans la dot.

Justinien, en disant que le legs de la dot est valable parce qu'il est plus avantageux que l'action dotale, a dû ne considérer que les avantages inhérents au legs d'une façon générale, indépendamment des faits qui peuvent l'influencer et faire disparaître tout ou partie des avantages qu'il présente théoriquement.

(1) *Mél., Le test. du mari,* p. 55.
(2) L. 1, § 10, Dig., *de dote præl.*, XXXIII, 4 ; cf. 1. 6, p. § 1, Dig., *de pecul. leg.*, XXXIII, 8.
(3) L. 6, p. Dig., *de pecul. leg.*, XXXIII, 8 ; 1. 56, Dig., *de rei vindic.*, VI, 1.

TABLE DES MATIÈRES

DROIT FRANÇAIS

LE DIVORCE ET LA SÉPARATION DE CORPS

EN DROIT INTERNATIONAL PRIVÉ

SPÉCIALEMENT AU POINT DE VUE DU DROIT FRANÇAIS

INTRODUCTION

Toutes les législations, qu'elles considèrent le mariage comme un contrat purement civil ou comme un sacrement, reconnaissent la nécessité de parer aux inconvénients et aux dangers des unions mal assorties ; les mesures prises varient suivant les pays. Les mœurs, les sentiments religieux ou autres, le but que l'on assigne au mariage, les préjugés même si l'on veut, influent fortement sur la solution de la question. Certaines législations adoptent une mesure radicale, tranchent définitivement le lien conjugal, et rendent à chacun sa liberté : par le divorce, lorsque l'égalité des sexes est reconnue, au moins dans une certaine mesure ; par la répudiation, dans le cas contraire. D'autres prennent une demi-mesure et ne rendent à chacun qu'une partie de sa liberté : c'est le système de la séparation de corps perpétuelle. D'autres enfin, assurant davantage le respect de la liberté individuelle, et particulièrement de la liberté de conscience, admettent l'un et l'autre système, et permettent à l'époux demandeur de choisir entre le divorce et la séparation de corps.

On peut donc classer les législations en trois groupes :

1º Celles qui admettent le divorce et la séparation de corps perpétuelle ;

2º Celles qui n'admettent que le divorce ou la répudiation ; parmi elles, certaines admettent une séparation de corps temporaire, de durée restreinte, qui n'est le plus souvent qu'un préliminaire de divorce ;

3º Celles enfin qui n'admettent que la séparation de corps perpétuelle.

Dans chacun de ces groupes, le désaccord reparaît quand il s'agit de déterminer les causes de divorce ou de séparation : certaines législations n'admettent que des causes très graves, qui forment comme une sorte de droit commun, et sont reconnues partout ; d'autres autorisent la séparation ou le divorce pour des causes qui leur sont propres, qui répondent à un état particulier des mœurs, et dont certaines — tout au moins dans notre conception française du mariage — paraissent quelque peu futiles (1).

Nouveau désaccord lorsqu'il s'agit de déterminer les effets du divorce ou de la séparation sur la personne des époux, leur capacité, leurs biens, et sur la garde de leurs enfants.

De toutes ces divergences résultent, dans les relations internationales, un certain nombre de difficultés, dont l'examen est le but de cette étude.

Je prends le divorce et la séparation de corps comme des faits, et laisse par suite de côté, les polémiques aux-

____

(1) On peut citer en ce sens l'Italie et la Prusse.

quelles ont donné lieu et donneront lieu pendant longtemps encore leurs avantages respectifs.

J'indiquerai tout d'abord quel est l'état des différentes législations en ce qui touche l'admission du divorce ou de la séparation, leurs causes et leurs effets (législation comparée) ; puis, après avoir montré quelles sont les questions que peuvent faire naître les différences de législation, dans les relations internationales, je verrai comment elles sont ou peuvent être résolues suivant les principes du droit français, et comment elles le sont dans quelques pays étrangers ; je verrai enfin s'il est possible de les résoudre en théorie et j'indiquerai quels devraient être, à mon sens, les *desiderata* du droit international privé, en cette matière.

PREMIÈRE PARTIE

LÉGISLATION COMPARÉE

CHAPITRE PREMIER

Les pays qui font partie de ce premier groupe sont : la
France, l'*Angleterre* qui n'admettent le divorce et la séparation que pour des causes déterminées ; la *Belgique* qui
admet en outre le divorce par consentement mutuel ; l'*Autriche*, la *Hollande* qui admettent la séparation de corps
par consentement mutuel ; en Amérique, les *Etats-Unis* et
le *Brésil*.

France (1) (Code civil, tit. **VI**, mod. par les lois des 27 juillet 1884, 18 avril 1886 et 8 février 1893). —La France, après
avoir été soumise, dans le droit intermédiaire, au régime
du divorce exclusif (loi du 20 septembre 1792), y a ajouté
ensuite la séparation de corps (Code civil) ; la loi du 8 mai
1816 abolit le divorce et ne maintint que la séparation de

---

(1) Je crois devoir rappeler brièvement l'état de notre législation, pour
faire ressortir avec plus de précision les différences qui la séparent des
autres.

corps ; la loi du 27 juillet 1884 est revenue au système du Code civil, mais avec de nombreuses modifications que les lois du 18 avril 1886 et du 8 février 1893 sont venues compléter. Actuellement la législation française reconnaît trois causes de divorce :

1° L'adultère, sans distinction entre celui du mari et celui de la femme (art. 229-230, C. civ.) ;

2° Les excès, sévices ou injures graves d'un époux envers l'autre (art. 231, C. civ.) ;

3° La condamnation de l'un des époux à une peine afflictive et infamante (art. 232, C. civ.).

Il faut y ajouter un cas spécial : lorsqu'une séparation de corps a duré trois ans, le jugement peut être converti en jugement de divorce sur la demande de l'un des époux (art. 310, C. civ.). D'autre part, lorsque deux époux divorcés ont contracté de nouveau mariage ensemble, l'un d'eux ne peut plus demander le divorce que pour cause de condamnation de l'autre à une peine afflictive et infamante prononcée depuis la réunion (art. 295, C. civ.).

Le divorce, outre la dissolution du mariage, entraîne certaines déchéances pour l'époux coupable ; la femme reprend sa capacité et chacun des époux peut contracter un nouveau mariage, sous les restrictions suivantes : la femme ne peut se remarier que dix mois après que le divorce est devenu définitif (art. 296, C. civ.) ; dans le cas de divorce pour cause d'adultère, l'époux coupable d'adultère ne peut jamais épouser son complice (art. 298, C. civ.) ; les époux divorcés ne peuvent plus se réunir si l'un ou l'autre a, postérieurement au divorce, contracté un nouveau mariage suivi d'un second divorce (art. 295, 1er al.) ; chacun des époux reprend l'usage de son nom (art. 299, mod. par la loi du 8 fév. 1893).

Les droits respectifs des époux quant aux biens sont liquidés et réglés immédiatement, comme au cas de décès (sauf en ce qui concerne les droits de survie et les déchéances pécuniaires subies par l'époux coupable). Deux déchéances pécuniaires frappent l'époux contre lequel le divorce a été prononcé : il perd la jouissance légale (de l'art. 384) sur les biens de ses enfants ; il perd tous les avantages que l'autre époux lui avait faits, soit par contrat de mariage, soit depuis le mariage (art. 299).

Il peut en outre être condamné à fournir à l'autre époux une pension alimentaire, qui peut aller jusqu'au tiers de ses revenus (art. 301).

La garde des enfants est confiée en principe à l'époux qui a obtenu le divorce, mais le tribunal a toute latitude sur ce point (art. 302) ; le père et la mère conservent le droit de surveiller l'entretien et l'éducation de leurs enfants, et sont tenus d'y contribuer à proportion de leurs facultés (art. 303).

Enfin le dispositif du jugement de divorce doit être transcrit sur les registres de l'état civil du lieu où le mariage a été célébré ; faute de ce faire dans le délai de deux mois, le divorce est considéré comme nul et non avenu (art. 251-252).

Les causes de séparation de corps sont les mêmes que celles de divorce.

Quant aux effets : la vie commune cesse ; la femme reprend le plein exercice de sa capacité civile sans avoir besoin de recourir à l'autorisation de son mari ou de justice (art. 311, mod. par la loi du 8 fév. 1893) ; le jugement peut interdire à chacun des époux l'usage du nom de l'autre (art. 311, mod.) ; la femme cesse d'avoir pour domicile légal le domicile de son mari (art. 108, mod. par la loi du 8 fév. 1893) ; à défaut de texte spécial, la doctrine et la jurisprudence sont d'accord pour appliquer, en matière de séparation de corps, les articles 302 et 303 sur la garde des enfants.

La séparation de corps emporte séparation de biens (art. 311).

Elle entraîne en outre certaines déchéances pour l'époux coupable : il perd son droit au préciput (art. 1518) ; suivant une jurisprudence constante, l'article 299 lui est applicable (1) ; la femme coupable perd, au cas de veuvage, tout droit à une pension de retraite militaire ou civile du chef de son mari (lois des 11 avril 1831, art. 20 ; 18 avril 1831, art. 20 ; 9 juin 1853, art. 13) ; enfin, au cas de séparation prononcée contre lui, le conjoint d'un auteur perd la jouissance des droits d'auteur qui auraient pu lui appartenir après le décès de son conjoint (loi du 14 juill. 1866, art. 1).

Angleterre (2) (Lois des 28 août 1857 ; 27 mai 1878 ; 14 août 1884, art. 5) (3). — Jusqu'en 1857, les questions matrimoniales ne pouvaient être soumises en Angleterre qu'aux cours ecclésiastiques : or celles-ci n'admettaient que la séparation de corps. Le divorce pouvait être accordé par le Parlement considéré comme tout puissant, sous forme de loi résultant du concours de la Chambre des communes, de la Chambre des lords et de la Couronne : c'était une faveur exceptionnelle qu'on n'accordait primitivement que

---

(1) Voy. notamment : Cass. (Ch. réunies), 23 mai 1845 (Sir., 1845, 1, 321) ; — Caen, 29 janvier 1872 (Sir., 1872, 2, 75) ; — Chambéry, 4 mai 1872 (Sir., 1873, 2, 217) ; — Caen, 11 février 1880 (Sir., 1880, 2, 317). La doctrine est divisée.

(2) Glasson, *Le mariage civil et le divorce* (2ᵉ édit., 1 vol., Paris, Pedone-Lauriel, 1880), p. 318 et s. ; — Hubert-Valleroux, *Étude sur le div. en Anglet.*, (Bulletin de la Soc. de législ. comp., 1881-82, t. XI, p. 150 et s.) ; — Lehr, *Éléments de dr. civil Anglais* (1 vol., Paris, Larose et Forcel, 1885), p. 57 et s. ; — Dicey, *Le statut personnel Anglais*, trad. par Stocquart (2 vol., Paris, Chevalier-Marescq, 1887-1888), t. II, p. 90-91.

(3) Voy. le texte traduit de ces deux dernières lois : Ann. de législ. étrang., 1879, p. 48 ; 1885, p. 63.

pour causes très graves (par exemple l'adultère incestueux); mais, suivant Dicey (1), « peu à peu les faveurs
du Parlement devinrent si fréquentes qu'il était juste de
dire que l'égalité entre les citoyens avait cessé d'exister,
et que le divorce ne s'accordait qu'aux classes riches et à
elles seules ».

La loi de 1857 a créé la *Cour des divorces et des causes
matrimoniales*, seul tribunal compétent pour connaître des
demandes en divorce ou en séparation de corps (depuis
1873 c'est la 5ᵉ ch. de la 1ʳᵉ section de la Cour suprême qui
est investie de ce rôle).

Actuellement la législation anglaise ne reconnaît qu'une
seule cause de divorce : l'adultère; le mari peut obtenir
le divorce pour adultère simple de sa femme, mais la
femme ne peut l'obtenir que si l'adultère du mari est accompagné d'inceste, de bigamie, de crimes contre nature, de rapt, de viol, de cruauté (*cruelty*) (2), ou d'abandon sans motif pendant deux ans au moins : à ce dernier cas
est assimilé le refus par le mari de se conformer à un décret de la Cour lui ordonnant la cohabitation avec sa
femme (*restitution of conjugal rights*); par suite, en cas
d'adultère suivi de ce refus, il n'est pas nécessaire d'attendre un délai de deux ans (loi du 14 août 1884, art. 5).

La séparation de corps est accordée plus facilement ;
ses causes sont : l'adultère sans distinction entre celui du
mari et celui de la femme ; la cruauté (3) ; les crimes con-

(1) Dicey et Stocquart, *Le statut pers. Anglais*, t. II, p. 90.

(2) Le sens de l'expression est variable suivant la condition des époux ;
les tribunaux ont, comme les nôtres au cas d'excès, sévices ou injures
graves, un large pouvoir d'appréciation.

(3) Si le mari est condamné pour violences graves (*assault*) envers la
femme, les tribunaux criminels, même inférieurs, peuvent ordonner que
celle-ci ne sera plus tenue de cohabiter avec lui ; cette sentence aura la
force et les effets d'un jugement de séparation pour cruauté (Loi du 27 mai
1878, art. 4).

tre nature ; une maladie grave de nature à rendre la cohabitation dangereuse (par exemple la folie, le delirium tremens) ; l'abandon prolongé pendant deux ans au moins. L'article 5 de la loi du 14 août 1884 s'applique ici comme au cas de divorce.

Quand les deux époux sont adultères, il y a compensation des torts et la Cour ne prononce ni divorce ni séparation : chez nous, en pareil cas, le divorce ou la séparation sont prononcés contre chacun.

En cas de divorce pour adultère, l'époux coupable peut épouser son complice. Dans tous les cas, la garde et l'éducation des enfants sont réglés par le jugement ; la femme reprend sa capacité pleine et entière. Mais, en cas d'adultère, elle perd son droit au douaire ; s'il n'y a pas d'enfants, la Cour a le droit de modifier les conventions matrimoniales constituant des avantages au profit de la femme adultère.

La loi de 1857 ne s'applique qu'à l'Angleterre, laissant en dehors de son empire l'Ecosse, l'Irlande et les possessions Anglaises : en Irlande, le mariage entre catholiques est indissoluble ; en Ecosse, le divorce est admis pour deux causes : abandon pendant 4 ans au moins (Statut de 1573), adultère (cette cause est établie par une longue jurisprudence) ; dans les îles Anglo-Normandes, dans l'île de Malte, la séparation de corps est seule admise.

Belgique (1). (Code civil de 1804). — La Belgique est toujours soumise à notre Code civil, qu'elle n'a pas modifié en ce qui concerne le divorce et la séparation de corps (2).

______

(1) Voy. notamment dans les *Pandectes Belges* au mot *Divorce* (Bruxelles, Vve F. Larcier, 1889, t. 31, p. 431 et s.), l'état de la législation en novembre 1889 ; il n'y a pas eu de modifications, à ma connaissance, depuis cette époque.

(2) Sauf sur un point : le tribunal ne peut plus condamner la femme adultère à l'emprisonnement. L'art. 390 du C. Pén. de 1867 a en effet abrogé

Les différences entre sa législation et la nôtre tiennent donc uniquement aux modifications que nos lois récentes ont apportées aux dispositions du Code.

Les causes de divorce et de séparation de corps sont : l'adultère, celui du mari devant être accompagné de l'entretien d'une concubine dans la maison commune (art. 229-230) ; les excès, sévices ou injures graves (art. 231) ; la condamnation à une peine afflictive et infamante (art. 232) (1).

En outre le divorce — mais seulement le divorce — est possible par consentement mutuel (art. 233) ; ce mode de dissolution est rendu difficile par une procédure longue et compliquée (art. 275 à 295).

La conversion du jugement de séparation de corps en jugement de divorce au bout de trois ans, est possible, mais plus difficile que dans le Droit français actuel : le défendeur originaire peut seul la demander ; la femme contre laquelle la séparation a été prononcée pour adultère ne peut demander la conversion (art. 310) ; à un autre point de vue elle est plus facile que dans notre droit, puisque le tribunal *doit* l'admettre si le demandeur originaire ne consent pas immédiatement à faire cesser la séparation ; la loi de 1884 paraît accorder sur ce point un pouvoir discrétionnaire à nos tribunaux (2).

l'art. 298 (2ᵉ phrase) du Code civ., et les art. 370 et 387 ont abrogé les art. 308 et 309 du C. civ. Il n'y a pas là d'ailleurs, une différence entre le Code Belge et notre Code actuel puisque notre loi du 27 juill. 1884 a supprimé de même la 2ᵉ phase de l'art. 298 et a abrogé les art. 303 et 309.

(1) On sait que, dans notre droit, les peines afflictives et infamantes sont : la mort, les travaux forcés à perpétuité ou à temps, la déportation, la détention et la réclusion (C. Pén. art. 7). En Belgique, le Code Pénal de 1867 a supprimé la qualification des peines ; la doctrine et la jurisprudence sont divisées sur le point de savoir si cette suppression n'a pas fait disparaître cette cause de divorce. Voy. *Pandectes Belges*, au mot *Divorce*, nᵒˢ 227, 232, t. 31, p. 518-519.

(2) Cass., 12 août 1885, (Sir., 1886.1.193) ; — Cass., 3 mai 1886, (Sir., 1886.1.406) ; — Cass., 29 mars 1886, (Sir., 1886.1.405).

Le divorce pour causes déterminées entraîne la faculté pour chacun des époux de se remarier, mais la femme doit attendre dix mois après la prononciation du divorce (art. 296) ; au cas de divorce par consentement mutuel, aucun des époux ne peut se remarier avant trois ans (art. 297) ; l'époux adultère ne peut jamais épouser son complice (art. 298) et les époux, une fois divorcés, ne peuvent plus se réunir (art. 295).

Les effets du divorce pour causes déterminées, sur les biens des époux et la garde des enfants, les déchéances pécuniaires, sont les mêmes qu'en droit français, nos lois de 1884 et 1886 n'ayant pas modifié le Code civil sur ce point (art. 299-304).

Dans le cas de divorce par consentement mutuel, la propriété de la moitié des biens de chaque époux est acquise, de plein droit, aux enfants nés du mariage (art. 305).

La partie qui a obtenu le divorce doit le faire prononcer dans les deux mois par l'officier de l'état civil, sans quoi elle est déchue du bénéfice du jugement (art. 264-266).

La séparation de corps a les mêmes effets qu'en droit français, à l'exclusion des déchéances prononcées par nos lois de 1831, 1853 et 1866.

Autriche (1) (Code civil de 1811). — La législation autrichienne traite de façon différente les catholiques et les non-catholiques ; parmi ces derniers, les Juifs sont soumis à un régime spécial.

La séparation de corps est permise aux catholiques, le

____

(1) Anth. de St-Joseph, *Concord. entre les Codes civ. étr. et le C. Nap.*, (2ᵉ éd., 4 vol. Paris, Cotillon, 1856), t. I, p. 22 et s. ; — Glasson, *Le mar. civ. et le div.*, p. 401 et s. ; — Lyon-Caen, *De l'influence de la relig. des ép. sur les causes de div. en Autriche* (Clunet, 1880, p. 268 et s.) ; — Lyon Caen, *Etude sur le div. en Autriche* (Bullet. de la Soc. de législ. comp., 1881-82, t. XI, p. 64 et s.). Le Code civil autrichien a été traduit en français par M. de Clercq (1 vol. Paris, Imp. royale, 1836).

divorce leur est interdit (art. 111, C. civ.), et cela même si un seul des époux était catholique au moment de la célébration du mariage ; si le mariage a été célébré entre deux époux non-catholiques dont l'un se convertit au catholicisme au cours du mariage, celui-là seul perd le droit de demander le divorce (C. civ., art. 116) ; toutefois, si les deux époux étaient juifs au moment de la célébration du mariage, la conversion de l'un d'eux ne lui enlève pas le droit de divorcer (C. civ., art. 136).

Les causes de séparation sont : l'adultère, sans distinction entre celui du mari et celui de la femme ; la condamnation pour crime ; l'abandon coupable du domicile conjugal ; les attentats de l'un des époux mettant en danger la vie ou la santé de l'autre ; les sévices graves (1) ; la vie irrégulière de l'un des époux, lorsqu'elle a compromis une partie notable de la fortune du conjoint demandeur ou les bonnes mœurs de la famille ; les vices corporels invétérés susceptibles de contagion (art. 109) ; enfin la séparation par consentement mutuel est admise, avec l'autorisation du tribunal, sur l'attestation du curé de la paroisse, que trois tentatives de réconciliation faites devant lui n'ont pu aboutir (art. 103-107).

Les causes de divorce sont (art. 115) : l'adultère, sans distinction ; l'abandon intentionnel, lorsque la résidence du conjoint est inconnue, et lorsqu'un délai d'un an s'est écoulé après une sommation publique infructueuse ; les attentats contre la vie ou la santé ou des sévices graves et répétés ; la condamnation à la réclusion ou aux travaux forcés pendant 5 ans au moins ; l'aversion invincible (2).

____

(1) Ou même suivant la condition des parties, des humiliations très sensibles et répétées (art. 109).

(2) Le juge en ce cas doit prononcer d'abord une séparation temporaire, qu'il est libre de prolonger à l'expiration du délai fixé ; il ne doit accorder

Entre juifs, le divorce par consentement mutuel est possible après un essai infructueux de conciliation devant le rabbin, et après une séparation temporaire laissée à l'appréciation du juge(1)(art. 133-134) ; l'adultère de la femme est une cause de divorce, mais non celui du mari (art. 135). Dans les deux cas le tribunal doit autoriser le mari à remettre à la femme une lettre de divorce : mais si, dans le premier cas, il n'a qu'à donner une autorisation sans examen, la demande fondée sur l'adultère est portée devant lui comme un procès ordinaire. La séparation de corps est seule possible pour les autres causes indiquées plus haut (art. 132) : pas de différence ici avec la séparation des catholiques, sauf pour la compétence du rabbin, substituée à celle du curé (art. 132).

Au cas de divorce, la femme, si elle est enceinte, doit attendre sa délivrance pour se remarier ; sinon elle ne doit attendre que six mois, et les autorités compétentes peuvent réduire ce délai à trois mois, suivant les circonstances (art. 120) (2). Le mariage est prohibé entre l'époux adultère et son complice, et entre l'époux coupable d'attentat contre son conjoint (ou de tout autre fait puni par la loi), et son complice (art. 119). L'époux coupable perd les avantages résultant des pactes successoraux ; les droits de succession *ab intestat* cessent pour les deux époux (art. 1266).

Hollande (3). (Code civ. de 1838, liv. I, tit. XI-XII).

le divorce que si, au bout de ce temps, les époux persistent à le demander (art. 115).

(1) Le juge doit, soit immédiatement, soit après une séparation d'un ou deux mois, autoriser la remise d'une lettre de divorce par le mari à la femme (art. 134).

(2) Il n'y a là qu'un empêchement prohibitif et nullement dirimant, pas plus d'ailleurs que dans les autres législations ; en droit autrichien, l'infraction à cette disposition entraîne des déchéances pécuniaires pour la femme (art. 121).

(3) Les *Codes néerlandais* ont été traduits en français par M. Gustave

Les causes de divorce sont (art. 264) : l'adultère, sans distinction entre celui du mari et celui de la femme ; la condamnation du chef d'infraction, à un emprisonnement de 4 ans au plus (*Sic*, art. 264, mod. par la loi du 26 avril 1884, art. 2) ; l'abandon malicieux pendant cinq ans au moins (art. 264, 266) ; enfin chacun des époux a le droit de demander le divorce cinq ans après une séparation non suivie de réconciliation (art. 255) (1).

Le divorce est nul et non avenu s'il n'est pas inscrit dans les six mois sur le registre de l'état civil du domicile des parties, à la requête de l'une ou de l'autre (art. 276).

Les causes de séparation de corps sont les mêmes que celles de divorce, plus les excès, sévices ou injures graves (art. 288) ; la séparation par consentement mutuel est admise, mais seulement après deux ans de mariage (art. 291).

Les effets de la séparation de corps sont les mêmes qu'en Belgique (art. 297-298), et ceux du divorce sont les mêmes que les effets du divorce pour causes déterminées en Belgique (art. 277-287).

États-Unis (2). — Chaque État possède sa législation propre sur le mariage et le divorce, et a le droit de la modifier comme il lui plaît ; les lois sur le mariage et le divorce ne sont pas soumises au contrôle du Congrès et il est, par suite, impossible d'amener tous les États à l'unité de législation sur ce point. Il faudrait pour y arriver, une modi-

Tripels, avocat à Maëstricht (Maëstricht, Germain et Cie, 1886) ; voy. aussi Glasson, *Le mar. civ. et le div.*, p. 326 et s.

(1) La séparation par consentement mutuel étant possible, on voit que la législation néerlandaise admet indirectement le divorce par consentement mutuel.

(2) Glasson, *Le mar. civ. et le div.*, p. 456 ; — Hugh Weightman, *Du dom. considéré relativ. au mar. et au div.* (Clunet, 1885, p. 405) ; — Calvo, *Le Droit internat. théor. et prat.* (4e éd., 5 vol. Paris, Guillaumin, etc...., 1888), § 811, t. II, p. 284.

fication de la Constitution fédérale, permettant au Congrès de voter des lois générales en cette matière.

Il y a une grande variété dans les lois des États, mais partout le divorce est admis avec la séparation perpétuelle ou temporaire.

Dans certains États, le pouvoir législatif seul peut prononcer le divorce : par exemple dans les États de Delaware, Maryland, Virginie, Caroline du Sud, Tennessee, Georgie, Missouri, Mississipi, etc... ; dans d'autres le pouvoir judiciaire est exclusivement compétent : Massachusetts, New-Hampshire, Connecticut, New-York, Louisiane, etc...

Les causes de divorce généralement admises sont : l'adultère ; les excès, sévices ou injures graves ; l'abandon volontaire ; les habitudes d'ivrognerie (1). Dans le Connecticut et l'Ohio, il faut y joindre les contrats frauduleux d'un des époux ; dans le Missouri, le pouvoir législatif peut admettre arbitrairement toute cause. L'État de New-York admet certaines fins de non-recevoir contre la demande en divorce pour cause d'adultère ; la Cour doit refuser le divorce : si le plaignant paraît avoir autorisé ou encouragé la faute ; s'il y a eu pardon ; si cinq années se sont écoulées depuis que le plaignant a découvert la faute ; s'il s'est rendu, lui aussi, coupable d'adultère (loi du 20 avril 1877) (2).

Les effets du divorce et de la séparation varient aussi suivant les États : dans celui de New-York, la partie qui a obtenu le divorce peut se remarier du vivant de son conjoint, mais l'époux coupable d'adultère ne peut se remarier avant

---

(1) L'ivrognerie n'est pas appréciée partout de la même façon : on est plus difficile, par exemple, dans le Maryland que dans l'Illinois (Clunet, 1891, p. 609) ; dans le Massachusetts, on comprend sous ce terme l'ivresse habituelle provenant de l'usage de l'opium ou autres substances (*drugs*) (Loi du 7 juin 1889, Annuaire de lég. étr., 1890, p. 914).

(2) Annuaire de lég. étr., 1878, p. 801.

la mort de son conjoint, sauf autorisation du tribunal ; cette autorisation n'est accordée qu'à charge de prouver que l'autre époux s'est lui-même remarié, et que, depuis le divorce, cinq années au moins se sont écoulées, pendant lesquelles la conduite de l'époux adultère n'a donné lieu à aucun reproche (loi du 16 avril 1879) (1). Dans le Massachusetts, au cas de divorce pour adultère, le coupable ne peut se remarier que deux ans après le jugement (loi du 6 mai 1881) (2).

Brésil (3). — Le Brésil admet le divorce et la séparation perpétuelle, mais fait, comme l'Autriche, une distinction entre les catholiques et les non-catholiques. Les époux catholiques sont justiciables des tribunaux ecclésiastiques, qui appliquent le droit canonique ; il en est de même des catholiques qui ont épousé une personne d'une autre religion (4). Les époux n'appartenant pas à la religion catholique sont justiciables des tribunaux civils, qui prononcent le divorce d'accord avec la religion de ces époux.

(1) Annuaire de lég. étr., 1880, p. 809.
(2) Annuaire de lég. étr., 1882, p. 791.
(3) Souza Bandeira Filho, *Le mar. au Brésil* (Clunet, 1881, p. 334 et s.).
(4) D'une façon générale, le mariage est indissoluble entre époux catholiques, qu'ils l'aient été au moment du mariage, qu'un seul le soit devenu postérieurement, ou que l'un d'eux ou tous deux aient changé de religion.

CHAPITRE II

La plupart des pays qui n'admettent que le divorce reconnaissent en outre une séparation temporaire, mesure provisoire le plus souvent, et de courte durée, devant servir de préliminaire au divorce : elle est très différente de la séparation perpétuelle, et ses effets, tout en étant assez considérables, perdent de leur importance par la limitation de leur durée.

L'Allemagne reconnaît le divorce et la séparation temporaire ; le divorce est admis pour causes déterminées seulement, dans certaines parties (Bavière, Brunswick, Hambourg, Hanovre, Saxe, Wurtemberg) ; dans d'autres, on admet en outre le divorce par consentement mutuel (Prusse, Grand-Duché de Bade, Alsace-Lorraine).

Le divorce pour causes déterminées est seul admis en Russie, en Serbie, en Suède et en Suisse ; il est admis en outre par consentement mutuel en Danemark, en Norvège, en Roumanie.

Allemagne. — Une loi d'Empire du 6 février 1875 (1) (art. 77) a étendu à toute l'Allemagne le divorce et la séparation de corps temporaire, et a supprimé la séparation perpétuelle. Certains pays qui n'admettaient pas le divorce (comme la Bavière) ou qui admettaient la séparation perpétuelle (Grand-Duché de Bade, Bavière) sont au-

---

(1) Elle a été traduite en français par M. R. Gonse (*Ann. de lég. étr.*, 1876, p. 238-239), et par M. Glasson (*Le mar. civ. et le div.*, p. 517).

jourd'hui soumis comme les autres, au divorce et à la séparation temporaire ; mais l'unité s'arrête là, et les législations locales continuent à s'appliquer pour la détermination des causes et des effets du divorce ou de la séparation (loi de 1875, art. 77-78). Toutefois il y a deux effets du divorce que la loi de 1875 a étendus à toute l'Allemagne : l'époux adultère ne peut, à moins de dispense, épouser son complice (art. 33, 5°) ; la femme ne peut, sauf dispense, se remarier dans les dix mois qui suivent le divorce (art. 35).

En *Prusse* (1), le *Landrecht* de 1794 (2e part., tit. I, sect. 8, art. 668 et s.) continue à s'appliquer ; la législation prussienne est celle qui admet les causes de divorce les plus nombreuses et les plus faciles ; certaines d'entre elles sont même singulièrement vagues (2). Ces causes sont : l'adultère, sans distinction entre celui du mari et celui de la femme, mais le mari seul peut repousser la demande dirigée contre lui en invoquant la réciprocité des torts (3) ; « les relations compromettantes qui font présumer une violation prochaine de la foi conjugale », si elles continuent

---

(1) Glasson, *Le mar. civ. et le div.*, p. 363 et s. ; — de Neyremand, *Du div. dans la lég. pruss.* (France jud., 1878-1879, 1re part., p. 361 et s.). Les textes ont été traduits par Anthoine de St-Joseph, *Concord.*, t. III, p. 200 et s.

(2) Parmi les législations sur lesquelles il m'a été possible de réunir des renseignements, je ne vois que le droit annamite qui ait été plus loin, au moins pour le peu de gravité de certaines causes (par exemple le bavardage et la médisance chez la femme) ; pour le nombre des causes de divorce, la législation prussienne l'emporte incontestablement sur toutes les autres. Voy. sur la législation annamite : Philastre, *Le Code annamite*, nouv. trad. complète (Paris, Leroux, 1876, t. I, p. 536 et s.) ; — Pinchon, *Bullet. de la Soc. de lég. comp.*, 1882, p. 168 ; — le *Précis de la législ. civile annamite, rédigé par les soins du Minist. de la marine et du Garde des Sceaux pour être appliqué aux indigènes et Asiatiques dans l'étendue de la colonie* (Saïgon, Imp. du gouvern., 1884), ne contient pas toutes les causes indiquées par MM. Philastre et Pinchon.

(3) A l'adultère sont assimilés les crimes contre nature (art. 672).

malgré la défense faite par le juge à l'époux soupçonné (art. 670-676) ; l'abandon volontaire (art. 677-691) ; l'abstention persévérante des devoirs du mariage (art. 694-695) (1) ; les actes illicites de l'un des époux, mettant l'autre en danger de perdre la vie, l'honneur, son emploi ou son état ; l'exercice d'une profession infamante (art. 705-707) ; les injures verbales et les voies de fait, sauf entre les personnes de basse condition (art. 699-703) ; la condamnation à la réclusion ou à la détention dans une forteresse (art. 704) ; l'ivrognerie, la prodigalité, une conduite déréglée, si le coupable y persiste malgré les mesures prises par le juge pour son amélioration (art. 708-710) ; la mauvaise conduite du mari, si elle l'a mis dans l'impossibilité d'entretenir sa femme (art. 711-713) ; l'impuissance complète et incurable survenue au cours du mariage ; les infirmités corporelles incurables qui inspirent du dégoût ou de l'aversion (art. 696-697) ; la démence durant depuis plus d'une année sans espoir apparent de guérison (art. 698).

Enfin le *Landrecht* admet le divorce par consentement mutuel, s'il n'y a pas d'enfants (art. 716-718), mais le juge peut différer le jugement pendant un an, et autoriser les époux à vivre séparés pendant ce temps ; il prononce ensuite le divorce s'il n'y a pas eu réconciliation (art. 727-730).

La révocation des donations faites au cours du mariage par l'époux qui a obtenu le divorce, peut être demandée ; l'éducation, l'entretien et la garde des enfants sont régle-

---

(1) Le *Landrecht* va jusqu'à préciser les cas dans lesquels le mari ou la femme peuvent s'abstenir de remplir leurs « devoirs d'époux » : art. 178. « *Les époux ne peuvent se refuser le devoir conjugal* » ; art. 179 : « *Mais il ne saurait être exigé lorsqu'il peut devenir nuisible à la santé de l'un ou de l'autre des époux* » ; art. 180 : « *Les femmes qui nourrissent leurs enfants sont en droit de refuser le devoir conjugal* ».

mentés comme dans les articles 302-303 de notre Code (1).

Dans le *Grand-Duché de Bade* (2), notre Code civil est resté en vigueur, sauf quelques modifications ; une loi du 9 décembre 1875 l'a mis d'accord avec la loi d'Empire (3). Les causes de divorce sont celles du Code civil, avec cette particularité que la femme peut demander le divorce pour adultère du mari si celui-ci tient sa concubine si près du domicile conjugal qu'il peut aller la voir à tout instant (art. 230) ; la loi badoise permet aussi le divorce fondé sur la démence de l'un des époux depuis trois ans au moins (art. 232), et sur l'insoumission du mari pendant trois ans.

En *Alsace-Lorraine*, une loi du 27 novembre 1873 (4) a abrogé notre loi du 8 mai 1816 sur l'abolition du divorce, et remis en vigueur les articles 229 à 305 de notre Code civil (c'est-à-dire tout le titre du divorce, moins la séparation de corps) ; actuellement le divorce est donc admis par consentement mutuel et pour les causes prévues par le Code civil.

La *Saxe* (5) (C. civil de 1863 ; loi du 5 novembre 1875) (6)

---

(1) Le *Landrecht* ne s'applique pas à la Prusse Rhénane encore régie par notre Code civil, modifié par les lois d'Empire, les lois générales de Prusse ou les lois prussiennes spéciales à cette province : les articles 232, 234 à 263, 295 à 298, 306 à 311 ne sont plus en vigueur (*Rép. gén. alph. du dr. franç.*, Allemagne, n° 432, t. IV, p. 408) ; Voy. aussi Amiaud, *Aperçu de l'état actuel des législ. civ. de l'Europe, de l'Amérique*, etc... (Paris, Pichon, 1884, p. 21 et 25) ; toutefois, dans la Prusse rhénane, les cercles de la régence de Dusseldorf sont soumis au *Landrecht* prussien ; le cercle de Meisenheim, la partie de la régence de Coblenz située entre le Rhin et la Sieg sont soumis au droit commun allemand (Amiaud, *ouv. cité*, p. 25).

(2) Anth. de St-Joseph, *Concord.*, t. II, p. 34 ; — Glasson, *Le mar. civ. et le div.*, p. 379.

(3) Elle a notamment abrogé les articles 306-311 sur la séparation de corps.

(4) Ann. de lég. étr., 1874, p. 559-560 (trad. de M. Gonse); voy. aussi Flach, Bullet. de la Soc. de lég. comp., 1881-1882, t. XI, p. 147.

(5) Glasson, *Le mar. civ. et le div.*, p. 357 et s.

(6) Ann. de lég. étr., 1876, p. 475.

est, après la Prusse, le pays où le divorce est le plus facile ; le divorce par consentement mutuel y est expressément prohibé (art. 1711). Les causes de divorce sont : l'adultère, sans distinction entre celui du mari et celui de la femme (art. 1713), et avec refus de l'action si les deux parties en sont coupables (art. 1722-1728) ; les crimes contre nature ; la bigamie (art. 1728) ; l'abandon malicieux pendant un an au moins ; le refus de se soumettre à la vie commune sans motif légitime, ou de remplir ses devoirs conjugaux ; l'ivrognerie : en ce cas la séparation provisoire est d'abord ordonnée, et est suivie de divorce si les habitudes d'ivrognerie n'ont pas cessé un an après l'expiration du délai fixé par le jugement (art. 1733) ; les attentats à la vie du conjoint, et les actes commis méchamment, de nature à mettre son existence en danger : s'ils ne compromettent que sa santé, ils donnent lieu d'abord à une séparation temporaire (art. 1736) ; le fait de se rendre volontairement incapable de remplir ses devoirs conjugaux (art. 1734) ; une ou plusieurs condamnations formant un total de 3 années de prison ; la folie, si elle est reconnue incurable après un séjour de 3 ans dans un établissement d'aliénés (art. 1743) ; le changement de religion (art. 1744) ; l'absence, dans tous les cas où la loi tient l'absent pour mort, mais il y a ici une situation toute particulière : si l'absent revient avant un nouveau mariage de son conjoint, l'union subsiste ; s'il revient après, il peut, à la condition d'agir dans les six mois de son retour, obtenir la dissolution du mariage contracté en son absence (art. 1708-1710) ; enfin une dernière cause de divorce n'est admise que pour la femme : si elle est atteinte d'une infirmité telle que l'état de mariage mettrait sa vie en danger ; le fait doit être attesté par des constatations médicales (art. 1742) (1).

(1) La loi saxonne du 5 novembre 1875 (art. 7) punit d'une amende de

Le tribunal peut prendre les mesures qu'il juge nécessaires dans l'intérêt des enfants (art. 1747) ; malgré la dissolution du mariage, la femme conserve le nom de son premier mari tant qu'elle ne contracte pas un nouveau mariage (art. 1748) : l'époux qui a obtenu le divorce a droit à des aliments, s'il est dans le besoin (art. 1750).

La séparation temporaire ne peut durer moins de six mois ni plus d'un an (art. 1755) ; l'époux au profit duquel existe une cause de divorce peut demander d'abord la séparation ; elle est en outre admise en cas de dissentiments graves entre les époux, si l'un d'eux mène une vie licencieuse, ou si la vie commune met en danger l'existence de l'un des époux ou des enfants ; enfin elle doit être prononcée pour toute la durée d'une instance en divorce ou en nullité de mariage (art. 1752).

La séparation temporaire laisse subsister tous les effets du mariage, sauf l'obligation de la vie commune ; la femme peut, sans le consentement du mari, passer toutes sortes de contrats dans la limite de ses besoins (art. 1645, 1756) ; quant au mari, il est tenu de subvenir, suivant ses ressources, aux besoins de la femme et des enfants.

La *Bavière* (1) (Code de Maximilien, de 1756, et loi d'Empire du 6 fév. 1875, art. 78) ne reconnaît que deux causes de divorce : l'adultère, sans distinction entre celui du mari et celui de la femme (art. 42, 2°) ; les actes de l'un des époux qui mettent en danger « l'âme ou le corps » de l'autre (art. 42, 1°).

En général les Etats qui suivent admettent le divorce pour adultère, attentat à la vie, abandon volontaire, sévi-

---

3000 mk. la contravention aux articles 33, 5° et 35 de la loi d'Empire cités plus haut ; ils ne constituent qu'un empêchement prohibitif.

(1) Anth. de St-Joseph, *Concord.*, t. I, p. 22 ; — Glasson, *Le mar. civ. et le div.*, p. 377.

ces ou injures graves, condamnation pour crime : le *Bruns-wick* (1) considère l'expulsion du pays et l'exil comme des causes suffisantes de divorce ; à *Hambourg* (2), l'absence du mari doit avoir duré trois ans, celle de la femme deux ans ; le coupable d'adultère n'a pas le droit de se remarier ; dans le *Wurtemberg* (loi du 8 août 1875), outre l'adultère, l'abandon du domicile conjugal, l'attentat à la vie du conjoint ou de ses enfants d'un premier lit, les causes de divorce sont : la condamnation à un emprisonnement de 10 ans au moins ; la quasi-désertion (cas où l'un des époux refuse de réintégrer le domicile conjugal dans l'année qui suit le jugement qui ordonne le rétablissement de la vie commune) ; la femme peut demander le divorce si le mari quitte le royaume sans motif sérieux, s'il s'établit hors d'Europe ou si une infirmité corporelle la met hors d'état de le suivre dans son nouveau domicile. Le divorce produit un effet particulier : le conjoint innocent reçoit le quart des biens de celui contre lequel le divorce est prononcé.

Le *Grand-Duché de Hesse* suit les règles du droit ecclésiastique protestant (3).

Les différences de législation sont sur le point de disparaître par l'adoption d'un Code civil applicable à toute l'Allemagne : le projet de Code civil, actuellement rédigé, maintient le divorce et la séparation temporaire ; les causes de divorce sont restreintes : adultère, certains crimes ou délits contraires aux mœurs, attentat à la vie, abandon coupable, violation grave des devoirs du mariage ; le consentement mutuel, l'incompatibilité d'humeur, les infirmités incurables et l'aliénation mentale sont écartés (4).

---

(1) Glasson, *Le mar. civ. et le div.*, p. 379.
(2) Glasson, *eod. loco*.
(3) Voy. notamment un jugement du tr. supérieur de Darmstadt, du 2 avril 1887 (Clunet, 1889, p. 865).
(4) Bufnoir, *Étude sur le dr. de famille dans le projet de Code civil pour*

Russie (1) (Svod (2), t. X, 1re part. ; oukase du 6 février 1850 (3), art. 9-22). — Les Russes, de même que les Autrichiens et les Brésiliens, sont traités différemment par leur loi nationale, suivant leur religion : le divorce des orthodoxes (Église gréco-russe) est du ressort exclusif des tribunaux ecclésiastiques ; le divorce des sujets appartenant à d'autres cultes est soumis aux tribunaux civils (4).

Les causes de divorce sont : l'adultère, sans distinction ; la condamnation à une peine emportant dégradation civique (travaux forcés, déportation en Sibérie ou en Transcaucasie. C. pén. de 1866, art. 17) ; l'absence depuis cinq ans au moins (5).

La *Serbie* (6) (Code de 1844, art. 94-106) établit aussi des différences fondées sur la religion : les grecs orthodoxes relèvent des tribunaux ecclésiastiques (art. 99) ; entre époux

l'Empire d'Allemagne (Bullet. de la soc. de lég. comp., 1889-1890, p. 67 et s.) ; ainsi que le fait remarquer M. Bufnoir, l'adoption du projet n'ira pas toute seule, car le 20ᵉ congrès des jurisconsultes allemands qui s'est réuni à Strasbourg en septembre 1889, s'est prononcé pour l'extension des causes de divorce. Le *Projet de Code civil Allemand* a été traduit en français par M. de la Grasserie (Paris, Pedone-Lauriel, 1893) ; voyez les articles 1440 et s., p. 318 et s.

(1) Lehr, *Éléments de dr. civil Russe* (1 vol., Paris, Plon, 1877), t. I, p. 26-28 ; — Glasson, *Le mar. civ. et le div.*, p. 414 et s.

(2) Digeste des lois russes, exécutoire depuis 1835.

(3) Voy. la traduction en français dans Anth. de St-Joseph, *Concord.*, t. III, p. 284.

(4) Loi des 19 avril-15 octobre 1874, IIᵉ part., art. 12, 31 (Ann. de lég. étr., 1875, p. 670, 673).

(5) L'impuissance congénitale permet de demander le divorce dans les 3 ans qui suivent la célébration du mariage (Ouk. de 1850, art. 11-12) ; elle doit être antérieure au mariage : c'est donc une cause de nullité plutôt que de divorce.

(6) Glasson, *Le mar. civ. et le div.*, p. 426 et s. ; — Pavlovitsch, *De la cond. jurid. des étr. en Serbie* (Clunet, 1884, p. 18) ; pour la traduction française des textes, cons. Anth. de St-Joseph, *Concord.*, t. III, p. 451 ; toutefois, suivant M. Pavlovitsch (Cl., 1884, p. 11, note), « cette traduction du Code civil est, par endroits, défectueuse ou incorrecte et quelquefois même incomplète ».

n'appartenant pas à la religion grecque orthodoxe, les tribunaux civils sont compétents, mais appliquent les règles de l'Église à laquelle ces époux appartiennent (Décret du 7 décembre 1861).

Les causes de divorce indiquées par le Code civil sont : l'adultère (celui du mari devant être accompagné de l'entretien de la concubine au domicile conjugal, comme en Belgique) ; les excès, sévices ou injures graves ; la condamnation aux travaux forcés pour plus de 8 ans (art. 94) ; l'abjuration de la foi chrétienne ; l'absence préméditée, accompagnée du défaut de nouvelles.

Le Code serbe admet la séparation temporaire (art. 102) qui peut être prononcée par les tribunaux ecclésiastiques suivant les règles du droit canonique. Le Code n'indique pas les causes de séparation.

L'époux qui a obtenu le divorce a seul le droit de se remarier — comme en Russie — et de profiter des avantages stipulés dans le contrat de mariage (art. 101). Des dispositions sont prises, comme dans presque toutes les législations, pour éviter la confusion de part : la femme doit attendre neuf mois pour se remarier, à moins qu'elle n'accouche avant l'expiration de ce délai (art. 105).

En *Suède* (1) (Code de 1734, ch. II, loi du 27 avril 1810) (2), une distinction est faite entre les causes *primaires*, donnant un droit d'action devant le tribunal de première instance du domicile des époux, et les causes *secondaires*, qui justifient seulement une demande en divorce par requête au roi, en conseil des ministres : depuis la Réforme, le roi, en sa qualité de chef suprême de l'Eglise luthérienne suédoise et de chef de l'État, pouvait autoriser le divorce,

______

(1) Glasson, *Le mar. civ. et le div.*, p. 446 et s. ; — d'Olivecrona, *Le mar. des étr. en Suède et des Suédois à l'étr.* (Clunet, 1883, p. 357 et s.).

(2) Voy. pour la traduction en français, Anth. de St-Joseph, *Concord.*, t. III, p. 502 et s.

en certains cas, à la demande de l'une des parties : la loi du 27 avril 1810 a limité ces cas.

Les causes *primaires* sont, suivant le Code de 1734 : l'adultère, sans distinction ; l'abandon ; l'absence pendant six ans au moins (1) ; la loi de 1810 y a ajouté la condamnation aux travaux forcés à perpétuité, la condamnation pour attentat à la vie du conjoint, la démence durant depuis plus de trois ans sans espoir de guérison (à la condition que l'époux sain d'esprit n'en soit pas la cause par sa conduite).

Les causes *secondaires* sont : la condamnation à mort, ou à la perte des droits civiques à perpétuité, même suivie de grâce ; la condamnation pour crime grave ou infamant ; la condamnation aux travaux forcés à temps ; l'ivrognerie incorrigible, la prodigalité, la violence de caractère ; l'incompatibilité d'humeur ayant un caractère exceptionnel de gravité.

L'époux adultère ne peut se remarier du vivant de son conjoint qu'avec la permission de celui-ci et du roi, à moins que le conjoint ne soit lui-même remarié ; il ne peut jamais épouser son complice, même s'il devient veuf. La sanction est la nullité du nouveau mariage (2) (C. civ., sect. du mar., tit. 13, art. 2 ; tit. 3, art. 4).

Le mari doit attendre six mois, la femme un an pour se remarier (loi de 1810).

(1) D'autres causes doivent avoir une origine antérieure au mariage, et rentrent plutôt dans les cas de nullité : par exemple la découverte, par l'un des conjoints, au cours du mariage, de relations qu'aurait eues l'autre avec d'autres personnes, entre les fiançailles et le mariage ; c'est une sorte d'adultère anticipé ; il faut y joindre l'impuissance antérieure au mariage, et la dissimulation d'une maladie contagieuse également antérieure au mariage.

(2) Voy. dans Clunet, 1892, p. 1061, un cas où le roi, sur avis du conseil des ministres (3 févr. 1889), a autorisé le mariage de l'époux adultère divorcé avec son complice ; en fait le premier conjoint approuvait ce nouveau mariage.

Il y a, comme dans le Wurtemberg, une sorte d'indemnité au profit de celui qui obtient le divorce : le coupable perd, à son profit, sa moitié dans la communauté ; la femme adultère est en outre privée des avantages pécuniaires désignés par l'expression de *don du lendemain* (Morgengœfva).

La garde des enfants appartient à l'époux qui a obtenu le divorce.

Le Code suédois admet une séparation temporaire prononcée par le tribunal, lorsque la discorde éclate entre les époux et qu'ils ne se réconcilient pas après admonition du curé. Pendant la durée de la séparation, celui au profit duquel elle est prononcée, a la garde des enfants et des biens ; il fait une pension à son conjoint (1).

La *Suisse* (2) (loi fédér. du 24 déc. 1874) admet le divorce pour : adultère, sans distinction ; attentat à la vie, sévices et injures graves ; condamnation à une peine infamante ; abandon malicieux depuis deux ans au moins (après sommation infructueuse) ; aliénation mentale durant depuis trois ans et déclarée incurable (art. 46) ; enfin, la loi de 1874 admet le divorce par consentement mutuel sans en prononcer le nom (3).

La séparation temporaire est possible lorsqu'il n'existe aucune cause de divorce et que cependant le lien conjugal est profondément atteint (art. 47) ; elle ne peut être pro-

(1) Le juge peut nommer un conseil à la femme, si elle est incapable d'administrer les biens.

(2) Glasson, *Le mar. civ. et le div.*, p. 381 et s. ; — Alf. Martin, *Jurispr. Suisse. De la sép. de corps ; Du div. des étr. en Suisse* (Rev. de dr. int., 1881, p. 598 et s.).

(3) Art. 45 : « Lorsque les deux époux sont demandeurs en divorce, le tribunal le prononce s'il résulte des circonstances de la cause que la continuation de la vie commune est incompatible avec la nature du mariage ». Art. 47 : « S'il n'existe aucune des causes de divorce énumérées en l'article 46, et que cependant il résulte des circonstances que le lien conjugal est profondément atteint, le tribunal peut prononcer le divorce ou la séparation de corps... » (Ann. de lég. étr., 1875, p. 519, note).

noncée pour plus de 2 ans ; après ce délai, le tribunal peut prononcer le divorce si les époux renouvellent leur demande et s'il n'y a pas eu réconciliation (art. 47).

La loi s'en rapporte aux législations cantonales pour déterminer les effets du divorce ou de la séparation sur la personne des époux, leurs biens, l'éducation de leurs enfants, et les indemnités possibles (art. 49) (1) ; l'unité de législation n'existe donc pas encore en Suisse, quant aux effets du divorce.

Dans le canton de *Bâle-ville*, par exemple (loi du 10 mars 1884, art. 23) (2) le tribunal peut accorder à la partie qui obtient le divorce des dommages-intérêts, si la position est rendue difficile par le fait du divorce ; dans le canton de *St-Gall*, la loi du 27 novembre 1878 (3) reconnaît à la partie qui obtient le divorce le droit à une indemnité proportionnée à l'étendue de la faute et à la fortune respective des époux (art. 24-25) ; dans le canton de *Genève* (loi du 5 avril 1876, art. 118) (4), hors le cas où le divorce est prononcé pour cause de folie, et le cas des articles 45 et 47 cités plus haut, l'époux coupable perd tous les avantages que l'autre lui avait faits par contrat de mariage ou au cours du mariage ; dans le canton de *Glaris* (C. civ. de 1870) (5) l'indemnité au profit de celui qui obtient le divorce peut aller jusqu'au tiers de la fortune de son conjoint ; à *Zurich*, elle ne peut dépasser le quart (C. civ., art. 629, 631 et s.)(6); à *Lucerne*, la séparation et le divorce font perdre tout droit de survie à l'époux contre lequel ils sont prononcés (C. civ.

(1) Ann. de lég. étr., 1875, p. 520 (note).
(2) Ann. de lég. étr., 1885, p. 551.
(3) Ann. de lég. étr., 1879, p. 601.
(4) Ann. de lég. étr., 1877, p. 594.
(5) Ann. de lég. étr., 1875, p. 523.
(6) Voy. la traduction de M. Lehr, *Code civil du canton de Zurich* de 1887 (Paris, Imprim. nat., 1890).

art. 420)(1); dans le *Tessin* (loi du 9 janvier 1876, art. 19-28) (2), le divorce annule les droits de survie, ainsi que les donations et conventions stipulées à l'occasion du mariage par les époux, ou en leur faveur par des tiers ; si celui des époux qui obtient le divorce n'a pas de moyens d'existence, le tribunal peut lui allouer une pension qui peut aller jusqu'à la moitié des revenus de l'autre époux, lorsque les causes de divorce ont un caractère spécial de gravité ; du jour où le divorce est prononcé, la propriété de la moitié des biens de chaque époux est acquise de plein droit aux enfants nés du mariage : les père et mère n'en conservent que la jouissance durant leur vie. Dans les cantons de Vaud et de Fribourg, les droits de survie sont maintenus en cas de divorce pour cause d'aliénation mentale ou pour causes indéterminées (3).

Le *Danemark* (4) (Code de 1683 ; nombreuses lois postérieures) admet le divorce par consentement mutuel ; il doit être précédé d'une séparation de trois ans ; les causes déterminées de divorce sont : l'adultère, sans distinction entre les époux (avec compensation des torts en cas d'adultère de chacun) ; l'abandon depuis trois ans ; la condamnation à une peine perpétuelle (5).

L'époux adultère ne peut jamais épouser son complice ; la femme adultère ne peut se remarier qu'avec la permission du roi, au bout de trois années au moins depuis le

---

(1) Lardy, *Les législ. civ. des cantons suisses* (Paris, Sandoz et Fischbacher ; Genève, Desrogis ; Neuchâtel, Sandoz, 1877) p. 135.

(2) Lardy, *ouv. cité*, p. 223 ; — Rossel, *Manuel du dr. civ. de la Suisse Romande (cantons de Genève, Fribourg, Neuchâtel, Tessin, Vaud, Valais et Berne)* (Bâle, Georg, Paris, Larose et Forcel, 1886), p. 31.

(3) Rossel, *ouv. cité*, p. 31.

(4) Anth de St-Joseph, *Concord.*, t. II, p. 140 ; — Glasson, *Le mar. civ. et le div.*, p. 434 et s.

(5) Suivant le Code de Christian V, l'impuissance du mari antérieure au mariage permet à la femme de demander le divorce après trois ans ; c'est plutôt une cause de nullité.

divorce, et à charge de justifier qu'elle a mené pendant ce temps une vie régulière.

En *Norvège* (1) (Code de 1687), les causes sont : l'adultère, sans distinction ; l'abandon pendant trois ans ; l'absence depuis sept ans au moins ; la condamnation aux travaux forcés à perpétuité. Le divorce par consentement mutuel peut être autorisé par le roi après une séparation de trois ans (ordonn. du 18 oct. 1811) (2) : chaque époux, en ce cas, a besoin d'une dispense pour se remarier.

La *Roumanie* (3) (Code civ. de 1864, tit. VI), a adopté notre Code civil avec quelques modifications : à l'adultère (sans distinction), aux excès, sévices et injures graves, à la condamnation aux travaux forcés ou à la réclusion, et au consentement mutuel (4), une cause de divorce a été ajoutée : il peut être demandé contre le conjoint qui a menacé la vie de l'autre ou qui, sachant que d'autres la menaçaient, ne l'a pas prévenu immédiatement.

L'époux adultère ne peut jamais épouser son complice (art. 279), et les époux divorcés ne peuvent plus se réunir (art. 277). L'époux contre lequel le divorce est prononcé perd tous les avantages que lui a faits son conjoint, par contrat de mariage ou au cours du mariage (art. 280).

Le Code civil roumain ne parle pas de la séparation de corps.

(1) Anth. de St-Joseph, *Concord.*, t. III, p. 6 ; — Glasson, *Le mar. civ. et le div.*, p. 451-452.

(2) Parmi les causes de divorce, le Code Norvégien indique l'impuissance et les maladies repoussantes et incurables antérieures au mariage (art. 3 15, 18) ; ce sont plutôt des causes de nullité.

(3) Les textes ont été traduits en français, sans nom d'auteur, sous le titre : *Extraits de la législ. de la Roumanie. Code civil*, Bucarest, Imprim. de l'État, 1889 (*En dépôt chez Degenmann*) ; — Voy. aussi Glasson, *Le mar. civ. et le div.*, p. 306.

(4) Il n'est admis qu'après deux ans de mariage et est soumis à de nombreuses formalités (art. 254-270) ; il n'est pas possible lorsque le mariage a duré plus de 20 ans ou lorsque la femme a plus de 45 ans (art. 256).

A ces législations qui ne reconnaissent que le divorce, on peut rattacher le droit musulman et le droit annamite qui, outre le divorce, autorisent la répudiation.

Le droit *musulman* (1) présente un intérêt tout particulier en ce qu'il est applicable à la grande majorité des habitants de l'Algérie (2). A part la répudiation qui intervient sans jugement et qui n'est permise qu'au mari, le divorce peut être demandé en justice par le mari pour adultère ou apostasie de la femme, et par la femme : 1° si le mari manque à ses devoirs envers elle (3) ; 2° s'il ne tient pas les engagements qu'il a contractés en se mariant (4) ; 3° s'il se rend parjure ou prononce un serment particulièrement injurieux pour sa femme (5). Enfin chacun des époux a le droit de demander le divorce, lorsque l'autre

(1) Perron, *Précis de jurisprud. musulm. de Khâlil-Ibn-Ishak*, trad. de l'arabe (2 vol. Paris, Imp. nation., 1848) ; — Sautayra et Cherbonneau, *Dr. musulm., Du stat. personn. et des success.*, (2 vol. Paris, Maisonneuve, 1873) ; —Gonse, *Note relat. au div. en Algérie*. (Bullet. de la Soc. de lég. comp., 1881-1882, t. XI, p. 166).

(2) Il s'applique en effet aux musulmans indigènes ou étrangers (*Sénatc. du 14 juill. 1865 ; Décr. du 13 déc. 1866 ; Décr. du 10 sept. 1886, art. 1*). Voy. *Pand. franc.*, Algérie, n° 366.

(3) Pourvoir à son entretien ; remplir envers elle ses devoirs conjugaux ; la traiter avec bonté et affection. La Cour d'Alger a prononcé le divorce, par exemple : contre le mari qui laisse sa femme sans aliments (15 janv. 1872), la force à se livrer à des travaux non admis par l'usage de la localité (à Cherchell, dans l'espèce) tels que chercher de l'eau, couper du bois, garder des animaux (23 déc. 1862), refuse de lui fournir de l'huile pour sa chevelure (ce qui, en fait, avait entraîné la calvitie) (22 déc. 1862); contre le mari impuissant (6 janv. 1868), ou qui insulte les parents ou les amis de sa femme (6 mars 1867). Voy. Sautayra, *ouv. cité*, t. I, p. 254 et s.

(4) Si par exemple il ne paie pas la dot à l'époque convenue (C. d'Alger 3 fév. 1864) ; si, s'étant engagé sous peine de divorce, à consommer le mariage chez un tiers ou dans un lieu déterminé, il l'a consommé ailleurs (C. d'Alger, 27 nov. 1863). Voy. Sautayra, *ouv. cité*, t. I, p. 263.

(5) Il y a 3 serments de ce genre : *Ila*, serment de continence ; *Dihar*, assimilation injurieuse ; *La'an*, anathème du mari contre sa femme qu'il accuse d'adultère. Voy. pour les détails, Sautayra, *ouv. cité*, t. I, p. 266, 309 et s.

devient fou ou est atteint de certaines maladies, comme la lèpre, l'éléphantiasis (1).

En *Annam*, chacun des époux a le droit de demander le divorce pour excès, sévices et injures graves, condamnation à une peine infamante, absence déclarée ; le mari seul peut invoquer l'adultère, l'abandon du domicile conjugal, les excès et sévices graves envers ses ascendants ; le divorce par consentement mutuel est autorisé si le mariage a duré plus de 2 ans et moins de 20, si le mari a plus de 25 ans, et si la femme est entre 21 et 45 ans. Hors les cas d'adultère et de fuite de la femme, ou de condamnation de l'un des époux, l'action est irrecevable dans trois cas : 1° si les époux, pauvres à l'époque du mariage, se sont enrichis depuis ; 2° si la femme a porté un deuil de trois ans avec son mari ; 3° si elle n'a plus de parents chez qui elle puisse retourner.

Les époux peuvent demander la séparation de corps pour les mêmes causes que le divorce (2).

(1) Sautayra, *ouv. cité*, t. I, p. 151 et s. ; — Perron, *ouv. cité*, t. II, p. 407.

(2) Je n'indique que les causes reconnues officiellement par le *Précis* du minist. de la marine, déjà cité ; suivant M. Philastre (*ouv. cité*), reproduit par M. Pinchon (*art. cité*), il y a 7 causes de divorce au profit du mari seul : stérilité, adultère, manquements au père ou à la mère du mari, bavardage et médisance, vol, jalousie, infirmité rendant impropre à la génération.

CHAPITRE III

PAYS QUI N'ADMETTENT QUE LA SÉPARATION DE CORPS.

Le principe de l'indissolubilité du mariage tend à disparaître des législations européennes. La France y ayant renoncé depuis 1884, il n'y a plus aujourd'hui que l'Italie, l'Espagne et le Portugal qui n'aient pas encore joint le divorce à la séparation de corps ; en Italie, le principe de l'indissolubilité est vivement combattu depuis quelques années (1).

En *Italie* (2) (Code de 1865, art. 148-158), la séparation de corps perpétuelle est admise pour : adultère, mais la femme ne peut l'invoquer que si le mari entretient sa concubine à son domicile ou « notoirement dans un autre lieu » (art. 150) ; excès, sévices ou injures graves ; con-

(1) En 1880, la Chambre italienne, sur la proposition de M. Morelli, a accepté le principe du divorce (séance du 8 mars 1880) ; voy. sur le projet : Amiaud, *Étude sur le proj. de loi du div. en Italie* (Bull. de la Soc. de lég. comp., 1881-1882, p. 140). Principalement sous l'influence de M. Villa, député, le 3· congrès juridique italien qui s'est réuni à Florence en septembre 1891 a adopté le principe du divorce, à une faible majorité il est vrai (25 voix sur 135 votants). Voy. sur ce point, Olivi, *Le congr. jurid. de Florence et la quest. du div.* (Revue de dr. intern., 1892, p. 263). Le projet de M. Villa a été porté devant le Parlement, mais il paraît devoir rencontrer une assez vive opposition (*Le Temps*, 14 janv. 1893, *Dép. télégr.*) ; le 25 janv. 1893, à l'ouverture de la session, le garde des sceaux, M. Bonacci, tout en déclarant que le projet n'avait pas l'appui du gouvernement, ne s'est pas opposé à la prise en considération ; elle a été votée par la Chambre à une grande majorité (*Le Temps*, 27 janv. 1893, *Bulletin de l'étrang.*).

(2) Huc et Orsier, *Le Code civ. ital. et le Code napol.*, t. II, traduct. du C. C. ital. (2ᵉ éd., Paris, Cotillon, 1868) ; — Glasson, *Le mar. civ. et le div.*, p. 290 et s.

damnation à une peine criminelle ; abandon volontaire (art. 150-151) ; la femme peut demander la séparation si le mari, sans juste motif, n'adopte pas une résidence fixe, ou si, ayant les ressources nécessaires, il refuse de fixer sa résidence d'une manière qui convienne à sa condition (art. 152). La séparation par consentement mutuel est autorisée (art. 158).

Les effets sont à peu près les mêmes qu'en France : l'époux coupable perd les avantages pécuniaires que son conjoint lui avait faits par contrat de mariage, et l'usufruit légal des biens des enfants mineurs (art. 154-156) ; il perd ses droits sur la succession de son conjoint (art. 757). Si la séparation est prononcée contre le mari, la femme recouvre son entière capacité ; si elle est prononcée contre la femme, ou si elle a lieu par consentement mutuel, l'autorisation de justice remplace, pour la femme, celle du mari.

Espagne (1) (Code civil de 1889). — La séparation perpétuelle est seule possible, mais une distinction est faite entre les mariages civils et les mariages qui n'ont été célébrés qu'à l'Église (2) : les mariages civils seuls sont soumis, quant à la séparation, à la loi civile appliquée par les tribunaux civils ; les autres sont soumis aux lois canoniques appliquées par les tribunaux ecclésiastiques (3) (art. 80).

(1) Lehr, *Elém. de dr. civ. Espagno* (2 vol. Paris, Larose et Forcel, 1880-1890), t. I, nos 115-118, p. 88 et s. ; t. II, nos 70 et s., p. 63 et s. ; — Glasson, *Le mar. civ. et le div.*, p. 297 et s. ; Le *Code civil espagnol* a été traduit en français par M. Levé (1 vol. Paris, Pedone-Lauriel, 1890).

(2) Ces derniers ne peuvent être célébrés qu'en présence d'un fonctionnaire civil, chargé de les inscrire immédiatement sur le registre civil (C. civ., art. 77).

(3) Ce sont les tribunaux civils qui déterminent le lieu où doit se retirer la femme pendant l'instance, et qui prennent les mesures provisoires nécessaires ; ils sont seuls compétents pour déterminer les effets des jugements de nullité ou de séparation (art. 67) et pour connaître de leur exécution (art. 82).

Les causes de séparation du droit civil (C. civ. art. 105) sont: l'adultère (celui du mari doit causer un scandale public); les mauvais traitements ou injures graves; la condamnation aux fers ou à la réclusion perpétuelle ; les violences exercées par le mari sur la femme pour la contraindre à changer de religion ; la tentative par le mari de prostituer sa femme ; la tentative de l'un des époux de corrompre les enfants ou de prostituer les filles nées du mariage.

Le droit canonique (1), applicable aux catholiques, reconnaît quatorze empêchements dirimants du mariage : erreur, conditions contraires au but du mariage, violence, rapt, minorité, impuissance antérieure au mariage, bigamie, engagement dans les ordres majeurs, vœux solennels de chasteté, parenté, alliance née du mariage ou du concubinage, alliance née des fiançailles, différence de cultes, mariage de l'époux adultère ou de l'époux qui a tué son conjoint, avec son complice, clandestinité ; ce sont des causes de nullité qui deviennent dans certains cas des causes de séparation, et dont l'une au moins, malgré le dogme de l'indissolubilité du mariage, peut être une véritable cause de divorce. La doctrine espagnole considère à ce point de vue trois sortes de séparation :

1° Quant au lien (*divorcio en cuanto al vinculo*) ;

2° Quant à la cohabitation (*en cuanto a la cohabitacion*) :

3° Quant au lit (*en cuanto al talamo*) ;

Dans le premier cas il y a un véritable divorce : un mariage avant été célébré entre deux personnes n'appartenant pas à la religion catholique, conformément aux lois de leur pays ou de leur religion, puis consommé, si l'une

---

(1) Allègre, *Le Code civil commenté à l'usage du clergé* (2 vol. en 4 parties, Paris et Lyon, Delhomme et Briguet, 1888), t. I, p. 664 et s. ; — Esmein, *Le mariage en droit canonique*, (2 vol. Paris, Larose et Forcel, 1891), t. I, p. 64 et s., 129 et s. ; t. II, p. 45 et s. 295 et s. ; — Lehr, *Elém. de dr. civ. Espagn.*, t. I, p. 83.

d'elles se convertit à la religion catholique et que l'autre refuse de continuer la vie commune, le conjoint converti peut se prévaloir du divorce et se remarier (1).

Dans le second cas, il y a séparation de corps, dans le sens que nous donnons à cette expression ; elle a pour causes : l'entrée des deux époux, d'un commun accord, dans un ordre monastique (ou d'un seul avec le consentement de l'autre) ; l'hérésie ou l'apostasie d'un des époux (dès qu'il renonce à ses erreurs, le conjoint est tenu de reprendre la vie commune) ; le fait que l'un des époux est pour l'autre une cause de péché ; l'adultère, sauf pardon ou compensation des torts ; les mauvais traitements du mari envers sa femme (2).

Enfin, dans le dernier cas, il n'y a qu'une séparation d'effet très restreint.

Les effets civils de ces mesures sont fixés par les tribunaux civils qui appliquent les lois civiles : la vie commune cesse (C. civ., art. 104) ; l'époux coupable perd toutes les libéralités faites ou promises par son conjoint ou par des tiers, en vue du mariage ; la séparation de corps entraîne séparation de biens (art. 1433). Le jugement peut ordonner la déchéance de la puissance paternelle (art. 169). L'époux adultère, devenu veuf, ne peut épouser son complice, sous peine de nullité (art. 84, 7°).

En *Portugal* (3) (C. civ. de 1863, art. 1204 et s.), les catholiques doivent contracter le mariage religieux, les autres le mariage civil ; ils n'ont pas le choix (art. 1056-1057). Même distinction qu'en Espagne entre les deux sor-

---

(1) Esmein, *ouv. cité*, t. I, p. 221 et s. ; t. II, p. 307 ; — Allègre, *ouv. cité*, t. I, p. 221 ; — Lehr, *Elém. de dr. civ. Esp.*, t. I, p. 85.

(2) Lehr, *ouv. cité*, t. I, p. 86.

(3) Lepelletier, *Le Code civil Portugais*, trad. en français et annoté (1 vol., Paris, Pedone-Lauriel, 1893) ; — Glasson, *Le mar. civ. et le divorce*, p. 303-304.

tes de mariage : les catholiques doivent porter leur action devant les tribunaux ecclésiastiques qui leur appliquent les lois de l'Église reconnues par le royaume, mais les mesures d'instruction et d'exécution sont prises par les tribunaux civils (art. 1086-1088).

Je ne reviens pas sur le droit canonique.

Le droit civil reconnaît les mêmes causes de séparation que le nôtre : l'adultère (mais celui du mari doit être accompagné de scandale public, d'abandon de la femme ou d'entretien de la concubine au domicile conjugal) (art. 1204); les excès, sévices ou injures graves, la condamnation de l'un des époux à une peine perpétuelle.

La séparation de corps entraîne séparation de biens ; la femme adultère n'a droit qu'à des aliments (art. 1210, § 1).

Dans certaines législations américaines, le divorce n'est pas admis : le *Mexique* n'admet que la séparation temporaire (loi organ. du 14 déc. 1874) (1) ; la *République Argentine* (2) (C. civ. de 1870) n'admet que la séparation perpétuelle : l'appréciation des causes de séparation entre époux mariés à l'Église catholique (ou avec son autorisation en cas de mariages mixtes) appartient uniquement à l'autorité ecclésiastique (art. 201) ; les époux non-catholiques relèvent des tribunaux civils, et les causes de séparation qu'ils peuvent invoquer, sont : l'adultère (sans distinction) ; l'attentat à la vie ; les mauvais traitements. Quelle que soit la religion des époux, les tribunaux civils con-

---

(1) Art. 23, n° 9 : « Le mariage civil ne sera dissous que par la mort de l'un des époux, mais les lois peuvent admettre la séparation temporaire pour causes graves qui seront déterminées par le législateur, sans que la séparation permette à aucun des conjoints de contracter mariage avec une autre personne » (Ann. de lég. étr., 1875, p. 716).

(2) Calvo, *Le dr. intern. théor. et prat.*, § 807-808, t. II, p. 282-283; il parle de *divorce*, mais l'expression est inexacte ; l'article 198 du Code dit en effet : « Le divorce consiste uniquement dans la séparation personnelle des époux sans que le lien matrimonial soit dissous ».

naissent seuls les effets de la séparation sur leur personne, l'éducation et l'entretien des enfants, et sur les biens (art. 202). Enfin, dans l'*Uruguay* (loi du 22 mai 1885) (1) la séparation est seule possible, et l'époux adultère, devenu veuf, ne peut épouser son complice : c'est un empêchement dirimant du mariage (art. 10, 16).

Qu'on veuille bien excuser — en même temps que les lacunes — la longueur de cet exposé ; il m'a paru être le préliminaire indispensable d'une étude sur le divorce et la séparation en droit international privé : avant de formuler un problème et d'en chercher la solution, il est nécessaire d'en examiner les éléments.

(1) Ann. de lég. étr., 1886, p. 733.

DEUXIÈME PARTIE

LES QUESTIONS ET LEUR SOLUTION

QUESTIONS SOULEVÉES PAR LES DIFFÉRENCES
DE LÉGISLATION

Les difficultés qu'ont soulevées ou que paraissent devoir
soulever dans la pratique, les divergences entre les législations que je viens d'exposer, peuvent se rattacher à un
très petit nombre d'espèces :

I. — Un tribunal est saisi d'une demande en séparation ou
en divorce formée par un étranger contre son conjoint (1).

Ce fait soulève les questions suivantes :

1° Le tribunal est-il compétent ?

2° S'il est compétent, quelle est la loi qui détermine :

a) Si le demandeur peut, en principe, obtenir le divorce
ou la séparation ;

b) Si les causes qu'il invoque en fait permettent d'ac-
cueillir sa demande ;

3° Si le tribunal prononce le divorce ou la séparation,
quels seront les effets du jugement sur la personne et les
biens des époux, sur la garde et l'entretien des enfants ?

Ces questions doivent être examinées à trois points de
vue : 1° au point de vue de l'État auquel appartient le tri-

(1) Je suppose que les deux époux sont de même nationalité.

bunal ; 2° au point de vue de l'État dont les époux sont les sujets ; 3° au point de vue des États étrangers.

II. — Une naturalisation a changé la nationalité de l'un des époux, ou de tous deux, entre l'époque de la célébration du mariage et celle où l'action est intentée, ou bien en cours d'instance.

Quelle influence produira-t-elle sur la solution des questions précédentes ?

Je rattache à cette hypothèse celle où les deux époux sont de nationalité différente, sans qu'une naturalisation soit intervenue.

III. — Le tribunal compétent de la patrie des époux a prononcé entre eux le divorce ou la séparation : quels seront les effets de ce jugement en pays étranger ?

CHAPITRE PREMIER

DROIT FRANÇAIS.

Envisagées au point de vue d'une législation particulière, par exemple la législation française, les questions que je viens d'indiquer peuvent se diviser en trois groupes :

I. — Situation des étrangers en France.

1° Compétence des tribunaux français ;

2° Loi applicable en France (principe du divorce ou de la séparation ; leurs causes) ;

3° Effets du jugement prononcé en France ;

4° Effets en France du jugement prononcé à l'étranger entre étrangers ;

II. — Situation des Français à l'étranger.

1° Compétence des tribunaux étrangers ;

2° Loi applicable ;

3° Effets en France du jugement prononcé à l'étranger, entre Français.

III. — Influence d'une naturalisation.

1° Naturalisation des deux époux ;

2° Naturalisation d'un seul ;

Appendice. — Epoux de nationalité différente.

SECTION I. — **Situation des étrangers en France.**

§ 1. — Compétence.

Je ne m'occupe ici que du cas où les deux époux sont étrangers et de même nationalité ; j'examinerai sous le paragraphe qui traite de la naturalisation, le cas où ils sont de nationalité différente.

Le système adopté, en matière de divorce et de séparation de corps, par la majorité des auteurs (1) et par l'unanimité des Cours et tribunaux, — sauf quelques variantes — n'est qu'une des faces du système adopté par les mêmes auteurs et par la jurisprudence, pour décider, d'une façon générale de la compétence des tribunaux français entre étrangers. Voyons donc brièvement ce qu'est la thèse générale et ce qu'elle vaut ; elle peut se résumer ainsi :

Il n'y a pas de texte qui prévoie spécialement le cas où une contestation s'élève en France entre deux étrangers : le principe doit donc être recherché dans les articles 11 et 13 du Code civil : or l'étranger ne jouit pas en France des droits civils, à moins qu'il n'ait demandé et obtenu par décret, l'autorisation d'y fixer son domicile ; il faut donc faire une distinction entre :

1° L'étranger qui a en France un domicile autorisé conformément à l'article 13 : il a la jouissance des droits civils, et notamment du droit d'ester en justice ;

2° L'étranger qui ne se trouve pas dans les conditions de l'article 13 : il n'a pas, en principe, le droit d'ester en justice.

Mais tout dépend alors de l'interprétation de l'article 11, interprétation fort embarrassante puisque les rédacteurs du Code ont omis de nous expliquer ce qu'ils entendaient par *droits civils*. La jurisprudence a dû, surtout pour des

---

(1) Fœlix, *Traité du dr. int. pr.*, 4ᵉ éd. t. I, n° 158, p. 329 et s. ; — Demolombe, *Cours de Code civ.*, t. I, n° 261, p. 315 ; — Massol, *De la sép. de corps*, 2ᵉ éd., p. 121 ; — Aubry et Rau, *Cours de dr. civ. franç.*, 4ᵉ éd., t. VIII, § 748 *bis*, n° 3, p. 144 ; — Duranton, *Cours de dr. franç.*, 2ᵉ éd., t. II, n° 583, p. 538 ; — Féraud-Giraud, *De la compét. des trib. franç. pour connaître des contest. entre étr.* (Clunet, 1880, p. 138 et s. ; 1885, p. 225 et s., 375 et s.) ; — voy. aussi Lesenne, *De la sép. de corps entre ép. étr. en France*, (Rev. prat. du dr. franç., t. 23, p. 505 et s.).

raisons de fait, admettre des exceptions au principe de l'incompétence ; leur nombre et leur étendue ont dû peu à peu s'accroître, et on peut prévoir que dans quelques années les exceptions seront plus nombreuses que les applications du principe : en matière commerciale par exemple où l'application d'un principe aussi rigoureux aurait pu entraîner de grandes perturbations et porter un préjudice considérable aux intérêts du pays, on a dû s'appuyer, pour admettre une exception, sur la généralité des termes de l'article 420 du Code de procédure et de l'article 631 du Code de commerce, qui ne distinguent pas entre le Français et l'étranger (1) ; mais l'article 59 du Code de procédure fait-il donc une distinction en notre matière ?

Toutes les difficultés d'application que soulève ce système, difficultés au milieu desquelles la jurisprudence se débat sans avoir pu trouver jusqu'à présent une formule précise, auraient été évitées si on avait cherché le principe où il se trouve : dans l'article 59 du Code de procédure. L'article 11 n'a rien à faire ici ; il n'y est nullement question de compétence. C'est l'article 59 du Code de procédure qui détermine d'une façon précise les règles de compétence et il ne fait aucune distinction entre les Français et les étrangers ; la seule exception se trouve dans l'article 14 qui établit deux cas dans lesquels il est dérogé à ces règles ; si les rédacteurs du Code ont pris soin de rédiger un article spécial pour ces deux cas, c'est que dans tous les autres, le droit commun reprend son empire.

Nos tribunaux peuvent et doivent donc, sous peine de déni de justice, se déclarer compétents dans les procès entre étrangers, sans distinction entre les cas où ces étrangers

---

(1) Voy. par exemple, Cass., 22 nov. 1875, (Sir. 76.1.213) ; — Chambéry, 11 fév. 1880, (Sir. 81.2.237).

sont admis ou non à domicile, ou n'ont en France qu'une simple résidence.

Aucun texte ne leur enlevant cette compétence lorsqu'il s'agit de questions d'état, il faut admettre qu'ils sont compétents, et d'une façon aussi étendue, pour juger les demandes en séparation de corps ou en divorce entre étrangers (1).

Mais tel n'est pas le système adopté par la jurisprudence en matière de divorce et de séparation de corps ; il est nécessaire de l'étudier en détail puisque c'est lui qui, en fait, régit aujourd'hui les étrangers en France (2). Je distinguerai donc, avec la jurisprudence, entre :

a) L'étranger admis à domicile (art. 13) ;

b) L'étranger non admis à domicile ;

c) L'étranger dont le pays a conclu un traité avec le nôtre.

a) Étranger admis à domicile. — Pas de difficulté ; les tribunaux peuvent et doivent se déclarer compétents. La jurisprudence est constante (3).

---

(1) En ce sens : Glasson, *De la compét. des trib. franç. entre étr.* (Clunet, 1881, p. 105 et s., 113-114, 122) ; — Weiss, *Traité élém. de dr. int. pr.*, 2ᵉ éd., p. 776 et s. ; — Bonfils, *Compét. à l'égard des étr.*, nº 189, p. 160 ; — Laurent, *Droit civ. intern.*, t. IV, nº 46 et s., p. 95 et s. ; — Chavegrin, Clunet, 1885, p. 154 ; — Pilicier, *Le div. et la sép. de c. en dr. int. pr.*, (Dissertation pour la licence, présentée à l'Académie de Lausanne 1 vol. Lausanne, Bridel, 1887), p. 72 et s. — Comp. Lyon-Caen et Renault, *Traité de dr. commercial*, 2ᵉ éd. (Paris, Pichon, 1889), t. I, p. 395.

(2) Voy. sur l'état de la jurisprud., Lachau, *De la compét. des tr. franç. à l'égard des étr. en mat. civ. et commerc. d'après la jurispr. franç.* (Paris, Larose et Forcel, 1893), p. 201 et s. ; 230 et s.

(3) Cass., 23 juillet 1855 (*Sir.*, 56, 1, 148 ; Dall, 57, 1, 220) ; — Metz, 26 juillet 1865 (Dall., 65, 2, 160) ; — Seine, 11 décembre 1889 (Clunet, 1889, p. 814 ; Pand. franç., 1891, 5, 3) : dans cette dernière espèce, le mari défendeur, sujet Anglais, avait renoncé en cours d'instance, au bénéfice du décret qui l'admettait à domicile ; le tribunal a écarté avec raison l'exception d'incompétence qu'il prétendait tirer de sa qualité d'étranger non admis à domicile, la renonciation n'ayant été qu'une œuvre de circonstance ; voy. aussi : Seine, 22 décembre 1887 (Gaz. du Pal., 1887, 47).

b) Étranger non admis à domicile. — Les tribunaux se déclarent incompétents — avec raison — lorsque les époux n'ont en France qu'une résidence accidentelle (1) ; en pareil cas en effet, le défendeur doit avoir un domicile ou une résidence habituelle dans un autre pays dont les tribunaux seront compétents ; la question de résidence est une question de fait, toute d'appréciation.

Quand les époux ont en France leur domicile (2) ou leur résidence habituelle, les tribunaux se déclarent, en général, incompétents : les tribunaux, dit-on, ont été institués pour rendre la justice aux nationaux et se doivent avant tout aux Français (3) ; en outre ils ne pourraient assurer l'exécution de leurs jugements (4) ; d'ailleurs, s'ils se déclaraient compétents, ils auraient à faire l'application d'une loi étrangère (5), et cette loi peut être contraire à des dispositions du droit public français (6) ; enfin, certaines décisions posent en principe, sans dire pourquoi, que les tribunaux sont incompétents pour trancher les questions d'état entre étrangers (7).

Mais où trouve-t-on le principe que les tribunaux fran-

(1) Cour d'Aix, 4 mai 1885 (Dall., 86, 2, 129).

(2) La jurisprudence ne reconnaît aux étrangers qui ne se trouvent pas dans les conditions de l'article 13, qu'un domicile de fait et non un domicile légal ; peu importe au point de vue qui nous occupe.

(3) Seine, 16 juillet 1886 (Clunet, 1891, 1189) ; — Paris, 6 juin 1888 (Dall., 90, 2, 333) ; — Seine, 14 décembre 1891 (Gaz. du Pal., 1892, 2e sem. 599) ; ce dernier jugement et celui du 16 juillet 1886 ont été infirmés en appel : Paris, 26 février 1891 (Clunet, 1891, 1192 ; Dall., 92, 2, 321, avec note de M. de Bœck) et 16 novembre 1892 (Gaz. du Pal., 1892, 2, 599).

(4) Paris, 6 juin 1888 (Dall., 90, 2, 333 ; Clunet, 1888, 786).

(5) Cour de Lyon, 25 février 1857 (Sir., 57, 2, 625 ; Dall., 58, 1145).

(6) Seine, 16 juillet 1886 (Clunet, 1891, 1189).

(7) Vesoul, 29 décembre 1886 (Clunet, 1889, 474) ; — Paris, 19 janvier 1888 (Clunet, 1889, 666) ; — Alger, 16 mai 1888 (Dall., 90, 2, 93) ; — Amiens, 12 décembre 1888 (Dall. 91, 2, 39 ; Sir., 89, 2, 12) ; — Paris, 19 janvier 1889 (Gaz. du Pal., 1889, 1, 506) ; — Seine, 6e ch., 22 juin 1891 (Clunet, 1891, 1193) ; — Seine, 4e ch., 27 janvier 1892 (Clunet, 1892, 439).

çais sont institués exclusivement pour rendre la justice
aux nationaux ? On ne le dit pas, et pour cause. L'article 59
du Code de procédure qui a pour but de déterminer les
règles de compétence ne fait aucune distinction entre Français et étrangers. On peut ajouter que l'État a le devoir de
rendre la justice, et qu'il en est tenu envers tous ceux qui
habitent le territoire : il évite ainsi de mettre les parties
dans l'obligation de se rendre justice elles-mêmes. En fait,
ce principe conduit fréquemment à de véritables dénis de
justice ; c'est un point sur lequel je reviendrai.

Quant au motif tiré de l'impossibilité pour les tribunaux, dans certains cas, d'assurer l'exécution de leurs arrêts, il ne paraît pas sérieux : dans l'espèce citée (1), la
femme défenderesse était retournée en Belgique, son pays
d'origine, en emmenant ses enfants. Il me semble que ce
fait n'aurait dû avoir aucune influence sur la décision à intervenir. Avec un pareil système on irait loin : est-ce que les
tribunaux ne jugent pas dans bien des cas, entre Français,
sans pouvoir assurer l'exécution de leurs arrêts ? Ne
voyons-nous pas fréquemment un plaideur obtenir un excellent jugement, dont le seul effet est de lui faire regret-
ter davantage l'insolvabilité de son adversaire ? La compétence est une question, l'exécution en est une autre ; elles
n'ont rien à voir ensemble.

J'en dirai de même de la question d'application d'une loi
étrangère ; elle n'a rien à faire ici. Lorsque la question de
compétence sera tranchée, le tribunal aura à se poser celle
de savoir quelle loi il doit appliquer ; cette dernière est subordonnée à la première. La Cour de Paris l'a fort bien mis
en relief dans l'arrêt du 26 février 1891, qui infirme un
jugement du tribunal de la Seine du 16 juillet 1886 (2).

(1) Paris, 6 juin 1888 (Dall., 90. 2. 333).
(2) Clunet, 1891, 1189 et s. ; Dall., 1892. 2. 321, note de M. de Bœck.

Je n'insiste pas sur le principe posé par certains jugements, suivant lesquels les tribunaux français sont incompétents pour trancher les questions d'état entre étrangers:
c'est une affirmation qui ne repose sur rien et à laquelle
il suffirait de répondre par une affirmation en sens contraire. De pareils jugements peuvent être considérés comme
n'étant pas motivés. Aussi le tribunal de la Seine (4e ch.),
a-t-il inauguré depuis peu un nouveau système : la faculté
de demander le divorce fait partie des droits proprement
dénommés *droits civils*, dont la jouissance est réservée en
principe aux nationaux seuls (1). Mais ici encore, on se con-
tente d'une affirmation qu'on n'essaie même pas de justifier. Pourquoi le divorce est-il un droit civil, dans les termes de l'article 11 ? C'est ce qu'on ne dit pas. De l'aveu de
tout le monde, le mariage est permis aux étrangers ; pourquoi leur en interdire la rupture ? On objectera sans doute
que le mariage doit être considéré comme un droit naturel, tandis que le divorce a sa source dans le droit positif
et est par suite un droit civil. Il faudrait le prouver ; il
faudrait établir comment le mariage étant une institution
du droit naturel, le même droit exige qu'il soit indissoluble. Je vois bien que le divorce n'est pas admis partout ;
qu'est-ce que cela prouve ? Presque tous les pays civilisés
l'admettent, à part un très-petit nombre où l'autorité civile
n'est pas encore absolument indépendante de l'autorité

---

(1) Le premier jugement en ce sens paraît être celui du 10 décembre 1888
(Clunet, 1890, 480), confirmé par la Cour de Paris, le 12 juill. 1889 (Cl.
eod.) ; — Voy. aussi, 2 juillet 1889 (Clunet, 1890, 874) ; 10 mai 1890 (Clunet, 1890, 480). Ce dernier jugement a été infirmé en appel: Cour de Paris,
18 juin 1891 (Rev. prat. de dr. int. pr., 1892, 10) ; Seine, 16 déc. 1889
(Clunet, 1889, 813). — Un arrêt de la Cour de cassation du 18 juill. 1892
(Dall., 92.1.489), intervenu sur un arrêt de la Cour d'Alger, admet le
même système que la 4e ch. du trib. de la Seine : il s'agissait de juifs Ma-
rocains soumis aux lois spéciales à leurs coreligionnaires du Maroc, lois
qui n'admettent pas la séparation de corps.

8

religieuse. Si on s'en rapporte à la majorité pour distinguer les limites du droit civil et du droit naturel, on arrivera à des conséquences assez singulières : pour n'en citer qu'un exemple, si tel parti qui n'admet pas le droit de succéder, arrivait à l'emporter dans un pays et à abolir le droit de succession, les autres pays devraient-ils considérer le droit de succession comme n'étant plus fondé sur le droit naturel (1) ?

Quelle est la nature de l'incompétence ?

Etant donné le point de départ, il semble qu'elle devrait être absolue, puisqu'il s'agit — d'après les motifs donnés — de l'organisation de la justice en France, et de droits refusés par la loi aux étrangers ; quelques arrêts ont décidé que l'incompétence peut être invoquée pour la première fois en appel, et c'est la conséquence logique des principes posés (2).

---

(1) L'un des jugements de la 4e chambre est d'ailleurs en contradiction avec les autres : celui du 2 juillet 1889 (Clunet, 1890, 874) ; dans l'espèce, un jugement de la même Chambre, antérieur à l'adoption de la nouvelle théorie (il est du 14 fév. 1888), avait autorisé l'enquête ; le jugement du 2 juillet 1889 établit qu'il y a moins ici une question de compétence qu'une question de *recevabilité*, ce qui paraît exact ; puis, dans un sentiment d'ailleurs très louable et pour éviter de blesser une sorte de droit acquis, il établit que le tribunal ayant autorisé l'enquête, a par cela même implicitement jugé que l'action était recevable, et qu'il y a par suite chose jugée ; mais, ainsi que le fait remarquer la note qui, dans le *Journal de dr. int. pr.*, accompagne le jugement, « si la faculté de demander le divorce est un droit civil, il ne peut dépendre des tribunaux et des hasards de la procédure qu'elle soit accordée ou refusée aux étraugers ». La 1ᵣ ch. du trib. civ. de la Seine paraît, dans un jugement récent, avoir admis implicitement que la faculté de demander le divorce n'est pas un droit civil dans les termes de l'article 11 : 6 juin 1890 (Clunet, 1890, 483) ; la Cour de Paris, 1ᵣ ch. a confirmé ce jugement par adoption de motifs, le 4 nov. 1890 (Clunet, 1890, 875) ; — Comp. Paris, 5 déc. 1890 (Clunet, 1890, 877 ; Sir., 1892, 2, 233 et la note de M. Pillet).

(2) Paris, 28 avril 1823 (Sir., 24.2.65) ; — Poitiers, 15 juin 1847 (Sir., 48.2.438) ; — Cass., 30 juin 1823 (Sir., 24.1.48). Quelques décisions plus récentes sont dans le même sens : Alger, 4 mars 1874 (Dall., 75.2.62 ; de-

Mais la jurisprudence est depuis longtemps fixée en sens contraire : l'exception d'incompétence est purement personnelle, car aucune disposition de la loi ne s'oppose à ce que le tribunal reste juge du litige, si les parties sont d'accord pour reconnaître sa juridiction (1) ; on en tire les conséquences suivantes :

1° Les tribunaux ont la faculté de retenir ou de renvoyer l'affaire (2), et peuvent se déclarer d'office incompétents (3). Lorsque le défendeur fait défaut, la jurisprudence paraît faire une distinction : si l'action est intentée par la femme, Française d'origine, qui, par la dissolution du mariage, pourra redevenir Française, le tribunal ne supplée pas d'office l'exception d'extranéité (4) ; il la supplée et se déclare incompétent, en considérant le défaut du défendeur comme un refus de se laisser juger en France, si les deux époux sont étrangers (5).

2° Si les deux époux consentent, ou si le défendeur n'oppose pas l'exception d'extranéité au début de l'instance (art. 169, C. de proc.), les tribunaux peuvent retenir l'affaire (6), et en fait ils la retiennent fréquemment.

mande en dation de conseil judiciaire) ; — Seine, 4 déc. 1884 (Clun., 1886, 95 ; sép. de corps).

(1) Voy. notamment un arrêt de la Cour d'Alger, 24 juill. 1882 (Clunet, 1884.191) ; — Paris, 1re ch., 5 août 1886 (Clun., 1886.584).

(2) Paris, 26 fév. 1891 (Clunet, 1891.1192 ; Dall., 1892.2.321) ; — Seine, 5· ch., 25 mai 1891 (Revue prat. de dr. int. pr., 1890-91.405), confirmé par la Cour de Paris, 4e ch., 18 mai 1892 (même Revue, 1892.234).

(3) Seine, 16 juill. 1886 (Clunet, 1886.707; 1891.1189); — Seine, 6 août 1888, (Le Droit, 21 oct. 1888) ; — Paris, 31 oct. 1890 (Clunet, 1890.878) ; — Seine, 6e ch., 22 juin 1891 (Clunet, 1891.1193) ; — Seine, 14 déc. 1891 (Gaz. du Pal., 1892.2.599) infirmé par Paris, 1re ch., 16 nov. 1892 (eod. loc.). Comp. Fontainebleau, 7 nov. 1887 (Clunet, 1890.884) ; — Seine, 4e ch., 28 déc. 1891 (Pand. franç., 1892.5.46).

(4) Seine, 20 déc. 1886 (Clunet, 1886.710) ; — Seine, 3e ch., 2 août 1889 (Clunet, 1890.876).

(5) Seine, 4e ch., 6 août 1888 (Clunet, 1890.883).

(6) Metz, 10 juill. 1849 (Sir., 50.2.275) ; — Paris, 13 fév. 1858 (Sir., 58.

3° Si les deux époux ne consentent pas expressément, ou si le défendeur oppose l'exception d'extranéité au début de l'instance, les tribunaux doivent se déclarer incompétents (1), et cela quand bien même la loi nationale des parties attribuerait compétence au tribunal de leur domicile de fait (2).

Ce système aboutit à des conséquences absolument déplorables :

Les tribunaux pouvant se déclarer d'office incompétents, les étrangers se trouvent en fait à leur discrétion ; c'est le régime du bon plaisir.

D'autre part, l'incompétence est généralement admise lorsque le défendeur l'oppose au début de l'instance : les inconvénients pour le demandeur sont considérables ; s'il a en effet conservé dans son pays ou s'il peut trouver dans le pays de son conjoint défendeur, un tribunal compétent, il sera tenu, pour aller plaider, d'abandonner sa résidence en France, et les intérêts industriels ou commerciaux qui peuvent exiger sa présence ; et une fois parti, comment

2.72 ; Dall., 58, 444) ; — Nancy, 16 mars 1878 (Sir., 78.2.200) ; — Cass., 5 mars 1879 (Sir., 79.1.208 ; Dall., 80.1.9) ; — Caen, 16 août 1880 (Clunet, 1881.262) ; — Alger, 24 juill. 1882 (Clunet, 1884.191) ; — Alger, 2 mars 1888 (Clun., 1889.668) ; — Seine, 5* ch., 8 avril 1890 (Clun., 1890.897); — Paris, 26 fév. 1891 (Clun., 1891.1189) ; — Seine, 4ᵉ ch., 2 mai 1891 (Rev. prat. de dr. int. pr., 1890-91, 323) ; — Seine, 4ᵉ ch., 5 juin 1891 (Clun. 1892.194).

(1) Paris, 28 avril 1823 (Sir., 24.2.65) ; — Cass., 30 juin 1823 (Sir., 24. 1.49) ; — Poitiers, 15 juin 1847 (Sir., 48.2.438) ; — Cass., 16 mai 1849 (Sir., 49.1.478) ; — Paris, 23 juin 1859 (Sir., 60.2.261 ; Dall., 60.86) ; — Angers, 20 fév. 1861 (Sir., 61.2.409) ; — Metz, 26 juill. 1865 (Sir., 66.2. 237) ; — Seine, 13 avr. 1880 (Clunet, 1880.303) ; — Seine, 5 janv. 1887 (Clun., 1889.812) ; — Seine, 14 fév. 1887 (Clun. 1887.609) ; — Seine, 4 ch., 11 janv. 1888, conf.. par la Cour de Paris, 3· ch., 31 oct. 1890 (Clun., 1890. 878,880) ; — Alger, 6 mai 1888 (Dall., 90.2.93) ; — Amiens, 12 déc. 1888 (Dall., 91. 2. 39) ; — Seine, 29 juill. 1889, infirmé par la Cour de Paris, 8 août 1890 (Clun., 1890.891) ; — Paris, 7ᵉ ch., 19 janv. 1889 (Gaz. du Pal., 16 mars 1889).

(2) Seine, 28 fév. 1885 (Clunet, 1885.679 ; *époux américains*).

fera-t-il, devant le tribunal étranger compétent, la preuve
des faits qu'il invoque, qui se sont passés en France et dont
les témoins sont en France ? Il est des cas où ce système
aboutit à un véritable déni de justice : il peut arriver en
effet, et il est arrivé que l'époux défendeur ne puisse plus
être assigné dans son pays d'origine, soit parce qu'il n'y a
plus de domicile, ni de résidence, soit parce que sa longue
résidence en France lui a fait perdre sa nationalité, suivant
sa loi nationale ; si, ce qui est le cas le plus fréquent, le
demandeur se trouve dans la même situation, il lui sera impossible de trouver un tribunal compétent en dehors du
tribunal français ; et si ce tribunal se déclare incompétent,
il lui sera impossible de se faire rendre justice nulle part (1).
Parmi les cas de ce genre, je prends le suivant qui est récent : Mme G., Française, épouse un Belge, et, par suite
de ce mariage, devient Belge ; son mari étant domicilié à
Paris, elle lui intente une action en divorce devant le tribunal de la Seine : celui-ci se déclare incompétent, la contestation étant soulevée entre étrangers, et le mari défendeur

(1) Tel était le cas dans les espèces suivantes : Poitiers, 15 juin 1847,
(Dall., 48.2.149 ; *Sépar. de corps entre Polonais*), conf. par Cass., 16 mai
1849 (Dall., 49.1.256) ; — Seine, 16 juillet 1886 (Clun., 1891.1189 ; *Autrichiens*) ; — Vesoul, 29 déc. 1886 (Clun., 1889.474 ; *Sép. de corps entre Da-
nois*) ; — Seine, 5 janv. 1887 (Clun., 1889.812 ; *Belges*) ; — Paris, 5ᵉ ch.,
6 juin 1888 (Clun., 1888.786), conf. un jugement du trib. de la Seine,
4ᵉ ch., (*Allemands*) ; — Seine, 6 août 1888, (*le Droit*, 21 oct. 1888 ; *femme
Hollandaise*) ; — Amiens, 17 déc. 1888, (Clun., 1889, 459 ; *Belges*) ; — Seine, 29 juill. 1889 (Clun., 1890.891 ; *Belges*) ; — Seine, 4ᵉ ch., 10 mai 1890,
(Clun., 1890.480 ; *Allemands*) ; — Seine, 6ᵉ ch., 22 juin 1891 (Clun., 1891,
1193 ; *Belges*). La Cour de Paris a heureusement infirmé trois des jugements du trib. de la Seine : un arrêt de la 1ʳᵉ ch. du 26 fév. 1891 (Clun.,
1891.1192 ; Dall., 1892.2.321 avec note de M. de Bœck) a infirmé le jugement du 16 juill. 1886 ; un arrêt du 8 août 1890 (Clun., 1890.890) a infirmé
le jug. du 29 juill. 1889, et enfin un arrêt de la 1ʳᵉ ch., du 18 juin 1891 (Rev.
prat. de dr. int. pr., 1892.10) a infirmé le jugement du 10 mai 1890 ; ce dernier arrêt indique notamment qu'il y aurait, dans l'espèce, un véritable
déni de justice à maintenir l'incompétence.

déclinant la compétence des tribunaux français (1) ; Mme G.,
en l'absence de domicile de son mari en Belgique, l'assigne alors devant le tribunal de Bruxelles (lieu d'origine
de G.) : le mari qui, à Paris, s'était souvenu à propos qu'il
était Belge, se souvient, à Bruxelles, qu'il est domicilié en
France ; le tribunal de Bruxelles se déclare incompétent,
faute d'un domicile du défendeur en Belgique, et son jugement est confirmé par la Cour de Bruxelles (2). On aboutissait à une impasse. Mme G. revint devant le tribunal de
la Seine et, pour éviter l'exception de chose jugée, demanda
la séparation de corps : le tribunal se déclara de nouveau
incompétent « sans avoir à se préoccuper de l'interprétation de la loi par les juridictions étrangères » (3), et Mme G.
se serait trouvée dans l'impossibilité absolue de se faire
rendre justice dans aucun pays, si la Cour de Paris, confor-
ment aux conclusions de M. l'avocat général Roullier, n'a-
vait rejeté l'exception d'incompétence opposée par le mari (4).

Le tribunal de la Seine répond aux objections : c'est à
l'étranger qu'il appartient de se mettre en règle avec son
gouvernement ou avec ses tribunaux ; tant pis pour lui s'il
s'est mis dans une situation qui ne lui permet pas de s'a-
dresser à son propre pays ; aucune compensation ne lui est

---

(1) Seine, 5 janv. 1887, (Clun. 1889.812).
(2) Cour de Bruxelles, 1re ch., 18 janv. 1888 (Clun., 1889.712).
(3) Seine, 29 juill. 1889 (Clun., 1890.891).
(4) Paris, 8 août 1890 (Clun., 1890.890 et s. et la note) ; l'arrêt s'appuie
notamment sur ce « qu'aucune loi ne limite expressément la juridiction
« des tribunaux français aux contestations dans lesquelles des Français
« sont en cause », et sur ce qu' « il y a un intérêt public manifeste à ce
« que ceux dont les droits sont lésés trouvent des tribunaux à qui avoir
recours ». Comp. Weiss, *De la comp. des tr. franç. entre étr. en matière
d'état*, (*le Droit*, 15 juin 1889) ; Vincent, *Les étrangers devant les trib.
franç., Quest. de compét. en mat. d'état* (*Le Droit*, 1er sept. 1889).

due en France pour les déchéances qu'il a pu encourir dans son pays par le fait de son absence (1).

On peut répondre que la justice est un devoir à l'égard des étrangers comme des nationaux ; je ne reviens pas ici sur l'argument tiré des articles 59 du Code de procédure et 14 du Code civil. Mais n'est-il pas singulier et injuste qu'au moment même où le législateur cherche à attirer les étrangers sur notre territoire en facilitant la naturalisation, comme il l'a fait par la loi du 26 juin 1889, nos tribunaux leur refusent leur protection (2) ? Certes, ceux qui ont perdu volontairement leur nationalité sans en acquérir une nouvelle forment une classe peu intéressante, et on ne peut ressentir de sympathie pour les individus sans patrie qui jouissent partout des avantages de la vie sociale, sans en supporter les charges nulle part ; mais ne voit-on pas qu'à côté d'eux, il y en a d'autres qui perdent leur nationalité par un concours de circonstances dont bien souvent, ils ne sont pas maîtres ? Et ne pourra-t-il arriver qu'en voulant atteindre les individus sans patrie on frappe les conjoints innocents, en leur assurant à eux-mêmes l'impunité ? C'est ce qui est arrivé au tribunal de la Seine, dans l'un des jugements déjà cités (3).

(1) Seine, 4e ch., 10 mai 1890 (*sujets Allemands*) ; — Seine, 10 mai 1890 (*sujets Belges*). Ces deux jugements ont été infirmés par la Cour de Paris, 1re ch. par arrêts des 18 juin 1891 (Rev. prat. de dr. int. pr., 1892, 10), et 16 nov. 1892 (Gaz. du Pal., 1892.2.599).

(2) Voy. Clunet, 1890, 483, note.

(3) Seine, 4e ch., 10 mai 1890 (Clunet, 1890, 480) : l'action était intentée par la femme ; le mari, Allemand d'origine, avait un domicile prolongé en France, et avait par suite perdu sa nationalité (aux termes de l'article 21 de la loi allem. du 1er juin 1870, le sujet allemand qui a quitté le territoire de l'Empire depuis plus de 10 ans perd la nationalité allemande); aucun tribunal allemand n'était donc compétent. En se déclarant incompétent, le tribunal de la Seine a frappé surtout la femme, mise dans l'impossibilité de se faire rendre justice, et non le mari défendeur ; et pourtant la femme ne pouvait être rendue responsable, puisqu'elle n'a d'autre domicile que

On ne peut que se féliciter d'avoir à signaler que toutes les chambres du tribunal de la Seine n'ont pas adopté cette manière de voir ; la Cour de Paris ne l'a pas adoptée non plus. Quelques Cours et Tribunaux avaient déjà donné l'exemple d'un système plus humain, plus conforme à la loi et à nos traditions libérales ; à Paris, il s'est formé récemment un courant dans le même sens : suivant cette jurisprudence, les tribunaux ne doivent admettre l'exception d'extranéité que si le défendeur qui l'oppose peut justifier qu'il a conservé sa nationalité étrangère, ou qu'il a conservé à l'étranger un domicile ou une résidence attributifs de juridiction, en d'autres termes s'il peut justifier que le demandeur sera assuré de trouver des juges à l'étranger (1). Il faut approuver cette jurisprudence ; mais n'aurait-il pas été plus simple de commencer par où l'on finira vraisemblablement, c'est-à dire par laisser de côté les articles 11 et 13, et ne chercher les règles de compétence que dans l'article 59 du Code de procédure ?

La jurisprudence déroge à son principe général lorsqu'il

celui de son mari. La Cour de Paris a heureusement infirmé cette décision en s'appuyant particulièrement sur ce que le jugement d'incompétence équivaudrait à un déni de justice. Paris, 1re ch., 18 juin 1891 (Rev. pr. de dr. int. pr., 1892, 10).

(1) Tr. Marseille, 15 fév. 1873 ; — Aix, 3 juill. 1873 (Clun., 1875.273) ; — Lyon, 23 fév. 1887 (Clun., 1887.469) ; — Dijon, 7 avril 1887 (Clun., 1888. 87) ; — Seine, 1re ch., 19 mai 1888 (Interdiction ; Clun., 1888. 791) ; — Seine, 1re ch., 6 juin 1890 (Clun., 1890.483), conf. par C. Paris, 1re ch., 4 nov. 1890 (Clun., 1890.875) ; — Paris, 8 août 1890 (Clun., 1890.890) ; — Hanoï, 28 août 1890 (Clun., 1890.881) ; — Paris, 4e ch., 5 déc. 1890 (Clun., 1890. 877 ; Sir., 1892.2.233, avec note de M. Pillet) ; — Paris, 1re ch., 26 fév. 1891 (Clun., 1891.1192 ; Dall., 1892.2.321);—Seine, 5e ch.,25 mai 1891 (Rev. prat. de dr. inter. pr., 1890-91.405), conf. par Paris, 18 mai 1892 (Même revue, 1892.234) ; — Seine, 4e ch., 28 déc. 1891 (Pand. fr., 1892.5.46 : en fait ici, l'exception d'incompétence n'était pas opposée) ; — Seine, 4e ch., 12 mai 1892, conf. par Paris, 4e ch., 5 janv. 1893 (Gaz. des Trib., 4 mars 1893) ; — Paris, 1re ch., 16 nov. 1892 (Gaz. du Pal., 1892.2.599). Comp. Cass., 8 avril 1851 (Dall., 51.1.137).

s'agit de *mesures provisoires* (1). Nos tribunaux se sont toujours reconnus compétents, par application de l'article 3 du Code civil (1ᵉʳ alinéa) pour toutes les mesures à prendre en attendant l'introduction de l'instance devant un tribunal étranger : mesures concernant la résidence provisoire de la femme, la garde des enfants, la pension alimentaire qui peut être nécessaire à la femme ou aux enfants, et la conservation des droits des époux sur les biens (des jugements ont validé par exemple des saisies-arrêts pratiquées par la femme pour sauvegarder sa dot) (2). Ces mesures ne sont généralement valables que pendant le délai fixé par le tribunal au demandeur pour intenter l'action devant un tribunal étranger. Il n'y a qu'un point sur lequel les tribunaux ne se sont pas encore mis d'accord : certaines décisions ont considéré la provision *ad litem* comme rentrant dans les mesures provisoires et l'ont par suite accordée à la femme (3) ; d'autres, moins bien inspirées, l'ont

(1) Les auteurs qui admettent le système de la jurisprudence approuvent cette dérogation. Voy. par ex. Aubry et Rau, *Cours de dr. civ. franç.*, t. VIII, § 748 *bis*, p. 144 ; — Féraud-Giraud (Clun., 1885.391) ; et le plus intransigeant de tous : Lesenne (Rev. prat. de dr. franç., t. XXIII, p. 505 et s.).

(2) Paris, 28 avr. 1823 (Sir., 24.2.65) ; — Poitiers, 15 juin 1847 (Sir., 48. 2.438 ; — Lyon, 25 fév. 1857 (Sir., 57.2.625) ; — Angers, 20 fév. 1861 (Sir., 61.2.409) ; — Metz, 26 juill. 1865 (Sir., 66.2.237) ; — Alger, 28 avril 1875 (Clun., 1875.274) ; — Seine, 1ᵉʳ déc. 1877 (Clun., 1878.45) ; — Seine, 21 janv. 1880 (Clun., 1880.195) ; — Seine, 12 août 1881 (Clnn., 1882.627) ; Seine, 18 août 1881 (Clun., 1881.526) ; — Seine, 23 janv. 1883 (Clun., 1883. 292) ; — Seine, 4 déc. 1884 (Clun., 1886.95) ; — Seine, 23 juill. 1885 (Clun., 1886.205) ; — Alger, 19 mai 1886 (Rev. Algér., 1887.2.347) ; — Seine, 16 juill. 1886 (Clun., 1891.1189); — Seine, 5 janv. 1887 (Clun., 1889.812) ; — Seine, 11 janv. 1888 (Clun., 1890.878) ; — Paris, 6 juin 1888 (Dall., 90.2.333) ; — Amiens, 17 déc. 1888 (Clun., 1889.459) ; — Paris, 26 mars 1889 (Dall., 90.2.128) ; — Paris, 12 fév. 1891 (Clun., 1891.1195) ; — Seine, 27 janv. 1892 (Clun., 1892.439). Un arrêt de la Cour d'Alger, du 26 déc. 1888 (Rev. Algér., 1889.2.198) admet la compétence, au cas où l'instance est engagée, au fond, devant un tribunal étranger. Comp. Paris, 19 janv. 1889 (Gaz. du Pal., 1889.1.506).

(3) Seine, 12 août 1881 (Clun., 1882.627) ; — Seine, 18 août 1881 (Clun.,

refusée sous prétexte qu'elle n'est pas de droit naturel ou qu'elle touche au fond du droit (1) ; d'autres enfin, tout en refusant la provision *ad litem*, ont alloué à la femme une somme destinée à payer ses frais de voyage jusqu'au tribunal compétent (2). On ne peut qu'approuver celles de ces décisions qui sont conçues dans un sens favorable aux étrangers et qui tendent par suite à se rapprocher de la loi.

c) Traités. — La jurisprudence admet une dernière exception au principe de l'incompétence, lorsque les étrangers en cause appartiennent à un pays envers lequel la France est liée par un traité : on se trouve en effet ici en présence de textes spéciaux, quelquefois précis, plus souvent ambigus, insérés dans des conventions diplomatiques dont le but principal a été généralement l'établissement d'un régime commercial, et qui, par suite, n'ont traité la question de compétence ou de jouissance des droits civils que d'une façon quelque peu accessoire.

Nous n'avons qu'un traité qui ait spécialement pour objet « la compétence judiciaire et l'exécution des jugements en matière civile » : c'est le traité du 15 juin 1869 avec la Suisse ; un arrêt de la Cour de Rouen, du 12 mai 1874 (3), et un arrêt de la Cour de cassation, du 1er juillet 1878 (4), confirmant celui de la Cour de Rouen, ont admis la compétence des tribunaux français entre époux suisses, en

1881.526) ; — Seine, 5e ch., 13 fév. 1883 (Clun., 1883.295) ; — Seine, 4e ch., 28 fév. 1885 (Gaz. des Trib., 8 avril 1885).

(1) Seine, 21 janv. 1880 (Clun., 1880.195) ; Seine, 11 janv. 1888, conf. par la Cour de Paris, 31 oct. 1890 (Clun., 1898.878, 880).

(2) Seine, 1er déc. 1877 (Clun., 1878.45) ; — Seine, 4e ch., 23 janv. 1883 (Clun., 1883.292) ; — Seine, 5e ch., 13 fév. 1883 (Clun., 1883.295) ; — Paris, 26 mars 1889 (Dall., 90.2.128).

(3) Clunet, 1875.356.

(4) Clunet, 1879.177.

matière de séparation de corps (1), par application de l'article 2 du traité de 1869 ; cet article 2 est ainsi conçu : « *Dans les contestations entre Suisses qui seraient tous domiciliés ou auraient un établissement commercial en France, et dans celles entre Français tous domiciliés ou ayant un établissement commercial en Suisse, le demandeur pourra aussi saisir le tribunal du domicile ou du lieu de l'établissement du défendeur, sans que les juges puissent refuser de juger à raison de l'extranéité des parties contestantes* » (2).

Cette interprétation du traité a trouvé peu de défenseurs (3). La place de l'article 2 et le terme *aussi* indiquent que cet article ne fait que compléter l'article 1ᵉʳ ; or l'article 1ᵉʳ ne prévoit que les contestations en matière personnelle et mobilière, civile ou de commerce (dans lesquelles un Français et un Suisse ont des intérêts contraires). On a dit : Le législateur considère habituellement toutes les actions, même en séparation de corps, comme

(1) Les arrêts ne statuent que sur la compétence ; il n'y a donc pas lieu d'insister ici sur la singulière interprétation de l'article 3, 1ᵉʳ alinéa du C. civ. qui aurait conduit à prononcer notre séparation de corps entre époux suisses, alors que leur loi nationale n'admet pas cette séparation. Mais M. Demangeat a soutenu à propos de l'arrêt de Cassation, rendu sur son rapport (*Des dem. de sép. de corps entre étr.*, Clunet, 1878, 450 et s.) que les tribunaux français peuvent prononcer la séparation entre étrangers sans s'occuper de savoir si leur loi nationale l'admet : elle se rattache à l'ordre public ; ce n'est pas une question d'état. On peut objecter que notre séparation est une question de capacité puisqu'elle modifie considérablement la capacité de la femme, et qu'à ce titre elle est restreinte aux seuls Français (argum. de l'art. 3, 3° ; quant à l'ordre public, il est suffisamment protégé par les mesures provisoires que nos tribunaux ont toujours prises lorsqu'il était nécessaire, et par la séparation temporaire admise par la loi suisse. En ce sens, Weiss, *Traité élém. de dr. int. pr.*, p. 539 ; — Voy. dans le sens de M. Demangeat, un jugement du trib. civ. de Lyon, du 13 août 1856 (Dall., 58.1.313).

(2) De Clercq, *Rec. des traités de la France*, t. X, p. 289.

(3) Demangeat, Clunet, 1878.450 ; — Gerbaut, *De la compét. des trib. franç. à l'égard des étr.*, p. 339 ; — Weiss, *Traité élém. de dr. int. pr.*, p. 742 ; — Surville et Arthuys, *Cours élém. de dr. int. pr.* (Paris, Rousseau, 1890), p. 446.

rentrant dans la division générale des actions en actions *personnelles* et *réelles*, ces dernières étant seulement les actions immobilières (art. 59 du C. de proc.) : or le traité parle le même langage. En outre, le traité franco-suisse du 18 juillet 1828 s'appliquait aux actions en séparation de corps, et le traité de 1869 n'a eu pour but que de faire disparaître quelques obscurités. Enfin, l'article 11 dit (1) : « *Le tribunal français ou suisse devant lequel sera portée une demande qui, d'après les articles précédents, ne serait pas de sa compétence, devra d'office et même en l'absence du défendeur, renvoyer les parties devant les juges qui doivent en connaître* ». Si les articles 1 et 2 ne comprenaient pas la séparation de corps, il s'ensuivrait que si deux Suisses non domiciliés en France se poursuivaient en paiement, le tribunal devrait se déclarer d'office incompétent, tandis qu'il aurait pu statuer valablement au fond sur une demande en séparation de corps.

Mais le traité de 1869 n'attribue pas compétence à nos tribunaux pour statuer sur les questions d'état intéressant les Suisses, et particulièrement sur les actions en séparation de corps ou en divorce : le traité de 1869 n'a pas eu en vue de régler *toutes* les contestations entre sujets des deux pays, mais seulement certaines contestations qu'il indique : celles qui s'élèvent en matière *personnelle* et *mobilière* (art. 1), par opposition à celles qui s'élèvent en matière *réelle* et *immobilière* (art. 4). Or les contestations en matière personnelle et mobilière sont celles qui peuvent aboutir à une condamnation pécuniaire : la séparation de corps et le divorce n'ont pas ce caractère ; nous ne pouvons faire intervenir dans l'interprétation d'un traité notre article 59 du Code de procédure qui nous est tout personnel. Cette in-

---

(1) De Clercq, *Rec. des traités de la France*, t. X, p. 292.

terprétation est confirmée par l'état des législations française et suisse à l'époque où le traité a été conclu : la France
n'admettait que la séparation de corps ; la Suisse n'admettait que le divorce, à part quelques cantons où la séparation était possible; on ne peut supposer que les gouverne-
ments contractants aient voulu mettre les tribunaux français
dans l'alternative d'appliquer aux Suisses la loi française
en violant leur statut personnel, ou de leur appliquer la
loi suisse en violant les principes d'ordre public français.
Quant à l'argument tiré du traité de 1828, il ne prouve
rien : il n'est pas établi que l'article 3 de ce traité ait at-
tribué compétence aux tribunaux français entre Suisses,
en matière de questions d'état (1).

Le traité de 1869 n'établit donc pas la compétence de nos
tribunaux entre Suisses, en matière de séparation de corps
ou de divorce. La doctrine est généralement en ce sens
aujourd'hui, en France comme en Suisse (2). Les tribunaux français ne se sont pas ralliés à la théorie émise par

(1) Voy. par exemple l'arrêt de la Cour d'Angers, du 20 février 1861
(Sir., 61.2.409) qui admet l'incompétence en matière de séparation de
corps.

(2) Clunet, 1879, 96 et s. ; — Brocher, *Comment. théor. et prat. du traité
franco-suisse du* 15 *juin* 1869 (1 broch., Genève, Georg, 1879); — Chausse,
Examen doctr. (Rev. crit., 1889, 246) ; — Féraud-Giraud, *De la compét.
des tr. franç. pour connaître des contest. entre ép. étr.* (Clun., 1885, 381); —
Lehr, *Des dem. de sép. de corps entre étr., traité franco-suisse du* 15 *juin*
1869 (Clun., 1878, 247 et s.) ; — Martin, *Du traité conclu entre la France
et la Suisse le* 15 *juin* 1869, *sur la compét. judic. et l'exéc. des jugem. et
de la nécessité de le réviser* (Clun., 1879, 120) ; — Pilicier, *Le div. et la sép.
de corps en dr. int. pr.*, p. 60, 148 et s. ; — Roguin, *Du rég, matrim. des
Suisses mariés en France et du trib. compét. pour déterminer les effets jurid. de ce régime* (Clun., 1886, 561 et s.) ; — Roguin, *Bulletin de la jurispr.
suisse* (Clun., 1887, 112 et s.) ; — Vincent, *Les Suisses devant les tr. franç.*
(Monit. judic. de Lyon, 19 et 20 juill. 1889) ; — Rev. prat. de dr. int. pr.,
1890-91.1.45 et s. (note sous Seine, 6 juin 1890); — Roguin, *Conflits des lois
suisses en mat. internat. et intercanton.* (Lausanne, Rouge ; Paris, Pichon, 1891), n° 77, p. 113 et s. ; — Voy. aussi, Malapert, *Le traité fr. suisse
de* 1869 (*La Loi* du 7 sept. 1889).

la Cour de cassation en 1878 ; ils admettent constamment que le traité de 1869 ne leur donne pas compétence (1) ; la jurisprudence suisse interprète le traité de la même façon (2).

Mais si le traité de 1869 ne s'occupe pas de la séparation de corps et du divorce, les Suisses sont soumis en France à l'application du droit commun : par suite, suivant la théorie que j'ai exposée, nos tribunaux doivent se déclarer compétents et chercher le principe de leur compétence dans l'article 59 du Code de procédure. On ne peut s'appuyer, comme l'ont fait certaines décisions, sur l'article 11 du traité, pour soutenir que nos tribunaux doivent se déclarer d'office incompétents, et que leur incompétence est absolue (3) : le traité s'applique au divorce et à la séparation ou ne s'y applique pas ; s'il ne s'y applique pas, l'article 11 n'a rien à faire ici : il se réfère aux demandes qui rentrent dans les articles précédents (4). J'ai indiqué plus

(1) Seine, 4e ch., 12 août 1881 (Clun., 1882, 627); — Paris, 3e ch., 28 avril 1882 (Clun., 1882, 546) ; — Seine, 5e ch., 13 fév., 1883 (Clun., 1883, 295) ; — Seine, 4e ch., 10 mars 1888 (*La Loi*, 4 mai 1888) ; — Seine, 4e ch., 23 avril 1888 (Clun., 1890, 887) ; — Fontainebleau, 16 déc. 1888 (cité par la Rev. prat. de dr. int. pr., 1892, 1, 177) ; — Paris, 1re ch., 26 mars 1889 (Sir., 89, 2, 116) ; — Seine, 4e ch. 29 fév. 1892 (Rev. prat. de dr. int. pr., 1892, 176).

(2) Trib. fédér., 24 déc. 1878 (Clun., 1879, 96) ; — Trib. fédér., 15 nov. 1886 (Clun., 1887, 111) ; — Vevey, 13 nov. 1885 (Clun., 1887, 112). Il y a eu toutefois des décisions antérieures en sens contraire : Genève, 6 mai 1876 (Clun., 1876, 227) ; — Genève, 21 janv. 1878 (Dall., 79, 2, 145) ; cette dernière décision a été infirmée par le Trib. fédér., 18 oct. 1878 (Clun., 1879. 96).

(3) Seine, 4e ch., 12 août 1881 (Clun., 1882, 627) ; — Paris, 3e ch., 28 avril 1881 (Clun., 1882, 546) ; — Seine, 5e ch., 13 fév. 1883 (Clunet, 1883, 295) ; — Seine, 4e ch., 10 mars 1888 (*La Loi*, 4 mai 1888) ; — Seine, 4e ch., 23 avril 1888 (Clun., 1890, 887) ; — Paris, 1re ch., 26 mars 1889 (Sir., 89, 2, 116) ; — Seine, 4e ch., 29 fév. 1892 (Revue prat. de dr. int. pr., 1891-92, 176).

(4) Chausse, *Rev. crit.*, 1889, 246 et s.; — Rev. prat. de dr. int. pr., 1890-91, 45 et s. ; — La question ne paraît pas avoir été soulevée en Suisse : Tr. fédér., 24 déc. 1878 (Clun., 1879, 96) ; — Tr. fédér., 15 nov. 1885 (Clun.,

haut l'argument que tire **M. Demangeat** des conséquences du défaut d'application de l'article 11 : il n'est pas probant ; la séparation de corps et le divorce n'étant pas prévus par le traité, il est naturel qu'il y ait une différence entre cette matière et celles qui font l'objet du traité ; d'ailleurs si nos tribunaux doivent se déclarer d'office incompétents entre Suisses *non domiciliés ni établis en France*, par application de l'article 11, lorsqu'il s'agit d'une action en paiement, où voit-on qu'ils puissent se déclarer compétents en pareil cas, lorsqu'il s'agit d'une question d'état ? L'article 59 du Code de procédure ne s'applique donc pas aux Suisses ?

Pas plus que dans le traité franco-suisse de 1869, on ne doit voir une attribution de compétence dans la clause du « traitement de la nation la plus favorisée », qui a été insérée dans certaines conventions dans l'intérêt exclusif des relations douanières et de l'établissement des nationaux au point de vue commercial ou industriel (1). Il est inutile

1887, 111). M. Roguin se prononce dans le même sens que les commentateurs français, *Conflits des lois suisses*, p. 116.

(1) Par exemple le traité de Francfort, du 10 mai 1871, art. 11 : « Les » traités de commerce avec les différents Etats de l'Allemagne ayant été annulés par la guerre, le gouvernement français et le gouvernement allemand prendront pour base de leurs relations commerciales le régime du » traitement réciproque sur le pied de la nation la plus favorisée. Sont » compris dans cette règle les droits d'entrée et de sortie, le transit, les formalités douanières, l'admission et le traitement des sujets des deux nations, ainsi que de leurs agents » (*Rec. des traités de la France*, de M. de Clercq, t. 10, p. 476). En ce sens, Lyon-Caen et Renault, *Traité de dr. commerc.*, 2ᵉ éd. t. I, p. 400-401 ; MM. Lyon-Caen et Renault citent des décisions de tribunaux de commerce qui, sans en donner les motifs, ont admis le système contraire, et ont tiré de la clause de l'article 11 cette conséquence que les Allemands peuvent invoquer, en matière de compétence *commerciale*, le traité franco-suisse du 15 juin 1869, la nation la plus favorisée étant la Suisse : Tr. de comm. de St-Etienne, 20 juill. 1886 ; — Tr. de comm. de la Seine, 29 mars 1888 (*Le Droit*, 11 avril 1888). — On peut rapprocher du traité de Francfort, le traité franco-anglais du 11 mai 1882, article 2 (de Clercq, *Rec. des tr. de la France*, t. 13, p. 338), et la

d’insister ; je ne signale le fait que parce que la question a été soulevée récemment devant la Cour d’Alger, qui a refusé avec raison de voir dans la clause du traité de Francfort une attribution de juridiction en matière de questions d’état (1).

Il n’en est pas de même de la clause du « libre accès » qui se trouve dans un certain nombre de traités de commerce et de navigation. La jurisprudence admet depuis longtemps que cette clause a pour effet de rendre les tribunaux français compétents en toute matière, entre étrangers.

Telle est la disposition du traité franco-espagnol du 7 janvier 1862 (art. 2), reproduite dans le traité du 6 février 1882 (art. 3) ; ce dernier traité a cessé d’être en vigueur depuis le 1er février 1892, par suite de la dénonciation du gouvernement français, mais le traité du 7 janvier 1862 n’a jamais été dénoncé (2). En raison des termes généraux de l’article 2 du traité du 7 janvier 1862, la jurisprudence a admis avec raison que les Espagnols ont en France la jouissance des droits civils, et elle assimile par suite les Espagnols non admis à domicile aux étrangers qui se trouvent dans les conditions de l’article 13 du Code civil. Les tribunaux peuvent et doivent juger toutes les contestations

convention austro-française du 18 fév. 1884, art. 1er (de Clercq, *Rec.*, t. 14, p. 290).

(1) Alger, 16 mai 1888 (Dall., 90.2.93).

(2) L’article 2 du traité du 7 janvier 1862 est ainsi conçu : « Les Français » en Espagne et les Espagnols en France jouiront réciproquement d’une » constante et complète protection pour leurs personnes et leurs proprié- » tés. Ils auront en conséquence un libre et facile accès auprès des tribu- » naux de justice, tant pour réclamer que pour défendre leurs droits à » tous les degrés de juridiction établis par les lois ; ils pourront employer » dans toutes les instances les avocats, avoués et agents de toutes classes » qu’ils jugeront à propos, et jouiront enfin, sous ce rapport, des mêmes » droits et avantages déjà accordés ou qui seraient accordés aux natio- » naux » (De Clercq, *Rec. des traités de la France*, t. 8, p. 376).

entre Espagnols, alors même que leur compétence serait déclinée dès le début de l'instance. Le traité de 1862 a, pour les Espagnols, un très grand intérêt, puisque notre jurisprudence rattache la question de compétence aux articles 11 et 13 du Code civil (1).

On a prétendu (2) qu'il était douteux que les traités de 1862 et 1882 eussent le sens qu'on veut leur donner, le premier étant un traité d'établissement, le second un traité de commerce et de navigation, et l'un et l'autre ne pouvant être pris qu'en bloc ; en particulier l'article 2 du traité de 1862 ne devrait pas être pris isolément et interprété sans tenir compte de sa place dans le texte, et de la nature de la convention qui le contient.

Mais une pareille interprétation me paraît inadmissible en présence des termes de l'article 2 ; il statue d'une façon absolument générale. Tout ce qu'on peut conclure de l'observation qui sert de base à l'interprétation que je signale, c'est que le traité de 1862 est un traité d'établissement qui contient — quoique traité d'établissement ou peut-être parce que — une disposition relative à la jouissance et à l'exercice des Français en Espagne et des Espagnols en France.

Le traité franco-russe du 1er avril 1874 (art. 2) (3) con-

---

(1) Cass., 3 juin 1885 (Dall., 85.1.409 ; Clun., 1885.544) ; — Seine, 4· ch. 10 août 1889 (Clun., 1889.811) ; — Marseille, 10 janv. 1890 (Clun., 1890. 855) ; — Alger, 13 janv. 1892 (Rev. prat. de dr. int. pr., 1892.234 ; Dall., 92.2.479) ; — Alger, 25 oct. 1892 (*Le Droit* du 3 déc. 1892) ; — Lyon-Caen et Renault, *Traité de dr. commercial*, 2· éd., t. I, p. 400.

(2) Pilicier, *Le div. et la sép. de corps en dr. int. pr.*, p. 69.

(3) Art. 2 : « Les Français en Russie et les Russes en France auront ré-
» ciproquement un libre accès auprès des tribunaux de justice en se con-
» formant aux lois du pays tant pour réclamer que pour défendre leurs
» droits à tous les degrés de juridiction établis par la loi. Ils pourront
» employer dans toutes les instances les avocats, avoués et agents de tou-
» tes classes autorisés par les lois du pays, et jouiront, sous ce rapport,
» des mêmes droits et avantages que ceux qui sont ou seront accordés

9

tient une disposition conçue en termes analogues (1); elle a été, avec raison, interprétée dans le même sens (2).

Il en est de même du traité conclu avec le Portugal, le 9 mars 1853 (art. 1) (3).

La Cour de cassation a interprété dans le même sens, le traité conclu avec le Brésil, le 7 juin 1826 (art. 6) (4);

» aux nationaux ». De Clercq, *Rec. des traités de la France*, t. 11, p. 169.

(1) Le traité franco-russe n'a pas été dénoncé ; les seuls traités de commerce contenant des stipulations relatives à l'établissement des nationaux, qui ont été dénoncés à partir du 1er février 1892 parce qu'un tarif douanier s'y trouvait annexé, sont les traités conclus avec la Belgique, l'Espagne, les Pays-Bas, le Portugal (traité du 19 déc. 1881), la Suède, la Norvège, la Suisse, (*Annales de la Chambre des députés. Docum. parlement.* Session extraord. de 1891, du 11 oct. 1891 au 11 janv. 1892 ; tome unique, annexe 1757, p. 346). De son côté, la Serbie a dénoncé, le 23 juillet 1892, le traité franco-serbe du 18 janvier 1883, dont l'article 4 (De Clercq, *Rec.*, t. 14, p. 113) contenait la clause du libre et facile accès ; le traité prend fin le 26 juill. 1893. Voy. les dépêches échangées entre M. Ristitch et M. Ribot, dans les *Archives diplomatiques* de M. Renault, t. 44, p. 78.

(2) Seine, 4e ch., 5 mars 1892 (Clun., 1892.661) ; — Seine, 4· ch., 12 mai 1892 (Clun., 1892.937), conf. par Paris, 4· ch., 5 janv. 1893 (Gaz. des trib., 4 mars 1893). Dans cette dernière espèce toutefois, la nationalité du mari n'était pas absolument établie.

(3) Seine, 1re ch., 6 déc. 1887 (*Le Droit*, 17 déc. 1887). L'article 1er du traité de 1853 dit : « Les citoyens et sujets des deux pays jouiront réci-
» proquement dans les États respectifs d'une constante et complète pro-
» tection pour leurs personnes et leurs propriétés. Ils auront un libre et
» facile accès auprès des tribunaux de justice pour la poursuite et la dé-
» fense de leurs droits. Ils seront maîtres d'employer dans toutes les cir-
» constances les avocats, avoués ou agents de toute classe qu'ils jugeront
» à propos, sans avoir à subir ou à acquitter comme étrangers, des for-
» malités, droits ou rétributions autres ou plus élevés que ceux qui se-
» raient supportés dans des cas semblables par les citoyens de la nation la
» plus favorisée ». De Clercq, *Rec. des tr. de la France*, t. VI, p. 808. Ce traité ne paraît pas avoir jamais été dénoncé ; les traités des 11 juillet 1866 et 19 décembre 1881 qui l'ont suivi, ne reproduisent pas la disposition de l'article 1er.

(4) Art. 6 : « Les sujets de chacune des Hautes Parties contractantes,
» en restant soumis aux lois du pays, jouiront en leurs personnes dans
» toute l'étendue des territoires de l'autre, des mêmes droits, privilèges,
» faveurs, exemptions qui sont ou seraient accordés aux sujets de la na-
» tion la plus favorisée. Ils pourront disposer librement de leurs proprié-
» tés par vente, échange, donation, testament, ou de toute autre manière,

ce traité accordant aux Français au Brésil et aux Brésiliens en France les droits accordés aux sujets de la nation la plus favorisée, la Cour de cassation, dans son arrêt du 22 juillet 1886 (1), a assimilé les Brésiliens aux Suisses en admettant la compétence obligatoire des tribunaux français ; il s'agissait d'une pension alimentaire, mais les termes absolument généraux de l'arrêt laissent supposer que la décision eût été la même en matière de séparation de corps ; l'assimilation n'est pas heureuse ; j'ai indiqué plus haut quelle était la situation faite aux Suisses ; la nation la plus favorisée actuellement est l'Espagne : il suffit de se reporter aux textes cités pour s'en convaincre.

Mais, cette question écartée, il semble difficile, en présence de l'expression large de la première phrase de l'article 6, de refuser d'assimiler les Brésiliens aux sujets de la nation la plus favorisée, même en matière de séparation (2).

Les clauses de ces différents traités, qui peuvent servir de types, ont été reproduites dans un certain nombre d'autres conventions qui, naturellement, doivent être interprétées dans le même sens (3).

Tel est le système général de la jurisprudence ; on voit que sur bien des points — sauf dans l'interprétation des traités — il s'écarte de la loi ; il est fort possible que notre

---

» sans qu'il y soit mis aucun obstacle ou empêchement. Leurs maisons,
» propriétés et effets ne pourront être saisis par aucune autorité contre la
» volonté des possesseurs. Ils seront exempts de tout service militaire
» de quelque nature que ce soit, etc... ». De Clercq, *Rec. des tr. de la France*, t. 3, p. 404.

(1) Clunet, 1886, 583 ; Gaz. du Pal., 6 août 1886 ; Sir., 1887. 1. 69.

(2) En sens contraire, Lyon-Caen et Renault, *Traité de dr. comm.*, 2ᵉ éd., p. 402 et note 2 ; — Pilicier, *Le div. et la sép. de corps en dr. int. pr.*, p. 61 et s.

(3) Voy. l'énumération de ces conventions dans Vincent et Pénaud, *Dictionn. de dr. int. pr.*, mot *Compét. en mat. civ.*, nᵒˢ 513, 521, et dans le *Droit* du 17 déc. 1887 (*Variétés. Clause du libre et facile accès*).

futur Code de procédure modifie cette situation ; au cours des discussions qui précédèrent la loi du 18 avril 1886 sur la procédure du divorce, M. Bozérian proposa au Sénat d'ajouter à l'article 234 du Code civil le paragraphe suivant :

« Les étrangers domiciliés en France pourront s'adres-» ser aux tribunaux français pour faire prononcer le divorce » lorsqu'il est autorisé par les lois de leur pays. »

La Commission sénatoriale n'admit pas cet amendement, pensant que la question était trop grave pour être résolue dans une loi spéciale à la procédure du divorce, et M. Bozérian lui-même le retira, sur l'assurance qui lui fut donnée que la Commission instituée au Ministère de la Justice pour la révision du Code de procédure avait adopté une disposition qui accordait aux étrangers comme aux Français le libre accès des tribunaux, sous la seule condition de la caution *judicatum solvi* (1).

Malheureusement, il s'est déjà écoulé un certain nombre d'années depuis que le projet du Code de procédure mûrit dans les cartons des commissions, et on ne peut guère prévoir l'époque où il pourra être discuté et voté.

§ 2. — Loi applicable.

La question de compétence étant tranchée et le tribunal français s'étant, par hypothèse, déclaré compétent entre les époux étrangers, quelle loi leur appliquera-t-il pour décider si, en principe, ils ont le droit de demander le divorce ou la séparation, et pour décider si les causes de divorce ou de séparation qu'ils invoquent peuvent être admises en les supposant établies en fait ? Cette loi sera-t-elle

(1) Dalloz, *Répertoire, Supplém.*, mot : *Divorce,* n° 140, p. 348.

la loi française ou une loi étrangère ? Et dans ce dernier cas, quelle sera cette loi étrangère ?

La solution de ces questions doit être recherchée dans l'article 3 du Code civil : il dispose (3ᵉ al.) que « les lois concernant l'état et la capacité des personnes régissent les Français, même résidant en pays étranger ».

On est généralement d'accord pour admettre que la réciproque est vraie, et que l'article 3 doit être considéré comme reconnaissant aux étrangers en France le droit d'être régis par les lois de leur pays (1).

Or le divorce intéresse l'état des personnes, puisqu'il fait d'une personne mariée, une personne qui ne l'est plus et qui a le droit, par suite, de contracter un nouveau mariage ; il intéresse leur capacité, puisqu'il fait reprendre à la femme la capacité qu'elle avait perdue par le fait du mariage. Il est logique d'en conclure que c'est la loi nationale des époux qui doit être consultée pour savoir s'ils ont le droit, en principe, de demander le divorce.

Il faut en dire autant de la séparation de corps ; dans un certain nombre de législations qui admettent le divorce, elle n'est qu'un premier pas vers la dissolution du mariage puisque le jugement de séparation de corps peut être converti au bout de quelques années, en jugement de divorce : elle intéresse donc l'état et la capacité des personnes tout autant que le divorce lui-même. Dans les pays qui n'ad-

---

(1) Cette interprétation s'appuie sur les travaux préparatoires : la rédaction primitive portait que les étrangers résidant en France sont soumis aux lois françaises ; sur l'observation de Tronchet, que cette rédaction était trop générale, et que les étrangers n'étaient pas admis à jouir des lois civiles qui règlent l'état des personnes, l'article fut modifié dans le sens qu'il a aujourd'hui (Locré, I, p. 399) ; si l'article ne dit pas expressément que les étrangers en France sont soumis à leur statut personnel, on peut l'admettre en raisonnant *a contrario* du 2ᵉ alin. qui ne les soumet qu'aux lois concernant les immeubles, ainsi que du 1ᵉʳ alin. qui les soumet aux lois de police et de sûreté.

mettent pas le divorce, et dans ceux qui, tout en admettant le divorce, n'autorisent pas la conversion de la séparation en divorce, la séparation de corps intéresse toujours dans une large mesure la capacité de la femme, sinon l'état des deux époux. A ce titre, elle tombe sous l'application du principe renfermé dans l'article 3 (1). Il n'y a pas lieu de faire une distinction entre le divorce ou la séparation et leurs causes : si notre loi veut que les étrangers soient régis, en France, par leur statut personnel, cela doit s'entendre aussi bien des causes que du principe même du divorce et de la séparation ; les causes de divorce ou de séparation sont déterminées dans chaque pays par l'état des mœurs : telle législation admet le divorce, mais elle ne l'admet que pour telles ou telles causes ; de même pour la séparation. Les causes de divorce et de séparation s'identifient avec le divorce et la séparation.

Tel est donc le principe de notre droit : l'application à l'étranger de sa loi nationale.

Mais il est limité par un autre principe : celui du respect de l'ordre public et des bonnes mœurs (art. 3, 1er al. ; art. 6). D'où une source de difficultés à peu près insurmontables : où commence et où finit l'ordre public ? qu'est-ce que les bonnes mœurs ? Personne, jusqu'à présent, n'a pu le dire d'une façon précise ; des études consciencieuses de ces questions ont conduit à une distinction entre l'ordre public national et l'ordre public international (2). Mais quand on entre dans le détail, quand on cherche à savoir quelles sont les limites de l'ordre public international qui interdit l'application de la loi étrangère

______

(1) Laurent, *Dr. civ. internat.*, t. V, § 119, p. 244.

(2) **Voy.** notamment Despagnet, *L'ordre public en dr. internat. privé* (Clunet, 1889, 5 et s. ; 207 et s.) ; — Voy. aussi Weiss, *Tr. élém. de dr. int. pr.*, p. 534 et s.

dans un pays, on se heurte à des difficultés dont on ne peut sortir. Le seul point véritablement acquis, sur lequel tout le monde est d'accord, c'est que la polygamie et le mariage entre ascendant et descendant ou entre frère et sœur sont contraires à l'ordre public international tel qu'on le comprend en Europe : on s'en doutait.

Au point de vue du droit français en particulier, avant la loi de 1884, la question de l'ordre public se posait principalement au sujet du divorce : les époux étrangers dont la loi nationale admettait le divorce, pouvaient-ils divorcer en France ?

Sous l'empire de la loi du 8 mai 1816 qui avait aboli le divorce, on avait soutenu que cette loi, reconnaissant dans le divorce un mal social, intéressait l'ordre public et les bonnes mœurs (1). La Cour de cassation consacra ce système, en refusant aux étrangers le droit de divorcer en France, parce qu' « il n'est pas permis aux tribunaux d'ordonner ou de sanctionner des divorces que les officiers de l'état civil ne pourraient prononcer » (2).

Cette théorie a été vivement combattue par Laurent (3) : suivant lui, les lois qui intéressent l'état et la capacité des personnes sont précisément celles qui intéressent aussi l'ordre public et les bonnes mœurs ; avec le système précédent, il faudrait dire que les lois qui d'après le texte et l'esprit de la loi (art. 3) sont des statuts personnels ne forment pas des statuts personnels : c'est une conséquence absurde du principe posé ; la loi de 1816 défend le divorce entre Fran-

---

(1) Demangeat, *Hist. de la cond. civile des étr. en France* (Paris, Joubert, 1844), p. 383 ; — Voy. aussi Merlin, *Répert.*, mot *Divorce*, sect. IV, § 10 (5ᵉ éd., t. VIII, p. 189).

(2) Cass., 28 fév. 1860 (Dall., 1860. 1. 65).

(3) *Principes de dr. civ.*, t. I, nᵒ 92 ; *Dr. civ. internat.*, t. V, § 119 et s. Laurent admet toutefois que les tribunaux français n'auraient pu prononcer le divorce ; mais il s'appuie exclusivement sur la prohibition expresse que contient la loi de 1816, et sur les motifs qui ont inspiré cette loi.

çais, mais ne peut empêcher les époux étrangers de le demander dans leur pays : s'ils peuvent divorcer à l'étranger — et si ce divorce peut produire certains effets en
France, notamment leur permettre de se remarier — pourquoi ne pourraient-ils divorcer en France ? Le divorce n'est
pas plus immoral après 1816 qu'il ne l'était avant 1789.

Il me paraît difficile d'affecter beaucoup d'assurance
dans un sens ou dans l'autre ; je pencherais plutôt toutefois, pour la théorie de la Cour de cassation. On se trouve
en effet, avoir à concilier deux principes qui, en notre matière, paraissent contradictoires. Sans doute le divorce n'é-
tait pas plus immoral en lui-même après 1816 qu'avant
1789 : mais nous devons nous placer ici non au point de
vue d'une morale théorique, mais de celle particulière au
législateur de 1816 ; à tort ou à raison, il avait aboli le divorce en le considérant comme contraire à la morale et en
considérant le principe de l'indissolubilité comme étant de
l'essence du mariage. On conçoit parfaitement, sans qu'il
soit nécessaire d'insister davantage, que nos tribunaux ne
puissent être tenus, sur notre territoire, d'établir par jugement — et cela, même entre étrangers — une situation
que nos lois interdisent à nos nationaux comme contraire
à la morale.

La question n'a plus aujourd'hui qu'un intérêt rétros-
pectif, dans notre pays du moins, car en Italie elle suscite
actuellement d'assez vives controverses.

La question de l'ordre public peut se poser encore à un
autre point de vue : en théorie, on se demande s'il n'est
pas contraire à l'ordre public d'un pays qui admet le divorce, d'exclure les étrangers du droit au divorce, sous
prétexte que leur loi nationale le leur refuse ? Il ne semble
pas qu'en France la réponse puisse faire de doute : l'article 3 est général ; rien dans la loi de 1884, ne permet de

penser que le législateur ait voulu y faire échec et ait considéré le divorce comme un statut territorial permettant d'écarter la loi nationale étrangère, sur la simple requête des parties ; on peut d'autant moins le soutenir que la séparation de corps continue à être admise et que notre loi, en laissant toute latitude aux parties de demander le divorce ou la séparation, indique bien qu'elle n'attache pas au divorce le caractère d'une disposition d'ordre public. Le système contraire conduirait d'ailleurs à des résultats scandaleux : l'étranger divorcé pourrait se remarier en France, et son nouveau mariage, valable en France, serait considéré dans son pays comme un crime ; les enfants du nouveau mariage, légitimes en France, seraient bâtards et adultérins dans le pays de l'étranger. C'est à ce résultat qu'aboutit la législation allemande (1), sur laquelle je reviendrai plus loin.

La question de l'ordre public se pose encore au sujet des causes du divorce : des étrangers peuvent-ils demander le divorce en France, pour des causes que le Code civil n'admet pas ? Malgré la grande diversité des causes admises par les différentes législations, la question a un intérêt plus restreint qu'on ne pourrait le croire. Les causes de divorce déterminées par le Code civil (modif. par la loi de 1884), sont en effet admises dans presque tous les pays : l'adultère peut être invoqué dans tous les pays, sauf des divergences quant au caractère plus ou moins outrageant qu'exigent différentes législations, lorsqu'il est commis par le mari ; la condamnation pour crime est admise à peu près partout ; les excès, sévices et injures graves de même, quoique la désignation de cette cause de divorce ne soit pas partout la même :

____

(1) Voy. par exemple l'arrêt du tribunal d'appel de Deux-Ponts, du 27 juin 1870 (Clunet, 1875.120), qui a prononcé le divorce entre époux français, à une époque où le divorce n'existait plus en France.

l'abandon par exemple, qui est considéré par un grand nombre de législations comme une cause de divorce (Autriche, Pays-Bas, Prusse, Suède, Norvège, Suisse, Danemark) pourra constituer suivant les cas, une injure grave aux termes de notre Code civil ; il en sera de même de l'abstention persévérante de l'accomplissement du mariage (Landrecht Prussien). Qu'importe en effet la qualification donnée à la cause de divorce invoquée par le demandeur ? Ce n'est qu'une question de mots ; le fait seul a de l'importance, et non pas le nom qu'on lui donne (1).

Cette considération restreint la portée de la question ; celle-ci ne se pose plus guère qu'au sujet du divorce par consentement mutuel, et de certaines causes admises par des législations beaucoup trop faciles, comme les législations prussienne et saxonne.

Il me semble qu'au point de vue de l'ordre public, il faut donner la même solution au sujet des causes du divorce qu'au sujet du divorce lui-même ; il n'est pas possible de distinguer. Si notre loi admet le divorce, elle ne l'admet que dans les cas qu'elle a limitativement déterminés : en dehors de ces cas elle le repousse, et par suite il y a même raison de décider qu'au sujet du divorce même. Notre loi, par exemple, n'admet pas le divorce par consentement mutuel, ni pour cause de folie : c'est parce qu'elle juge qu'un pareil divorce serait contraire à la bonne organisation de la famille, telle que nous la comprenons en France, et que la rupture du mariage ne doit pas être soumise au caprice des époux, ni au hasard d'une maladie qui, même

____

(1) C'est ainsi qu'il a été jugé, et très justement, en Allemagne, au sujet d'un acte commis par le mari dans le Grand-duché de Bade et invoqué par la femme en Prusse : le jugement décide qu'il importe peu que cet acte soit considéré par le Code civil badois comme une injure grave, alors que la loi prussienne y voit une présomption de violation de la foi conjugale. Trib. de l'Empire, 25 janvier 1892 (Clun., 1892.1041).

incurable, doit donner au conjoint resté sain d'esprit, l'occasion de remplir le devoir de secours et d'assistance qu'il a contracté en se mariant (1). Peu importe la question de savoir si cette conception est exacte, si à une autre époque notre loi a admis le divorce par consentement mutuel : telle est la conception actuelle de notre loi ; il faut la respecter.

En dehors de cette solution, il ne peut y avoir que des décisions arbitraires. Personne n'a soutenu jusqu'à présent que nos tribunaux doivent admettre toutes les causes quelles qu'elles soient, pourvu qu'elles soient admises par la loi nationale des parties. Laurent (2) a cherché, en entrant dans le détail, quelles pourraient être les causes déterminées par les lois étrangères que nos tribunaux (3) devraient admettre entre étrangers, alors que notre loi ne les admet pas entre Français ; sans se dissimuler les difficultés de l'entreprise, il distingue entre les causes qui impliquent la violation d'un devoir essentiel du mariage, et celles qui n'impliquent pas cette violation : ces dernières ne devraient pas être admises (par exemple les maladies mentales ou autres ; l'absence sans désertion malicieuse ; le défaut de domicile fixe du mari) ; quant aux autres il faut les admettre : par exemple l'abandon malicieux, parce que le mariage est rompu en fait, le consentement mutuel parce qu'il suppose une cause déterminée mais cachée (au moins dans le sys-

(1) En ce sens, Weiss, *Traité élém. de dr. int. pr.*, 2ᵉ éd., p. 535 ; — Chavegrin, note sur Rittner, *Observ. sur le div. entre étr. à propos d'un cas singul. de mar. suisse-hongrois* (Clun., 1885.155, note) ; — Carpentier, *Traité du div.*, 2ᵉ part. (Paris, Marchal et Billard, 1888) nᵒ 238 ; — Pic, *Du mar. en dr. internat.* (Thèse, Lyon, 1885) p. 230 ; — Olivi, *Du mar. en dr. int. pr.* (Revue de dr. int., 1883, 368) ; — Fiore, *Dr. int. pr.* (trad. de M. Pradier-Fodéré ; Paris, Durand et Pedone-Lauriel, 1875), nᵒ 121 ; — Schæffner, *Entwicklung des intern. Privatrechts* (Francfort, Sauerlænder, 1841), § 124.

(2) *Dr. civ. internat.*, t. V, nᵒˢ 135 et s.

(3) Ou plus exactement les tribunaux belges ; mais les deux législations présentent peu de différences.

tème du Code civil aujourd'hui en vigueur en Belgique).
Mais cette distinction, qui peut être bonne en théorie, ne
peut être transportée dans une législation positive : quels
sont en effet les devoirs essentiels du mariage, au point de
vue du droit français ? Ceux dont la violation, *dans les limites prévues par notre loi*, est susceptible d'entraîner le divorce ; il serait difficile de trouver un exemple dans notre
droit actuel : en particulier les termes « excès, sévices et
injures graves » de notre droit sont assez larges pour comprendre, suivant les circonstances, toutes les violations des
devoirs essentiels du mariage ; d'autre part nous n'admettons plus de distinction entre l'adultère du mari et celui
de la femme ; mais avant 1816, la femme ne pouvait invoquer l'adultère du mari que lorsque la concubine avait été
tenue dans la maison commune : c'est que notre loi ne considérait pas que le devoir essentiel de fidélité fût le même
pour le mari et pour la femme ; pour le mari, l'essentiel
était qu'il n'entretînt pas une concubine au domicile commun (1). D'autre part, nous n'admettons plus que le consentement mutuel suppose une cause déterminée de divorce : c'est plutôt une question de présomption qu'une
question de violation des devoirs du mariage. Enfin presque toutes les législations admettent le divorce pour cause
de condamnation de l'un des époux à certaines peines : quel
est le devoir essentiel du mariage, que viole l'époux condamné à une peine afflictive et infamante ? Le devoir de
fidélité, de secours ou d'assistance ? Qui le pourrait le dire ;
il y a là une autre idée que celle de violation d'un devoir
essentiel du mariage. Je ne puis donc admettre la distinction faite par Laurent.

Tout ce que je viens de dire au sujet des causes du di-

---

(1) Abstraction faite, bien entendu, des cas où l'adultère du mari pouvait présenter les caractères d'une injure grave.

vorce s'applique également à la séparation de corps, qu'on la considère comme une question d'état ou comme une mesure de bon ordre : si c'est une question d'état — comme je le crois — il y a même raison de décider que pour le divorce ; si c'est une mesure de bon ordre, les causes indiquées par notre loi sont suffisantes pour assurer le bon ordre en France et nous n'avons pas à aller au delà.

Que faut-il décider au sujet de la conversion de la séparation de corps en divorce ? Je ne vois pas de raison ici de déroger au principe de l'application aux étrangers de leur loi nationale (1) : un Hollandais par exemple, ne pourra obtenir la conversion en France que cinq ans après le jugement de séparation ; un Belge ne pourra la demander que dans les conditions admises par sa loi nationale (l'art. 310 du C. civ. belge ne permet qu'au défendeur originaire — la femme adultère exceptée — de demander la conversion, et le tribunal ne peut l'admettre que si le demandeur originaire ne consent pas immédiatement à faire cesser la séparation). Mais, bien entendu, nos tribunaux auront toujours la faculté de décider librement, qui leur est concédée par l'article 318 modifié ; ils ne peuvent être considérés comme forcés de prononcer la conversion si la loi nationale de l'étranger admet que le tribunal est tenu de la prononcer.

Il me reste à examiner deux cas dans lesquels peut se poser la question de savoir si la loi étrangère ne doit pas être écartée, en dehors de raisons d'ordre public.

(1) Carpentier, *Traité du div.*, 2ᵉ part., p. 250 ; — Carpentier, *Quelques mots sur la conv. en div. par les trib. franç. des jugem. de sép. de corps pron. entre étr. ou à l'étr.* (Rev. pr. de dr. int. pr., 1890-1891, *Variétés*, p. 144 et s.) ; — Weiss, *Traité élém. de dr. intern. pr.*, p. 539 ; — Voy. aussi, spécialement au point de vue du droit belge : de Nobele, *De la convers. en div. d'une sépar. de corps pron. à l'étr. entre étr.* (Clunet, 1887. 575 et s.) ; — Humblet, *De la conv. en div. d'une sép. de corps pron. à l'étr.* (Clunet, 1888. 461 et s.).

Il peut arriver que les époux soient sans patrie (1) ; il ne peut être question ici d'appliquer la loi nationale ; on est généralement d'accord en France pour leur appliquer la loi française, qui est en même temps la loi du domicile et celle du tribunal saisi (2). L'étranger ne peut en effet demander l'application de sa loi nationale qu'autant qu'il justifie de sa nationalité étrangère, et le tribunal français ne peut écarter l'application de la loi française qu'autant qu'il a à juger un étranger ayant une nationalité déterminée ; on a fait remarquer avec raison qu'il doit en être de même lorsque le défendeur, domicilié (ou résidant) en France, ne peut justifier de sa nationalité (3).

L'autre cas d'application de la loi française se présente lorsque la loi nationale des époux renvoie à la loi du domicile : la loi française ordonne l'application de la loi nationale des époux, mais la loi nationale des époux (la loi anglaise, par exemple) ordonne l'application de la loi du domicile. Appréciera-t-on les causes de divorce d'après la loi française ou d'après la loi étrangère ? La question peut être posée d'une façon plus générale, ainsi que l'a fait M. Labbé (4). Il la pose sous deux formes : « Lorsqu'un législateur devant le tribunal duquel un litige est porté, attribue à une loi étrangère la solution d'une difficulté, doit-il accepter le renvoi que lui fait la loi étrangère, de

(1) Ce sont les gens que l'on désigne quelquefois par le terme allemand *heimathlose* (sans patrie).

(2) Demolombe, *Cours de Code civ.*, t. I, n° 172, p. 175 ; — Weiss, *Traité élém. de dr. int. pr.*, p. 282 ; — Chavegrin, note sur Rittner, Clun., 1885. 155 ; — Féraud-Giraud, *De la comp. des tr. fr. pour conn. des contest. entre ép. étr.* (Clun., 1885.390) ; — Voy. aussi, Bonneville de Marsangy, *De la comp. des trib. franç. au regard des pers. qui sont sans patrie, en mat. de sép. de c. et de div.* (Gaz. des Trib., 4 fév. 1885).

(3) Pilicier, *Le div. et la sép. de corps en dr. int. pr.*, p. 58-59.

(4) *Du conflit entre la loi nat. du juge saisi et une loi étr. relativement à la détermin. de la loi applic. à la cause* (Clun., 1885.5 et s.).

la mission de résoudre la difficulté ? » ou bien : « Quand
un législateur abandonne à une loi étrangère la détermination d'un point de droit, demande-t-il à cette loi de décider quelle loi sera applicable, ou cherche-t-il directement
dans cette loi quelle solution doit recevoir le point de droit
douteux ? » M. Labbé répond à ces questions en refusant
le renvoi fait par la loi étrangère : nous estimons, dit-il,
qu'il est de bonne justice que telle loi soit applicable à
tel point de droit parce qu'elle est mieux placée que toute
autre pour apprécier les conditions d'où la règle juridique
doit dériver ; peu importe que la loi étrangère n'adopte
pas le même principe sur la détermination de la loi compétente ; nous ne nous inclinons pas devant la loi étrangère
pour accepter d'elle une théorie de droit des gens. La dissolution du mariage, par exemple, selon nous, ne doit
pas varier au gré des parties qui, de leur seule volonté,
transportent leur domicile au delà d'une frontière ; nous
n'attendons pas d'un législateur étranger qu'il nous ins-
truise et nous dirige. Cette attitude, suivant M. Labbé, est
plus noble et plus rationnelle ; le législateur dirige ainsi
les juridictions qui relèvent de lui en leur inspirant, non
une décision de hasard ou de rencontre, mais une décision
raisonnée découlant d'un principe par lui posé d'une façon
intelligente, et scientifiquement motivée.

Malgré les deux grandes autorités dont peut se réclamer
cette théorie (1), j'avoue que je ne puis m'y ranger ; il me
semble qu'il n'y a pas du tout ici une question de noblesse
d'attitude : et même en se plaçant à ce point de vue, en
quoi la dignité du législateur français sera-t-elle atteinte
parce que la loi étrangère aura mis ses sujets sous la sau-
vegarde de la loi française, et parce que lui, législateur

____

(1) M. Laurent se prononce, en effet, dans le même sens, Sirey, 1881.4.
41 (note sous l'arrêt de la Cour de Bruxelles, du 14 mai 1881).

français, aura accepté cette soumission à ses lois ? Mais la théorie soutenue par M. Labbé est-elle plus rationnelle ? Je ne le crois pas ; la solution rationnelle, c'est l'application de l'article 3 du Code civil ; nos tribunaux doivent appliquer la loi nationale de l'étranger (argum. d'analogie de l'art. 3, 3ᵉ al.) ; quelle est cette loi ? précisément, dans l'espèce, la loi du domicile. Nos tribunaux doivent emprunter à la loi étrangère ses causes de divorce : elles se trouvent être identiques aux nôtres ; nous n'avons pas à chercher pourquoi ; nous appliquons, suivant l'esprit de l'article 3, la loi nationale des parties (1).

En résumé, la théorie que je viens d'exposer est la suivante : les étrangers sont soumis en France à leur loi nationale en ce qui concerne le principe de l'admissibilité du divorce ou de la séparation de corps, les causes du divorce ou de la séparation, et la conversion de la séparation en divorce ; mais ils ne sauraient invoquer en France une cause de divorce ou de séparation qui n'est pas admise par la loi française : en d'autres termes leur loi nationale leur est applicable toutes les fois que les causes qu'ils invoquent et qui sont admises par cette loi, le sont en même temps par la nôtre, soit sous le même nom, soit sous un nom différent ; en dehors de ces cas où les deux lois concordent, nos tribunaux ne peuvent prononcer ni divorce ni séparation (2).

---

(1) La jurisprudence est en ce sens : Cass., 5 mai 1875 (Dall., 1875. 1076) ; — Seine, 19 mai 1888 (*Le Droit* du 20 mai 1888). La jurisprudence belge est dans le même sens : Cass. belge, 14 mai 1881 (Sir. 81.4.41); — Cour de Bruxelles, 9 mars 1881 (Sir., 82.4.17). Voy. aussi dans le même sens, Carpentier, *Traité du div.*, 2ᵉ part., nᵒ 238.

(2) Mais ils peuvent, bien entendu, ordonner des mesures provisoires, conformément à l'article 3, 1ᵉʳ alinéa ; c'est un point que j'ai déjà signalé. — M. Humblet a reproché à ce système de rendre illusoire la règle de la personnalité des statuts, puisqu'elle ne serait appliquée que dans les cas où elle est identique à la *lex fori* (Clunet, 1888, 461 et s.) ; c'est inexact ; la règle de la personnalité des statuts n'est pas rendue illusoire, puisque

Par exception, la loi française sera seule appliquée aux individus sans patrie et à ceux dont la loi nationale renvoie à la loi du domicile pour la détermination des causes du divorce : et encore dans ce dernier cas, l'exception n'est qu'apparente, puisqu'au fond c'est bien la loi nationale qui est appliquée.

La jurisprudence n'est pas encore très-abondante sur ces questions : nos tribunaux ont en effet une tendance marquée à se déclarer incompétents ; d'autre part, les actions sont presque toujours fondées sur des causes admises par la loi française.

La jurisprudence applique la loi nationale de l'étranger en ce qui touche le principe du divorce : c'est ainsi que des jugements ont refusé le divorce à des Portugais (1) et à des Italiens (2), parce que leur loi nationale n'admet pas le divorce.

En ce qui touche les causes de divorce et de séparation, les décisions sont moins nettes : un arrêt de la Cour de Chambéry, du 15 juin 1869, considère comme nul le divorce par consentement mutuel prononcé en France (en l'an X) entre deux époux appartenant à un pays où cette cause de divorce n'est pas admise (3). Des décisions plus

le demandeur étranger sera débouté chaque fois qu'il invoquera une cause de divorce ou de séparation qui n'est pas admise par sa loi nationale. La règle de la personnalité des statuts sera écartée quand le statut personnel sera, au fond, en opposition avec la loi française ; rien de plus. Les cas où cette opposition se produira seront d'ailleurs assez restreints, ainsi que j'ai déjà eu occasion de le faire remarquer.

(1) Seine, 12 juin 1888 (Gaz. du Pal., 1888.902) ; — Seine, 1re ch., 12 juin 1889 (Clun., 1890.107).

(2) Alger, 1re ch., 18 fév. 1891 (Clun., 1891.504) ; — Seine, 4e ch., 27 juill. 1891 (Clun., 1891.1194) ; — Voy. aussi Alger, 2 mars 1888 (Clun., 1889.668, *époux mallais*) ; — Comp. Paris, 11 août 1817 et Cass., 25 fév. 1818 (Sir., 19.1.41).

(3) Sirey, 1870.2.214 ; l'arrêt constate toutefois que la nullité doit être réputée couverte, dans cette espèce particulière, par la loi du 26 germinal

récentes admettent en principe l'application de la loi étrangère (1), mais sans dire clairement que les causes du divorce ou de la séparation dépendent aussi de la loi nationale (2). D'autres décisions sont plus précises : un jugement de la 1re chambre du tribunal de la Seine du 12 juin 1889 (3) admet la preuve, la séparation de corps étant admise par la loi portugaise dans des cas analogues à ceux que précise la loi française ; un jugement de la 4e chambre du même tribunal, du 5 juin 1891 (4) repousse le divorce demandé par un époux russe, aucun des faits articulés ne rentrant dans les causes de divorce admises par la législation russe.

La loi française a été déclarée applicable à des époux dont la nationalité était incertaine (5).

La question d'ordre public ne paraît avoir été soulevée qu'une fois dans les circonstances suivantes : la femme, Autrichienne catholique, demandait le divorce ; le tribunal de la Seine, par jugement du 16 juillet 1886 (6), se déclara incompétent, parce que le divorce ne pouvait être prononcé

an XI, applicable à tous les divorces antérieurement prononcés, même entre époux étrangers.

(1) Seine, 11 déc. 1889 (Clun., 1889.814) ; ce jugement ne tranche toutefois que la question de compétence (*époux anglais*).

(2) Seine, 20 déc. 1886 (Clun., 1886.720 ; *Prussiens*) ; — Seine, 12 mai 1887 (*La Loi*, 22 juin 1887 ; *juifs hongrois*) ; — Seine, 27 fév. 1888 (Gaz. des Trib. du 28 mars 1888 ; *Belges*) ; — Alger, 1re ch.; 18 fév. 1891 (Clun., 1891.504 ; *Italiens*) ; — Seine, 4e ch., 27 juill. 1891 (Clun., 1891.1194) ; — Voy. aussi Seine, 3· ch., 2 août 1889 (Clun., 1890.876) ; ce jugement rendu au profit d'une femme d'origine française qui avait épousé un Allemand constate simplement que la loi allemande admet le divorce, mais ne dit rien de la cause particulière pour laquelle il le prononce (abandon du domicile conjugal depuis 7 ans).

(3) Clunet, 1890.107. Comp. Hanoï, 28 août 1890 (Clun.,1890.881 ; *Chinois.*

(4) Clunet, 1892.194.

(5) Seine, 22 déc. 1887 (Gaz. du Pal., 1887.47).

(6) Clunet, 1891.1189.

en Autriche entre époux catholiques, et qu'en appliquant cette disposition, on eût violé le principe essentiel du droit public qui consacre l'égalité des Français devant la justice, sans distinction de religion ; à part la question de compétence qui était mal posée puisque la question d'application de la loi autrichienne est une question de fond (1), on ne s'attendait guère à voir intervenir ici le droit public : le tribunal doit appliquer la loi étrangère ; il doit prendre les parties en cause telles qu'elles se présentent et ne doit se poser que deux questions : la loi nationale des parties leur permet-elle le divorce ? le leur permet-elle pour les causes qu'elles invoquent ? Dans l'espèce la loi nationale consultée répondait non. Il n'y avait qu'à refuser le divorce, en statuant au fond, sans rechercher si le Code autrichien tient compte de la religion des parties pour leur permettre ou leur refuser le divorce (2) ; la 1re chambre du tribunal de la Seine a été mieux inspirée en déboutant un Russe catholique de sa demande en divorce, par ce motif — entre autres — que la loi civile russe, se réglant sur la loi religieuse des personnes, n'autorise pas le divorce entre catholiques romains (3).

Quant à la conversion de la séparation de corps en divorce, un arrêt de la Cour de Lyon, du 23 février 1887 (4), applique à des Alsaciens-Lorrains les lois allemandes du 27 novem-

(1) Le jugement fut infirmé en appel : la Cour, pour se prononcer en faveur de la compétence, s'appuie entre autres motifs, sur celui que je rappelle. Paris, 1re ch., 26 fév. 1891 (Clun., 1891.1192 ; Dall., 1892.2.321, avec la note de M. de Bœck).

(2) En ce sens, Pilicier, *Le div. et la sép. de corps en dr. int. pr.*, p. 48-49.

(3) Seine, 1re ch., 10 mars 1891 (Clun., 1891.505) : il s'agissait d'une demande de conversion de séparation de corps en divorce ; le jugement s'appuie en outre sur des motifs d'un autre ordre : il y avait en jeu une question de nationalité.

(4) Dalloz, 1887.2.33.

bre 1873 (spéciale à l'Alsace-Lorraine) et du 6 février 1875, article 77, § 2 (loi d'Empire), en constatant que d'ailleurs la loi allemande et la loi française sont identiques ; le jugement de la 1re chambre du tribunal de la Seine, en date du 10 mars 1891, cité ci-dessus, applique de même leur loi personnelle à des époux russes catholiques.

La théorie que j'ai exposée est donc d'accord, sur presque tous les points, avec la jurisprudence.

Aucun doute sérieux ne paraît pouvoir s'élever au sujet de la procédure à suivre : les lois de procédure sont considérées par tous les auteurs comme des lois territoriales ; la jurisprudence est d'accord avec eux : lorsque, par exemple, les étrangers sont séparés de corps, ils ne peuvent demander le divorce par voie d'action principale, mais doivent former une demande en conversion, dans les formes prescrites par l'acte 310 (1). Toutefois il est intervenu des arrêts en sens contraire sur une question toute spéciale (2): lorsque la femme a été autorisée par jugement à résider à l'étranger, tandis que le mari est domicilié en France, où doivent être faites les significations d'exploits ? Au parquet dans la forme des exploits délivrés aux parties domiciliées à l'étranger, ou bien chez le mari au domicile de droit de la femme ? La Cour de Nancy (21 mai 1887) (3) a décidé que l'acte d'appel du mari était valablement signifié à la femme à son domicile légal en France et que la copie était valablement remise à l'employé du mari ; les articles 68, 69, 73 du Code de procédure sont donc écartés. La Cour de Chambéry (19 juillet 1887) (4) a décidé avec raison en

(1) Seine, 4e ch., 19 juin 1890 (Clunet, 1891.195).

(2) Voy. Vincent et Pénaud, *Dictionn. de dr. int. pr.*, (1887) mot *Sépar. de corps*, n° 48, p. 791.

(3) *Le Droit* des 22-23 août 1887.

(4) *Monit. judic. de Lyon* du 31 août 1887 ; — arrêt rapporté par Vincent et Pénaud, à l'endroit cité.

sens contraire en s'appuyant sur ce qu'il est contraire à toute équité et à toute raison que l'adversaire de l'une des parties puisse être chargé de recevoir pour elle les exploits que lui-même lui a fait signifier (1).

§ 3. — Effets du jugement prononcé en France.

Les époux étrangers ont obtenu, par un jugement rendu en France, le divorce ou la séparation de corps : les effets du jugement seront-ils déterminés par la loi française ou par la loi nationale des époux?

Les effets du divorce sur les personnes comme sur les biens sont intimement liés à l'admission du divorce lui-même et à la détermination des causes qui peuvent le rendre possible ; les lois qui règlent les effets du divorce dépendent des lois qui le consacrent ; il faut donc le considérer comme un état général qui est régi par la loi personnelle des époux divorcés, état qui n'est pas limité aux personnes mais qui s'étend aussi aux biens (2).

Il y a même raison de décider pour la séparation de corps, mais la question a beaucoup moins d'intérêt, les effets de la séparation étant sensiblement les mêmes dans tous les pays.

J'en conclus que les effets du divorce ou de la séparation seront déterminés par la loi nationale des étrangers.

L'application de ce principe aux personnes ne soulève

______

(1) La loi du 8 février 1893 a supprimé toute controverse sur ce point, au cas où il s'agit de la conversion du jugement de séparation de corps en jugement de divorce ; elle a en effet complété l'art. 108 du C. civ. par la disposition suivante : « La femme séparée de corps cesse d'avoir pour » domicile légal le domicile de son mari. Néanmoins toute signification » faite à la femme séparée en matière de questions d'état, devra égale- » ment être adressée au mari, à peine de nullité ».

(2) Laurent, *Dr. cvi. internat.*, t. V, § 138 et s.; — Carpentier, *Traité du div.*, 2e part., n° 240.

guère de difficultés qu'au point de vue du nouveau mariage qui peut suivre le divorce ; aux termes de l'article 296 du Code civil, « la femme divorcée ne pourra se remarier que dix mois après que le divorce sera devenu définitif ». Faut-il dire que cette disposition est applicable même à la femme étrangère dont la loi nationale fixe un délai moindre ou évite d'une autre façon les inconvénients de la confusion de part, ou à la femme étrangère à laquelle sa loi nationale permet de se remarier aussitôt après que le divorce est devenu définitif ?

La Cour de Paris a eu à se prononcer sur la question ; elle a appliqué l'article 296 à une femme de nationalité allemande (originaire de Francfort) : la Cour (arrêt du 13 févr. 1872) (1) considère que la prohibition de l'article 296 est d'ordre public, qu'elle a pour but d'éviter les filiations équivoques et qu'elle est une règle de décence publique ; à ce titre elle ne saurait fléchir devant le statut personnel étranger ; peu importe que la loi étrangère ait pris de son côté des mesures pour éviter la confusion de part.

Laurent critique cet arrêt qu'il n'approuve pas (2) : la Cour, dit-il, aurait mieux fait d'expliquer ce qu'elle entend par cette expression vague et banale d'ordre public ; la filiation équivoque est avant tout un intérêt privé qui se débat entre le premier et le second mari ; quant à la décence publique, on pourrait l'invoquer lorsque le mariage est dissous par la mort, mais où est la raison de délicatesse qui empêche la femme divorcée de se remarier de suite ?

---

(1) Sirey, 1873.2.112 ; — en ce sens Weiss, *Traité élém. de dr. int. pr.*, p. 451. Dans l'espèce sur laquelle la Cour de Paris a eu à statuer, le divorce avait été prononcé à l'étranger ; mais cette circonstance ne peut avoir eu d'influence sur la décision.

(2) *Droit civ. intern.*, t. V, § 131.

J'admets bien que l'expression d'ordre public est vague et banale et qu'elle n'est souvent qu'un procédé facile pour éviter des arguments, mais il faut bien admettre les autres raisons données par la Cour de Paris, sans quoi l'article 296 ne reposerait plus sur rien du tout ; la critique de Laurent s'adresse plutôt à l'article 296 lui-même qu'à l'application qui en est faite aux étrangers.

Il y a d'ailleurs une autre raison invoquée par la Cour de Paris, et qui me paraît surtout décisive : les articles 194-195 du Code pénal punissent l'officier de l'état civil d'une amende de 16 à 300 francs, s'il reçoit avant le délai de dix mois, l'acte de mariage d'une femme ayant déjà été mariée. Laurent répond que l'empêchement étant purement prohibitif ne peut être d'ordre public et que si la loi établit une peine contre l'officier de l'état civil, c'est parce que toute prohibition doit avoir une sanction ; mais les articles 194-195 du Code pénal sont généraux et n'admettent pas de distinction : si l'officier de l'état civil commet un délit lorsqu'il contrevient à la disposition de l'article 296, je ne vois pas comment la nationalité étrangère des parties pourrait enlever à son acte le caractère délictueux que lui imprime l'article 194 du Code pénal.

L'article 296 garde entre étrangers comme entre Français son caractère d'empêchement purement prohibitif ; je ne vois pas en quoi ce caractère pourrait influer sur l'application qu'on en fait aux étrangers.

L'article 298 du Code civil décide que « dans le cas de divorce admis en justice pour cause d'adultère, l'époux coupable ne pourra jamais se marier avec son complice ». Les discussions qui ont précédé la loi du 27 juillet 1884 montrent que cette disposition a été votée exclusivement dans l'intérêt des bonnes mœurs : elle doit donc s'appliquer aux étrangers comme aux Français.

Il faut décider de même en ce qui touche les droits d'auteur, que la loi du 14 juillet 1866 refuse au conjoint contre
lequel a été prononcée une séparation de corps (ou par analogie, un divorce), lorsque son conjoint, au profit duquel
existaient ces droits d'auteur, vient à décéder : la loi de
1866 en effet, ne reconnaît les droits d'auteur au profit des
héritiers et du conjoint survivant que dans la mesure qu'elle
détermine.

En sens contraire, il faudra appliquer aux époux divorcés les prohibitions dont les frappe leur loi nationale, et
qui ne sont pas prévues par la loi française : par exemple,
lorsqu'un divorce aura été prononcé entre époux russes
ou serbes, on ne reconnaîtra le droit de contracter un nouveau mariage qu'à l'époux au profit duquel le divorce aura
été prononcé. Nous n'avons aucun intérêt social à ce qu'il
en soit autrement, et nous ne devons par suite reconnaître au divorce prononcé par nos tribunaux que les effets
qu'y attache la loi étrangère. Il n'y a que certaines dispositions *prohibitives* de nos lois qui puissent se trouver
blessées par l'application de la loi étrangère ; si telle ou
telle législation n'admet qu'un divorce boiteux, cela n'intéresse que ses ressortissants.

Peut-on dire, comme l'a fait le tribunal de New-York (1)
qu'une disposition de ce genre est une pénalité, et par
suite qu'elle ne peut avoir d'effet extraterritorial ? Je ne le
crois pas : il n'y a là qu'un effet du divorce, et si on peut
lui donner le nom de peine, c'est plutôt dans le sens que
nous donnons à ce mot dans le langage courant, que dans
le sens que lui donne le Code pénal.

Il faut appliquer aussi la loi nationale des époux en ce
qui touche l'influence de la séparation de corps sur la capa-

(1) Janv. 1882 (Clun., 1882.448).

cité de la femme : c'est une matière qui est incontestablement régie par l'article 3, § 3 du Code civil (argum. d'analogie) (1).

Enfin les effets du divorce ou de la séparation sur les
biens des époux et sur les avantages matrimoniaux doivent être réglés aussi par la loi nationale des époux (2) : il
n'y a là que des intérêts pécuniaires dont le règlement est
intimement lié par les différentes lois étrangères à la règle-
mentation du divorce lui-même, et qui, au point de vue de
la loi française, doivent être considérés surtout comme
des intérêts privés. La jurisprudence est en ce sens (3).

Y a-t-il lieu de faire sur ce point une distinction entre
les biens mobiliers et les biens immobiliers ? « Les immeubles, même ceux possédés par des étrangers, sont réglés par la loi française », dit le 2ᵉ alinéa de l'article 3.
Faut-il entendre cette disposition en ce sens que la loi
française sur le divorce devra seule avoir effet sur les immeubles des époux, à l'exclusion de la loi étrangère ? La
question peut se poser lorsque, la loi étrangère réglant
autrement que la loi française les effets du divorce ou de
la séparation sur les avantages matrimoniaux ou sur les
biens des époux, ces effets doivent se produire sur des im-

----

(1) Voy. notamment sur la capacité de la femme : Seine, 6 août 1878
(Clun., 1879.72).

(2) Laurent, *Dr. civ. internat.*, t. V, p. 140 ; — Weiss, *Traité élém. de
dr. int. pr.*, p. 490 et s.

(3) Nogent-le-Rotrou, 7 juin 1878 (Clun., 1879.277 ; — Seine, 25 janv.
1882 (Clun., 1882.74) : suivant ce jugement, la liquidation des droits pécuniaires des époux doit être faite conformément à la loi qui a organisé leur
régime matrimonial. Comp. un arrêt de la Cour de Chambéry, du 26 juin
1869 (Sir., 70.2.79), suivant lequel les avantages constitués au profit d'un
époux dans son contrat de mariage passé en Savoie sous l'empire de la
loi sarde (laquelle n'admettait pas la révocation de ces avantages pour
cause d'ingratitude) ne sont pas révoqués par la séparation de corps prononcée contre cet époux par un tribunal français, postérieurement à l'an-
nexion de la Savoie à la France.

meubles appartenant aux époux ou à l'un d'eux, et situés en France.

Laurent (1) en donne un exemple tiré du droit Belge : en cas de divorce par consentement mutuel, l'article 305 du Code civil belge attribue de plein droit aux enfants nés du mariage la propriété de la moitié des biens de chaque époux (2); cette attribution se fera-t-elle sur les immeubles situés en France ?

Laurent fait remarquer, à propos de la doctrine suivie en Allemagne à ce sujet, que la règle de la réalité des stàtuts est, dans l'espèce, absurde, qu'elle est contraire à la loi nationale des parties dont elle vicie le divorce dans son essence, sans aucun profit pour la souveraineté de l'Etat qui l'applique.

Ces critiques sont parfaitement justifiées en raison, mais l'article 3 est là ; nous ne pouvons que l'interpréter et non le modifier, et ses termes sont tellement généraux qu'ils ne souffrent aucune exception ; lorsque le principe implicitement contenu dans le 3ᵉ alinéa de l'article 3 se trouve en conflit avec le principe posé dans le 2ᵉ alinéa du même article, il me semble qu'il est impossible d'hésiter, et qu'il faut appliquer le 2ᵉ alinéa. J'admets donc que les effets du divorce ou de la séparation, tels qu'ils sont déterminés par la loi nationale des époux, ne peuvent s'appliquer aux immeubles situés en France, lorsque ces effets ne sont pas ceux qui sont admis par la loi française ; il peut en résulter de grandes difficultés dans le règlement des droits pécuniaires des époux, mais les intérêts privés des étrangers en France s'effacent devant une règle que les rédacteurs du Code civil ont édictée, en fait, dans un intérêt national (3).

____

(1) *Dr. civ. int.*, t. V, § 141.

(2) Rappr. la législation du canton du Tessin, exposée plus haut, p. 94.

(3) M. Weiss, *Traité élém. de dr. int. pr.*, 2ᵉ édit., p. 279 et s. interprète en sens contraire l'article 3, 2ᵉ alinéa.

La jurisprudence est depuis longtemps fixée en ce sens en ce qui touche la succession aux immeubles, et il est extrêmement probable qu'elle appliquerait les mêmes principes aux effets du divorce ou de la séparation de corps.

Une dernière difficulté est soulevée au sujet de l'application des articles 251 et 252 du Code civil : le jugement de divorce est nul et non avenu à défaut par les parties d'en avoir requis la transcription dans le délai de deux mois, à partir du jour où il est devenu définitif. Cette disposition s'applique nécessairement aux étrangers en France, puisque le défaut d'accomplissement de la formalité qu'elle indique, entraîne la nullité du jugement. Mais où devra se faire la transcription ? Si le mariage a été célébré en France, elle se fera, conformément à l'article 251, sur les registres de l'état civil du lieu où le mariage a été célébré ; mais le plus souvent le mariage aura été célébré à l'étranger et il peut se faire que les époux n'aient qu'une résidence en France ou aient un domicile séparé : on a proposé avec raison d'appliquer par analogie l'article 251, et de faire, d'une façon générale, la transcription sur les registres de la commune où réside le défendeur (1).

Je ne parle pas ici des effets que le jugement rendu en France pourra produire dans la patrie des époux divorcés ou séparés ; il va de soi que ces effets seront différents suivant les pays et leurs législations ; c'est un point que j'examinerai plus utilement plus loin en indiquant quel est l'état de la législation dans différents pays étrangers.

(1) X. *Quest. et sol. pratiques* (Clun., 1892.640 et s.) ; — Vraye et Gode, *Le div. et la sép. de corps*, 2ᵉ éd., n° 932 (Paris, Delamotte, 1837) ; — Frémont, *Traité prat. du div. et de la sép. de corps*, nᵒˢ 670 et s. (3ᵉ éd. Paris, Chevalier-Marescq, 1884) ; — Coulon, *Le div. et la sép de corps*, t. IV, p. 455 (Paris, Marchal et Billard, 1890).

§ 4. — Effets en France du jugement prononcé à l'étranger entre étrangers.

Un jugement d'un tribunal étranger a prononcé le divorce ou la séparation de corps entre les époux. A quelles conditions pourra-t-il produire effet en France ? Quels seront les effets qu'il pourra produire en France ?

Aux termes de l'article 2123 du Code civil et de l'article 546 du Code de procédure, les jugements étrangers ne sont susceptibles d'exécution en France que lorsqu'ils ont été déclarés exécutoires par un tribunal français. La grande majorité des auteurs admettent que les jugements étrangers qui prononcent un divorce ou une séparation de corps — ou d'une façon générale les jugements étrangers qui statuent sur une question d'état débattue entre étrangers — produisent effet en France sans être revêtus de la formule exécutoire (1). Ils ont en effet les mêmes caractères que le statut personnel lui-même, qui suit les étrangers en France : le statut personnel dont notre loi (argum. d'analogie de l'art. 3, 3° al. du C. civ.) reconnaît l'application aux étrangers, ne comprend pas seulement les lois nationales de ces étrangers, mais aussi les décisions des tribunaux nationaux de ces étrangers, qui les appliquent. Lorsque le tribunal institué par un État étranger a prononcé la séparation de corps ou le divorce entre des nationaux de cet État, il n'y a pas à parler d'exécution du jugement : il est exécuté aussitôt qu'il est rendu et sans intervention de la force pu-

____

(1) Demolombe, *Cours de Code civil*, t. I, n° 103 ; — Aubry et Rau, *Cours de dr. civ. franç.*, t. I, § 31, p. 96 ; t. VIII, § 769 ter, p. 418 ; — Demangeat, note sur Fœlix, *Traité de dr. int. pr.*, n° 365, t. II, p. 108 ; — Weiss, *Traité élém. de dr. int. pr*, p. 820 ; — Daguin, *De l'autorité et de l'exéc. des jugem. étr. en mat. civ. et commerc.* (Paris, Pichon, 1887) p. 135 et s. ; — Constant, *De l'exéc. des jugem. étr. dans les divers pays* (2ᵉ éd., Paris, Pedone-Lauriel, 1890), p. 29.

blique, en tant qu'il ne fait que prononcer la séparation de corps ou le divorce (1). Les juges, par leur sentence, *créent* un état de droit : d'une personne mariée ils font une personne divorcée, c'est-à-dire affranchie du mariage et libre d'en contracter un nouveau, ou une personne séparée de corps, c'est-à-dire ayant une capacité profondément modifiée par la décision intervenue : l'exécution du jugement (ainsi limité) ne se comprendrait pas puisqu'il affecte directement l'état et la capacité des personnes, c'est-à-dire quelque chose d'immatériel. Si le jugement étranger doit être invoqué en France, ce ne sera que comme une preuve de l'état des personnes, comme un *fait* qui a modifié cet état.

Le jugement étranger, en tant qu'il prononce le divorce ou la séparation de corps, n'a donc pas besoin d'être revêtu par nos tribunaux de la formule exécutoire pour sortir ses effets en France. On pourrait l'assimiler, en ce sens, à un acte de l'état civil.

La jurisprudence admet depuis quelque temps ce principe, lorsqu'il s'agit d'un jugement étranger qui modifie la capacité des personnes, par exemple en leur imposant un conseil judiciaire (2), en les frappant d'interdiction (3), en prononçant la séparation de biens entre époux (4),

---

(1) Je n'ai en vue ici que la partie du jugement qui prononce le divorce ou la séparation de corps : le jugement peut contenir en outre, et en fait il contiendra le plus souvent des dispositions relatives aux biens des époux, à la garde des enfants, dispositions qui seront susceptibles d'une exécution matérielle nécessitant l'emploi de la force publique ; le sort de ces dispositions est examiné plus loin.

(2) Seine, 1re ch., 26 déc. 1882 (Clun., 1883.51) ; — Paris, 2e ch., 21 mai 1885 (Clun., 1885.542) ; — Seine, 1re ch., 3 août 1888 (Clun., 1890.872) ; — Paris, 20 mars 1890 (Rev. prat. de dr. int. pr., 1890-91.1.126).

(3) Annecy, 7 mai 1884 (Clun., 1885.438).

(4) Paris, 3e ch., 23 fév. 1888 (Gaz. du Pal., 1888.1.485).

ou qui modifie l'état des personnes en changeant leur nom (1).

En matière de divorce, la question s'était surtout présentée, avant la loi de 1884, au sujet du nouveau mariage en France des étrangers divorcés par un jugement rendu dans leur pays : la jurisprudence refusa pendant longtemps à l'étranger divorcé dans son pays, le droit de se remarier en France (2) ; elle le considérait comme marié, malgré le jugement intervenu. Ce n'est qu'à partir de l'arrêt de la Cour de cassation, du 28 février 1860 (3), cassant un arrêt de la Cour de Paris, du 4 juillet 1859, que la jurisprudence se décida à admettre que l'étranger légalement divorcé dans son pays peut contracter un nouveau mariage en France, même avec une personne française (4). Ici aussi, la jurisprudence antérieure qui aboutissait à créer, en dehors de la loi, des empêchements de mariage, avait invoqué l'ordre public, formule vague destinée à couvrir la pénurie des arguments.

Aujourd'hui encore la question pourrait se poser au sujet d'un divorce prononcé à l'étranger, entre étrangers,

(1) Seine, 1re ch., 27 janv. 1885 (Clun., 1885.443) ; — comp. Aix, 27 mars 1890 (Dall., 91.2.13) au sujet de l'établissement d'une filiation naturelle ; la question de l'*exequatur* s'est posée à ce propos devant la Cour de cassation qui l'a considérée comme sans intérêt dans l'espèce : Cass., 25 oct. 1892, (Dall., 93.1.17).

(2) Paris, 30 août 1824 (Sir., 25.2.203) ; — Paris, 28 mars 1843 (Sir., 43.2.566) ; — Paris, 4 juill. 1859 (Sir., 59.2.401) ; — *Contrà*, Nancy, 30 mai 1826 (Sir., 26.2.251). — Comp. Paris, 20 nov. 1848 (Sir.,49.2.11). Dans le sens de l'incapacité des étrangers de se remarier, voy. Regnault, *Revue prat.*, t. 45, p. 29 et s).

(3) Sir., 1860.1.260 ; — Dall., 1860.338.

(4) Orléans, 19 avril 1860 (Sir., 60.2.196) ; — Cass., 15 juil. 1878 (Sir., 78.1 320) ; — Amiens, 15 avril 1880 (Sir., 80.2.172) ; — Seine, 25 janv. 1882 (Clun., 1882.74) ; — *Contrà*, Douai, 8 janv. 1877 (Sir., 77.2.45) : cet arrêt a été cassé par l'arrêt de cassation du 15 juill. 1878. Dans le sens de la Cour de cassation : Laurent, *Principes de dr. civ.*, t. I, n° 93 et s., et les auteurs qu'il cite.

pour des causes qui ne sont pas admises par notre législation (1). Il faudrait décider de même et pour les mêmes raisons. La seule question qu'on ait à se poser est celle-ci : l'étranger est-il marié ? L'article 3, 3ᵉ alinéa, suivant l'interprétation généralement admise, nous dit de consulter sa loi nationale ; et cette loi dont ses tribunaux nationaux lui ont fait l'application, répond qu'il n'est pas marié. C'est un fait que nous devons admettre sans pouvoir le discuter (2).

Je cite le cas d'un nouveau mariage ; mais il est clair que la question peut se débattre encore, par exemple, entre l'un des époux et des tiers. Ici aussi, il n'y aura qu'une question de preuve : la preuve de l'état de personne divorcée.

La question de l'exequatur s'est présentée, en fait, à un autre point de vue : Mme X, Française d'origine, épouse à Paris un étranger ; le tribunal de Genève prononce le divorce. Mme X veut alors faire transcrire le jugement en marge de son acte de mariage, dans l'arrondissement où le mariage a été célébré ; le maire s'y refuse, le jugement genevois n'étant pas revêtu de l'exequatur. Le tribunal de la Seine auquel l'exequatur fut demandé, le refusa, parce

____

(1) Chrétien, *Rev. de la jurispr. ital.*, (Clun., 1886.622-623).

(2) Je suppose, bien entendu, que l'étranger qui veut se prévaloir du jugement étranger, établit par des pièces : 1° que le jugement a été rendu par un tribunal compétent : 2° qu'il est définitif ; 3° (s'il a été rendu par un tribunal étranger autre que le tribunal national des époux) que ce jugement est rendu conformément à la loi nationale des époux, en d'autres termes, qu'il sera reconnu dans leur patrie ; l'application de la loi nationale, lorsqu'elle n'est pas faite par le tribunal national des époux, ne peut servir à elle seule de preuve : il faut encore que nous sachions si le jugement d'un tribunal étranger est considéré dans la patrie des époux comme pouvant modifier leur état ; on ne pourrait, par exemple, considérer comme divorcé en France, un Italien qui produirait un jugement de divorce rendu par un tribunal allemand, ce jugement ne pouvant modifier l'état de l'Italien, d'après la loi italienne qui repousse le divorce.

qu'il était inutile : la décision étrangère, dit le jugement, est exécutoire de plein droit en France, comme la loi elle-même en vertu de laquelle elle est rendue ; elle n'est d'ailleurs pas de nature à donner lieu à des actes d'exécution dans le sens de l'article 546 du Code de procédure (1).

Mais les jugements de séparation de corps ou de divorce ne décident pas seulement de l'état et de la capacité des personnes : ils contiennent le plus souvent des décisions au sujet des biens des époux, de la garde des enfants, décisions qui seront susceptibles de nécessiter, pour leur exécution, l'emploi de la force publique ; il sera prudent de la part des tiers de ne pas se faire juges de la validité du jugement étranger : par exemple le chef d'institution auquel les enfants auront été confiés par l'un des époux agira sagement en refusant de les remettre à l'autre, sur la simple production d'un jugement étranger, même définitif, qui ordonne de les lui remettre ; d'autre part, l'étranger ne pourra mettre en mouvement les agents de la force publique, qui peuvent et doivent refuser d'obéir à la formule exécutoire d'un jugement étranger, les ordres donnés par l'autorité judiciaire expirant à la frontière : il ne pourra trouver de moyen légal de faire exécuter le jugement. L'exequatur sera donc absolument nécessaire pour toutes les dispositions autres que celles qui affectent directement l'état ou la capacité des personnes, et notamment pour toutes les dispositions qui touchent aux biens des époux ou à la garde des enfants. La jurisprudence est en ce sens (2).

Ici encore, il pourra arriver que le jugement étranger n'émane pas du tribunal national des parties : par exemple, un Hollandais invoque en France, pour se faire remet-

____

(1) Seine, 1re ch., 4 déc. 1886 (Clun., 1886.712).

(2) Seine, 25 janv. 1882 (Clun., 1882.74) ; — Paris, 6 juill. 1892 (Clun., 1892.1022).

tre l'enfant né de l'union, un jugement de divorce émanant d'un tribunal des États-Unis (1) ; l'exequatur sera nécessaire. Le tribunal aura surtout à examiner, avant de délivrer la formule exécutoire si le jugement est susceptible d'être reconnu dans la patrie des époux, et dans l'espèce si la loi des Pays-Bas reconnaît le divorce des nationaux prononcé par un tribunal étranger, et à quelles conditions. Notre loi admet en effet, l'application de leur statut national aux étrangers ; mais lorsque le jugement invoqué par les étrangers émane d'un tribunal étranger qui n'est pas leur tribunal national, il est absolument nécessaire d'examiner avant de le rendre exécutoire, si la loi nationale est

(1) Je prends cet exemple de préférence à un autre, parce qu'il s'est présenté en fait : Mme de S., femme du ministre des Pays-Bas à Paris, était partie aux États-Unis, et après une courte résidence dans le Dakota méridional, où le divorce est l'objet d'une véritable entreprise commerciale, bien montée et très-fructueuse (Chailley, l'*Economiste français*, n° du 28 mai 1892 ; 1892, 1er sem., p. 680), elle obtint un jugement de divorce contradictoire, lui confiant la garde de sa fille ; le père conservait la garde des deux autres enfants nés du mariage. M. de S. fit alors prononcer aux Pays-Bas la séparation de corps à son profit, par défaut. Mme de S., entre temps, s'était remariée et M. de S. avait placé sa fille au Sacré-Cœur, à Paris. Mme de S. étant venue réclamer sa fille, la supérieure refusa de la lui remettre puisque l'enfant lui avait été confiée par le père ; d'où procès intenté par Mme de S. à la supérieure, et à M. de S. L'affaire soulevait la question de l'exequatur, et dans des conditions toutes particulières puisque le jugement sur lequel on s'appuyait n'avait pas été rendu par le tribunal national des parties ; la solution de cette affaire qui, envisagée à ce point de vue, paraît neuve en jurisprudence, n'aurait pas manqué d'intérêt, mais le tribunal de la Seine à qui elle était soumise s'est déclaré incompétent, M. de S. jouissant des immunités des agents diplomatiques ; et cependant c'était surtout entre Mme de S. et la supérieure du Sacré-Cœur que le procès s'était engagé ; le tribunal toutefois pose en principe que si l'exequatur des jugements étrangers n'est pas nécessaire, c'est seulement en ce qui concerne l'état et la capacité des personnes, et non pas en ce qui concerne les actes d'exécution, lorsqu'il s'agit par exemple, comme dans l'espèce, de mettre la force publique en mouvement pour contraindre l'époux contre lequel le divorce est prononcé, ou la personne à laquelle il a donné mandat de garder l'enfant, à remettre cet enfant à la partie qui excipe d'une décision étrangère (Seine, 1re ch., 10 fév. 1893. *Le Droit*, 11 fév. 1893).

respectée ; l'article 3, 3ᵉ alinéa du Code civil nous conduit à reconnaître le jugement rendu par le tribunal national de l'étranger ; il ne nous permet pas d'admettre sans examen le jugement émanant d'un tribunal quelconque.

On a soulevé la question de savoir si l'exequatur serait nécessaire à un jugement de séparation de corps dont l'un des époux ou tous deux demandent la conversion en jugement de divorce : M. Carpentier répond négativement et avec raison ; ce qui est en cause, c'est l'état même des époux, non encore divorcés, et qui demandent à l'être ; le tribunal a, au fond, la même mission que si le lien conjugal n'avait encore reçu aucune atteinte ; le jugement de divorce n'est pas une mesure d'exécution du jugement de séparation de corps (1).

Quant aux effets que le divorce et la séparation de corps seront susceptibles de produire en France, ils seront les mêmes que si le jugement avait été prononcé en France entre étrangers : il n'y a en effet aucune raison de distinguer entre le cas où le jugement est prononcé par un tribunal français et celui où il est prononcé par un tribunal étranger. Il me suffit, sur ce point, de renvoyer au paragraphe précédent.

SECTION II. — **Situation des Français à l'étranger.**

§ 1. — Compétence.

Un tribunal étranger est-il compétent pour statuer sur une demande en séparation de corps ou en divorce pendante entre époux français, domiciliés de bonne foi (2) au siège du tribunal ?

---

(1) Carpentier, Rev. de. dr. int. pr., 1890-91, *Variétés*; p. 144 et s.

(2) J'écarte le cas où les époux auraient déplacé leur domicile ou leur résidence en vue du divorce et pour se soustraire aux tribunaux fran-

La question ne paraît pas faire de doute, en présence des dispositions de notre loi sur la compétence.

L'article 59 du Code de procédure détermine la compétence, en matière personnelle, par le domicile ou, à défaut de domicile, par la résidence.

Aux termes de l'article 108 du Code civil la femme mariée n'a d'autre domicile que celui de son mari. Il n'y aura donc jamais, en France, qu'un tribunal compétent : celui du domicile ou de la résidence du mari.

Or le mari peut fixer son domicile, et par suite celui de sa femme, où il lui plaît, puisque sa femme n'a d'autre domicile que le sien (art. 108) et qu'elle est obligée de le suivre partout où il juge à propos de résider (art. 214) (1). Il peut, en particulier, le fixer à l'étranger ; l'article 103, en effet, en déterminant de quelle façon s'opère le changement de domicile, ne fait aucune distinction entre le cas où le fait de l'habitation dans un autre lieu, joint à l'intention d'y fixer son principal établissement, se produit en France ou à l'étranger. Et comme l'acquisition d'un nouveau domicile suppose la perte du domicile précédent (art. 102 et 103), si le domicile des époux est transféré à l'étranger, ainsi que leur résidence, il n'y aura plus de tribunal français compétent.

La jurisprudence reconnaît depuis longtemps que le Français peut avoir son domicile à l'étranger (2) ; la question n'est plus guère controversée.

En pareil cas, les tribunaux étrangers pourront être com-

çais ; il est, je crois, inutile d'insister sur ce point : les Français qui, après une saison de quelques mois au Dakota méridional par exemple, en reviendraient avec un jugement de divorce, seraient bien certains de ne pas le voir reconnaître en France.

(1) Je me place évidemment ici, en dehors du cas d'abandon par le mari, du domicile conjugal ; c'est une tout autre question.

(2) Voy. notamment Cass., 21 janv. 1865 (Dall., 65. 1. 418) ; Voy. aussi Dalloz, *Répert.* suppl. mot : *Divorce*, n° 21-22.

pétents, au point de vue français ; au point de vue étranger
la compétence sera déterminée par la loi nationale du tribunal saisi : la question de compétence ne peut dépendre ici
que de la loi étrangère, et elle sera naturellement tranchée
suivant le système suivi dans chaque pays au sujet de la compétence entre étrangers ; si la législation étrangère ne reconnaît pas la compétence de ses tribunaux entre étrangers, en
matière de questions d'état, ou si elle ne l'admet que sous
certaines conditions que les tribunaux du pays considèrent
en fait comme n'étant pas remplies, ceux-ci se déclareront
incompétents, et les Français en instance n'auront d'autre
ressource que de rentrer en France pour faire juger leur
contestation : tel est le cas, par exemple, où des Français
domiciliés en Suisse, y intenteraient une action en divorce
ou en séparation de corps. C'est un point sur lequel je reviendrai en étudiant le système suisse sur les contestations
entre étrangers en matière de divorce ou de séparation.

L'influence des traités passés entre la France et les pays
étrangers sera celle que j'ai déjà signalée précédemment.

La jurisprudence a longtemps dénié aux tribunaux étrangers toute compétence pour statuer sur les questions d'état
entre Français : un jugement du tribunal de la Seine, du
20 juin 1876 (1) décide en ce sens à propos d'un jugement
américain statuant sur une nullité de mariage ; un arrêt
de la Cour de Paris, du 28 mai 1884 (2), décide dans le
même sens à propos d'un jugement italien qui avait prononcé la séparation de corps entre Français ; deux jugements du tribunal de la Seine du 4 juin 1885 (3), et du
28 janvier 1891 (4), ce dernier confirmé par la Cour de

(1) Clun., 1877, 147.
(2) Clun., 1884, 622.
(3) Clun., 1885, 548.
(4) Clun., 1891, 227.

Paris le 5 août 1891 (1), appliquent le même principe à des jugements de divorce prononcés à l'étranger : mais dans ces deux dernières espèces, le mari défendeur avait conservé son domicile en France, et à ce point de vue, on ne peut qu'approuver ces deux jugements.

Plus récemment, un revirement paraît s'être produit, et un jugement du tribunal de la Seine du 2 août 1887 (2) a accordé l'exequatur à un jugement du tribunal civil de Bruxelles, qui avait prononcé le divorce entre époux français, mariés en France.

Les motifs des deux jugements du tribunal de la Seine des 4 juin 1885 et 28 janvier 1891, conduisaient d'ailleurs à cette solution ; mais ce dernier jugement pose en principe que le divorce prononcé à l'étranger n'est valable que si la compétence a été acceptée par les parties et si le défendeur n'a pu justifier d'un domicile, devant le tribunal duquel la demande eût pu être portée ; il me semble que la première condition est de trop : le mari français contre lequel sa femme demande le divorce, se bornera à dénier la compétence, sans justifier d'un domicile en France, et tout en restera là puisque sa femme ne peut trouver en France de tribunal compétent ; dans l'espèce il y avait des circonstances de fait qui expliquent la décision du tribunal de la Seine : la femme avait été se faire divorcer à Chicago alors que le mari était domicilié en France, et qu'elle connaissait ce domicile.

§ 2. — **Loi applicable.**

Si les Français se sont adressés à un tribunal étranger compétent, quelle loi ce tribunal devra-t-il appliquer ?

______

(1) Clun., 1891, 1214.

(2) Clun., 1888. 86 ; — Comp. Carpentier, *Traité du div.*, 2ᵉ partie, nº 235 ; — Chausse, Rev. crit., 1886. 683 (*Exam. doctrin.*).

La réponse se trouve dans l'article 3, 3ᵉ alinéa du Code civil : « Les lois concernant l'état et la capacité des personnes régissent les Français, même résidant en pays étranger ».

C'est donc la loi française seule qui doit être consultée pour savoir si les époux ont le droit de divorcer ou si les motifs qu'ils invoquent peuvent permettre de prononcer le divorce ou la séparation de corps. Sur ce point, il ne peut y avoir ni doute ni discussion possibles (1).

Que la législation étrangère tranche la question comme elle voudra : c'est son affaire ; mais, en France, le jugement étranger ne sera susceptible d'être accepté que s'il est rendu conformément à la loi française, c'est-à-dire si la cause pour laquelle le divorce ou la séparation sont prononcés est reconnue par la loi française, soit sous son nom, soit sous la dénomination générale d'excès, sévices ou injures graves.

Il faut en conclure que, avant la loi de 1884, le jugement de divorce prononcé à l'étranger entre Français eût été absolument nul aux yeux de la loi française (2), et que le Français qui, à la suite d'un pareil jugement, se fût remarié, eût dû être poursuivi pour bigamie.

Aujourd'hui il faudrait considérer comme nul le jugement qui prononcerait le divorce ou la séparation pour

---

(1) Je n'insiste pas ici sur le caractère personnel des lois sur le divorce et la séparation ; c'est un point que j'ai signalé précédemment, et sur lequel on est presque unanimement d'accord en France ; je dis *presque*, à cause de l'opinion de M. Demangeat, signalée précédemment, relative à la séparation de corps, p. 123, note 1.

(2) Lyon, 22 juill. 1846 (Sir., 47.2.49) ; — Seine, 7 fév. 1882 (Clun., 1882. 88 et Rev. crit., 1883.711, Renault, *Examen doctrin.*) ; — Seine, 24 avril 1883 (Clun., 1883.160). Le jugement du 7 fév. 1882 décide que le divorce ainsi prononcé ne peut être considéré comme équivalent à la séparation de corps : cela allait de soi, et on ne comprend guère que la question ait pu être posée.

des causes que notre loi n'admet pas : par exemple le jugement italien qui prononcerait la séparation parce que le mari n'aurait pas de domicile fixe, le jugement prussien qui prononcerait le divorce pour cause d'impuissance du mari survenue au cours du mariage ou pour cause de folie.

Tel est le sens du jugement du tribunal de la Seine, 1ʳᵉ ch., du 28 janvier 1891 (1), confirmé par la Cour de Paris, le 5 août suivant (2), et cité plus haut ; il considère que la loi française doit être appliquée et qu'il n'est pas certain que l'abandon intentionnel par le mari, cause de divorce admise à Chicago, constitue une injure grave au sens de notre loi.

L'article 232 du Code civil peut donner lieu à une difficulté particulière ; la condamnation de l'un des époux à une peine afflictive et infamante est pour l'autre époux une cause de divorce ou de séparation (art. 306). Si l'un des époux a été condamné en France et si le tribunal étranger a prononcé le divorce pour ce fait, le jugement étranger ne pourra soulever de difficulté en France, à ce point de vue ; mais il est possible que l'un des époux ait subi à l'étranger une condamnation à une des peines que la loi française considère comme afflictive et infamante, qu'il ait été condamné par exemple aux travaux forcés à temps ou à perpétuité ou à la réclusion, peines admises à peu près dans tous les pays et qui sont à peu près partout, des causes de divorce ou de séparation : l'autre époux peut-il obtenir le divorce ou la séparation à l'étranger, en invoquant cette condamnation ?

L'article 3, 3ᵉ alinéa s'oppose à ce que les tribunaux étrangers prononcent le divorce ou la séparation dans un

(1) Clun., 1891.227.
(2) Clun., 1891.1214.

cas où un tribunal français ne pourrait les prononcer. Envisagée au point de vue de la validité possible du jugement
étranger en France, la question se ramène donc à celle-
ci : la condamnation à une peine afflictive et infamante
prononcée par un tribunal étranger contre un Français
peut-elle servir de base à une action en divorce ou en séparation ?

La question s'est présentée, en fait, dans ces termes devant le tribunal civil de Pontarlier qui, par jugement du
1er mars 1887 (1) a repoussé la demande : les jugements
des tribunanx étrangers en matière criminelle, dit-il, n'ont
en France ni force exécutoire ni force probante ; un tribunal
français ne peut donc s'appuyer sur le jugement d'un tribunal criminel suisse qui a condamné un Français, pour
prononcer le divorce de celui-ci.

Je ne puis approuver cette jurisprudence : il est certain
que le jugement ne peut avoir force exécutoire en France ;
quant à la force probante, c'est autre chose : il prouve tout
au moins le fait de la condamnation, puisque l'article 5 du
Code d'instruction criminelle s'oppose à ce que le Français coupable d'un crime puni par la loi française et commis hors de France, puisse être poursuivi et jugé en France,
s'il prouve qu'il a été définitivement jugé à l'étranger.
L'article 232 du Code civil ne distingue pas entre le cas où
la condamnation a été prononcée en France ou à l'étranger ; le tribunal, sur la seule preuve de la condamnation,
doit prononcer le divorce ou la séparation, à la requête du
conjoint. C'est le *fait* de la condamnation qui est considéré
par la loi comme suffisamment grave pour permettre à
l'autre époux de reprendre sa liberté.

Il n'y a donc pas à faire intervenir ici la question de la

(1) France judiciaire, 1887. 207.

force exécutoire du jugement ni celle de la souveraineté des Etats : elles ne sont pas en cause.

Ce système, outre qu'il me paraît plus conforme à l'esprit et au texte de la loi, est plus moral que celui du tribunal de Pontarlier : avec le système du tribunal de Pontarlier, il sera impossible à l'un des époux de demander le divorce, lorsque son conjoint aura commis à l'étranger les crimes les plus déshonorants et aura été condamné pour ce fait à l'étranger ; l'un des époux commet, par exemple, un assassinat en Belgique, y est condamné à mort et bénéficie d'une commutation de peine : impossible à l'autre époux de demander le divorce ; le seul procédé auquel il puisse avoir recours consistera à user d'un biais, à s'appuyer sur le crime commis et sur la condamnation pour y chercher, suivant les circonstances, une injure grave (1).

Je crois donc que le tribunal étranger aura le droit de prononcer le divorce ou la séparation, conformément à l'article 3, 3ᵉ alinéa du Code civil, pour cause de condamnation à une peine afflictive et infamante ; mais bien entendu les seules peines afflictives et infamantes seront celles de notre Code pénal, pour les crimes punis par notre Code pénal : ce sont les seules pour lesquelles un tribunal français pourrait prononcer la séparation ou le divorce.

C'est la loi nationale du tribunal étranger saisi qui déterminera les formalités de l'instruction et la procédure à suivre ; inutile d'insister sur ce point, les lois de la procédure étant considérées partout, comme territoriales.

____

(1) La jurisprudence admet que la condamnation à une peine infamante peut, *suivant les circonstances*, être assimilée à une injure grave. Toulouse, 7 juill. 1886 (Sir., 86.2.289).

§ 3. — **Effets en France du jugement prononcé à l'étranger
entre Français.**

A quelles conditions le jugement de séparation ou de divorce rendu entre Français par un tribunal étranger pourra-t-il avoir effet en France? Quels seront ses effets?

On ne peut contester, me semble-t-il, que le jugement doit être considéré comme dénué de tout effet en France, tant qu'il n'a pas été revêtu par nos tribunaux de la formule exécutoire ; j'ai déjà établi que le jugement étranger ne pourrait être considéré comme valable que :

1° S'il est rendu par un tribunal étranger compétent ;

2° Si ce tribunal a appliqué aux époux la loi française.

Le jugement étranger n'est susceptible de produire quelque effet en France, soit sur la personne des époux, soit sur leurs biens, que lorsque ces deux conditions ont été réalisées ; il n'y a qu'un jugement rendu par un tribunal français qui puisse établir qu'elles l'ont été.

L'exequatur sera donc toujours nécessaire.

La transcription du jugement sera faite, en France, conformément à l'article 251 du Code civil, sur les registres de l'état civil du lieu où le mariage a été célébré ; si le mariage a été célébré à l'étranger, elle devra être faite sur les registres du lieu où les époux avaient leur dernier domicile, et en outre, en marge de l'acte de mariage s'il a été transcrit conformément à l'article 171 du Code civil (art. 251). Si les époux sont revenus en France, il semble rationnel d'admettre, comme le propose M. Weiss (1), qu'elle soit faite sur les registres du lieu où ils ont fixé leur domicile actuel.

Une circulaire du Parquet de la Seine aux maires de son

____

(1) *Traité élém. de dr. int. pr.*, p. 536.

ressort, en date du 25 juillet 1887 (1), leur recommande avec raison de se refuser à la transcription tant que le jugement étranger prononçant le divorce, n'a pas été déclaré exécutoire par un tribunal français : « il importe en effet, dit la circulaire, que les deux époux ne soient pas tenus en France pour légalement divorcés quand la dissolution de leur mariage a pu être prononcée à l'étranger pour des motifs ou dans des conditions que n'admet pas la loi française ».

Les effets que pourra produire en France le jugement étranger seront nécessairement ceux qu'a prévus la loi française, et ceux-là exclusivement : ils rentrent dans le statut personnel, je l'ai déjà dit ; ils sont donc soumis à l'article 3, 3ᵉ alinéa ; l'article 6 interdit aux Français toute dérogation. La garde des enfants devra donc avoir été réglée conformément aux articles 302 et 303. Le jugement de divorce entraînera pour l'époux contre lequel il est prononcé la perte de la jouissance légale des biens des enfants (art. 386) ; il entraînera pour le même époux (et la séparation de corps aussi, suivant le système admis par la jurisprudence) (2) la perte des avantages que l'autre époux lui avait faits par contrat de mariage ou depuis le mariage ; mais on ne peut aller au-delà et il faudrait rejeter par exemple, la condamnation pécuniaire qui pourrait être prononcée contre l'époux coupable, en dehors des cas déterminés par l'article 301, ou qui excèderait la quotité fixée par l'article 301 ; je rappelle que certaines législations cantonales suisses (cantons de St-Gall, de Glaris, de Zurich) admettent, en dehors des cas déterminés par notre article 301, la possibilité d'une indemnité pécuniaire au profit de l'époux qui a obtenu le divorce.

(1) Carpentier, *Traité du div.*, 2ᵉ part., p. 262 et s.
(2) Cass., 28 mars 1845 (Sir., 45. 1. 321).

La jurisprudence, après avoir refusé toute compétence aux tribunaux étrangers, en matière de questions d'état intéressant des Français, paraît être entrée dans une voie nouvelle depuis quelques années, mais on ne peut être affirmatif, la question de la validité des jugements étrangers ne s'étant guère présentée en fait : un jugement du tribunal de la Seine, du 2 août 1887 (1), que j'ai déjà signalé, a accordé l'exequatur à un jugement du tribunal de Bruxelles, prononçant le divorce entre époux français ; un jugement du même tribunal, en date du 28 janvier 1891 (2), confirmé par adoption de motifs par la Cour de Paris, le 5 août 1891 (3), a prononcé, conformément à l'article 147 du Code civil, la nullité d'un mariage contracté à l'étranger par une femme qui avait fait prononcer son divorce par le tribunal de Chicago : le jugement et l'arrêt constatent que le divorce ne peut être considéré comme valable que si la compétence a été acceptée par les parties, si la loi française a été appliquée et si le défendeur n'a pu justifier d'un domicile en France, devant lequel la demande eût pu être portée ; en fait, le mari était domicilié en France et la femme connaissait ce domicile ; en outre il n'était pas certain que la cause pour laquelle le divorce avait été prononcé fût admise par la loi française ; mais il est vraisemblable, en présence des motifs de ces décisions, que si les circonstances de fait avaient été différentes, la validité du jugement et par suite du second mariage eût été admise ; ces décisions viennent donc confirmer la jurisprudence de 1887, que le jugement du tribunal de la Seine, du 5 juin 1885 (cité plus haut) pouvait déjà faire présager (4).

(1) Clun., 1888.86.
(2) Clun., 1891.227.
(3) Clun., 1891.1214.
(4) Sur la question de la validité des jugements étrangers en cette ma-

Il faudra appliquer les mêmes principes, pour les mêmes raisons, lorsqu'il s'agira d'apprécier les effets que pourra produire ou qu'aura pu produire en pays étranger le jugement étranger : ces effets, soit dans le pays du tribunal, soit dans tout autre pays, seront exclusivement ceux que la loi française a déterminés ; je n'envisage, bien entendu, la question qu'au point de vue de la loi française : il est évident que la loi étrangère peut décider autrement sur le territoire étranger ; la question dont je m'occupe est plutôt une question de validité des effets au point de vue de la loi française.

Les époux seront soumis aux effets que la loi française fait produire au divorce ou à la séparation, mais ces effets seront exclusivement ceux qui se produiraient en France : par exemple, l'époux adultère divorcé à l'étranger ne pourra jamais épouser son complice ; mais supposons que le divorce ait été prononcé en Angleterre : si l'époux adultère, conformément à la loi anglaise qui autorise ce mariage, épouse son complice, l'empêchement de l'article 298 ne changera pas de caractère ; il n'est que prohibitif, suivant l'opinion courante ; il restera prohibitif et le mariage ainsi contracté ne pourra être considéré comme nul en France. Je mets à part le cas où il aurait été contracté à l'étranger dans l'intention d'échapper à la loi française : la fraude fait exception à toutes les règles ; il y aura là une question d'appréciation qui ne peut être tranchée que suivant les espèces.

tière, voyez Carpentier, *Traité du div.*, t. II, nº 235 ; — Chausse, *Exam. doctr.* Revue crit., 1886, 683 et s. ; — Pilicier, *Le div. et la sép. de corps en dr. int. pr.*, p. 85 et s. Il n'y a pas de distinction à faire au point de vue de la validité ou du défaut de validité en France, entre le cas où le divorce aurait été prononcé par un jugement étranger et celui où il aurait été prononcé par une loi étrangère ; mais ici il ne pourrait être question d'exequatur, et il faudrait une décision nouvelle émanant des tribunaux français, pour que les époux fussent divorcés.

SECTION III. — **Influence de la naturalisation. —
Époux de nationalité différente**.

Je n'ai envisagé jusqu'à présent que le cas où le procès est engagé en France entre époux tous deux étrangers et de même nationalité, et celui où il est engagé à l'étranger entre époux tous deux Français.

Il peut arriver que les deux époux changent de nationalité au cours du mariage, par l'effet d'une naturalisation ; il peut arriver aussi qu'un seul des deux vienne à en changer. Quels seront les effets de cette naturalisation sur les questions que soulèvent le divorce et la séparation de corps ? Je ne me place qu'au point de vue français ; à l'étranger la solution varie suivant les pays.

§ 1. — Naturalisation des deux époux.

Le changement de nationalité des deux époux constitue pour tous deux un changement d'état ; ils étaient Italiens, Espagnols ou de toute autre nationalité : ils deviennent Français, ou inversement (1).

Or l'état et la capacité des personnes sont régis, en principe, par leur loi nationale (art. 3, 3ᵉ al.) : ils changent

(1) Avant 1889, le principe de l'article 17 du Code civil, confirmé par les travaux préparatoires, était que nul ne peut avoir deux patries : la nationalité étrangère excluait la nationalité française, comme la nationalité française excluait la nationalité étrangère. La loi du 28 juin 1889, sur la nationalité, a modifié ce principe ; l'article 17, 1ᵒ, reconnaît un cas où la naturalisation à l'étranger ne fait pas perdre la qualité de Français : lorsque celui qui l'a obtenue appartient encore à l'armée active, et n'a pas été autorisé par le gouvernement français à se faire naturaliser à l'étranger. Cette modification du principe ne peut avoir d'influence sur la question dont je m'occupe : au point de vue français, en effet, on saura toujours (sauf bien entendu les difficultés de fait) s'il faut considérer les parties en cause comme françaises ou étrangères.

donc comme la loi nationale elle-même. Deux époux français naturalisés Belges pourront divorcer par consentement mutuel en Belgique, et leur divorce aura les mêmes effets en France que celui de deux Belges d'origine ; deux époux français naturalisés Italiens ou Espagnols ne pourront divorcer en France, leur nouvelle loi nationale n'admettant pas le divorce ; à l'inverse, deux époux italiens, espagnols ou portugais naturalisés Français, pourront divorcer en France parce que leur nouvelle loi nationale admet le divorce ; deux époux anglais, naturalisés Français, pourront divorcer pour adultère simple quoique la loi anglaise exige que l'adultère soit accompagné d'autres torts graves pour être une cause de divorce. Suivant le système suivi par notre jurisprudence, les tribunaux français seront, en principe, incompétents, pour statuer sur les demandes en divorce ou en séparation pendantes entre Français naturalisés étrangers (1).

Il faut assimiler à ce cas de naturalisation des deux époux, celui où l'un des deux seulement se fait naturaliser en pays étranger, l'autre n'ayant pas de patrie : il est généralement admis que les individus sans patrie sont soumis à la loi de leur domicile ; c'est un point que j'ai déjà eu à signaler précédemment. Si donc un étranger se fait naturaliser Français, alors que son conjoint n'a pas de nationalité, il faut décider que les tribunaux français devront appliquer aux deux époux la loi française, lorsqu'ils seront domiciliés en France ou sur un territoire soumis à la loi française. La jurisprudence admet avec raison ce système ; le cas s'est présenté deux fois, à ma connaissance :

(1) Il a été jugé en ce sens, au sujet de personnes d'origine belge, devenues Françaises par la réunion de la Belgique à la France, puis redevenues Belges par le fait de la séparation de la Belgique. Paris, 15 juill. 1816 (Sir., 17. 2. 151) ; — Cass. rej., 14 avril 1818 (Sir., 19. 1. 193, même affaire) ; — Paris, 24 avril 1844 (Sir., 44. 2. 568).

le tribunal de Tunis, par jugement du 21 mars 1892 (1), a
prononcé le divorce entre époux dont l'un (le mari demandeur), Italien d'origine, était devenu Français par la naturalisation, et dont l'autre n'avait pas de nationalité déterminée ; avant la naturalisation du mari, la Cour d'Alger,
par arrêt du 18 février 1891, avait prononcé la séparation
de corps ; le tribunal de Tunis a prononcé le divorce pour
causes survenues depuis la séparation, le mari naturalisé
Français pouvant demander le divorce, et la femme sans
patrie étant soumise à la loi de son domicile. Même décision
dans l'affaire M. qui fit un certain bruit en France et en
Italie, à la fin de l'année 1892 : le mari, Italien, avait épousé
en Angleterre, une Anglaise devenue Italienne par son mariage (2) ; puis le tribunal de Turin prononça la séparation
de corps entre les époux. Le mari, ayant obtenu la naturalisation en France, demanda le divorce ; le tribunal de
la Seine (1re ch.) devant lequel était soulevée la question
de compétence, se déclara compétent, par jugement du
9 novembre 1892 (3) ; le mari naturalisé, dit le jugement,
est soumis aux lois de sa nouvelle patrie : d'où compétence
par application de l'article 14 ; en outre la femme n'a pas
de nationalité, car aux termes de l'article 11 du Code civil
italien, la femme de celui qui a perdu la nationalité italienne devient étrangère, à moins qu'elle n'ait continué à
résider dans le royaume.

La même question pourrait se présenter dans des conditions différentes : en prenant l'une des espèces précédentes, supposons que le mari ait adressé sa demande, non
plus à un tribunal français, mais à un tribunal étranger

(1) Clunet, 1892.933.
(2) Au point de vue de la loi anglaise et de la loi italienne.
(3) Clunet, 1892.1155. Le tribunal n'a eu à trancher que la question de
compétence, mais les motifs de sa décision conserveront leur valeur lorsqu'il s'agira de la question de fond.

compétent : quelle loi serait applicable ? Le principe de l'application à la femme sans patrie de la loi du domicile pourrait donner lieu à des difficultés : le mari serait soumis à la loi française et la femme à la loi du domicile, loi étrangère ; en pareil cas, il faudrait, à mon avis, appliquer aux deux époux, la loi française : la loi du domicile, en effet, est appliquée aux étrangers sans patrie, principalement parce qu'on n'en voit pas d'autre qu'on puisse leur appliquer raisonnablement ; mais en présence du principe de droit français qui veut l'application de la loi personnelle et non de la loi du domicile, en matière de questions d'état, il me paraîtrait naturel d'appliquer à la femme sans patrie la loi du mari, c'est-à-dire la loi française : on éviterait ainsi les difficultés inextricables qui naissent de l'application de la loi nationale à l'un des époux et de la loi du domicile à l'autre, lorsque, en fait, ces deux lois sont différentes, comme dans les espèces précédentes ; on ne léserait pas par là les droits de l'époux sans patrie : il lui est impossible d'indiquer une loi dont il puisse se réclamer.

Une dernière question se rattache aux précédentes : quelle loi devra-t-on appliquer en France lorsque, les deux époux s'étant fait naturaliser, leur naturalisation, valable dans leur nouvelle patrie, ne le sera pas dans l'ancienne ? Par exemple, deux époux suisses se font naturaliser Italiens : mais sans renoncer régulièrement à la nationalité suisse (*loi féd. du* 3 *juill.* 1875, *art.* 7) (1) : ils plaident en divorce devant un tribunal français : devra-t-il appliquer la loi suisse et admettre le divorce, ou le repousser en appliquant la loi italienne ? La question est embarrassante, car les époux seront considérés en Suisse comme

____

(1) Ann. de lég. étr., 1877, p. 551.

Suisses, en Italie comme Italiens. Il me semble que le tribunal français devrait appliquer ici la loi suisse : la question préjudicielle qui se pose est de savoir si les époux ont pu acquérir valablement la nationalité italienne ; c'est une question de capacité qui ne peut guère s'apprécier que suivant la loi de leur ancienne patrie.

Y a-t-il lieu de faire une distinction entre le cas où les deux époux auraient de bonne foi acquis une nouvelle nationalité, et celui où ils ne l'auraient recherchée que pour se soustraire à la loi de leur patrie ? Une naturalisation suppose deux éléments :

1° L'acquisition d'une nouvelle nationalité ;

2° La perte de l'ancienne.

Le principe de l'indépendance et de la souveraineté des États veut que chaque État soit seul juge des conditions auxquelles il peut accorder la naturalisation, comme aussi des conditions auxquelles il peut permettre l'abdication de la nationalité.

Envisageant la question en droit français, et spécialement au point de vue de la perte de la nationalité française, on peut dire :

S'il ressort des circonstances que les époux n'ont recherché la naturalisation étrangère que pour se soustraire frauduleusement à l'application de la loi française, le divorce ou la séparation qu'ils auront pu obtenir dans leur nouvelle patrie seront considérés comme non avenus en France ; il faudra n'y tenir aucun compte de la naturalisation ainsi acquise : les deux époux seront restés Français, les actes qu'ils auront accomplis à l'étranger en fraude de la loi française seront nuls, et si l'un d'eux s'est remarié à la suite d'un divorce obtenu pour des causes que n'admet pas la loi française, il devra être considéré comme coupable de bigamie et condamné comme tel. C'est une application de ce principe qui n'est écrit dans aucune loi, mais qui est appliqué partout : la fraude fait exception à toutes les règles (1).

La jurisprudence applique cette théorie (2), ou du moins l'a appliquée jusqu'au rétablissement du divorce en France : la question ne paraît pas s'être posée depuis (3).

Mais je ne crois pas qu'il puisse être question ici de bonne ou de mauvaise foi : l'article 17, § 1 du Code civil dit expressément que la nationalité française se perdra par la naturalisation acquise en pays étranger ; c'est au fait qu'on s'est attaché et non à ses motifs, et les travaux préparatoires du Code civil montrent que la pensée de ses rédacteurs a été d'exclure toute recherche des motifs de la naturalisation à l'étranger (4). Les modifications que la loi du 28 juin 1889 a apportées à l'article 17, § 1 viennent confirmer cette interprétation ; une seule exception est apportée au principe : le Français qui fait partie de l'armée active, ne perd la qualité de Français que si sa naturalisation a été autorisée par le gouvernement français. Le

(1) « Il est certain, dit Laurent, que la fraude vicie tous les actes juri-
» diques, et il n'y en a pas de plus grave que celui qui s'attaque à l'auto-
» rité de la loi et qui la ruine, et ruine par là le fondement même de la so-
» ciété. La fraude entache donc la naturalisation. Mais quand peut-on
» dire qu'il y a fraude ? On a dit que celui qui fait ce qu'il a le droit de faire
» ne fraude pas la loi ; cela est vrai, mais à une condition, c'est qu'il fasse
» sérieusement et loyalement ce qu'il a le droit de faire... Si les époux qui
» changent ainsi de patrie ont la volonté sérieuse de renoncer à leur na-
» tionalité d'origine, ils font ce qu'ils avaient le droit de faire ; leur natu-
» ralisation sera valable, et, par suite, leur divorce, ainsi que le nouveau
» mariage qu'ils auront contracté » (*Droit civ. internat.*, t. V, n° 165), p. 339.

(2) Seine, 31 janv. 1877 (Dall., 78.2.6), confirmé par la Cour de Paris, 30 juin 1877 (Dall., 78.2.6 ; — Sir., 79.2.205, avec une note de M. Labbé).

(3) Il est probable qu'elle se présentera rarement : pour trouver une loi plus large que la loi française, les deux époux devraient se faire naturaliser Prussiens ou Saxons, à moins de chercher dans leur naturalisation la possibilité d'un divorce par consentement mutuel : mais la procédure est généralement longue et compliquée.

(4) Locré, t. II, p. 16 ; — Fenet, t. VII, p. 29.

Français qui abdique ainsi sa nationalité, en usant du droit que lui accorde l'article 17, ou plutôt en s'exposant à l'exclusion dont il le frappe, ne le fait évidemment pas sans motif ; de quel droit peut-on faire une distinction entre les motifs qui l'ont guidé ? Ce seront le plus souvent des motifs d'intérêt : si, parmi les avantages qu'il a pu chercher en changeant de nationalité, se trouve celui d'être soumis à des lois qui lui paraissent préférables à sa loi d'origine, si même ce dernier avantage l'a exclusivement déterminé, qui peut lui en demander compte ? L'article 17, en frappant le Français qui se fait naturaliser à l'étranger de la perte de la qualité de Français, lui reconnaît par cela même le droit de se faire naturaliser librement — à part la restriction qui concerne le cas où il aurait cherché à se soustraire au service militaire. Il me semble qu'en matière de naturalisation on ne peut parler de fraude, dans l'état actuel de notre législation : il n'y a que l'exercice d'un droit. Je sens bien que les raisons données par Laurent sont très-fortes, que l'exercice de ce droit peut blesser dans certains cas notre susceptibilité nationale, et que certaines naturalisations dont les tribunaux ont eu à s'occuper, n'avaient été recherchées que pour obtenir un divorce que la loi française n'admettait pas à l'époque où elles ont eu lieu ; mais il ne pourrait y avoir place, si elles se renouvelaient, que pour des mesures législatives. D'ailleurs la naturalisation sera toujours sérieuse et souvent plus que ne le voudrait celui qui l'a obtenue : il ne pourra recouvrer la qualité de Français qu'en résidant en France, et en obtenant sa réintégration par décret (art. 18) ; cette réintégration pourra lui être refusée, et il pourra être expulsé de France par mesure de police, conformément à l'article 7 de la loi des 3-11 décembre 1849 (1).

(1) De Folleville, *Traité théor. et prat. de la natural.* (Paris, Marescq,

Les Français qui se seront fait naturaliser à l'étranger seront donc soumis à la loi de leur nouvelle patrie (1). A l'inverse les étrangers qui auront acquis la nationalité française seront soumis à la loi française, sans qu'il y ait lieu de faire des distinctions tirées du motif qui les a poussés à changer de nationalité ; ce dernier point est toujours resté obscur dans la théorie que j'ai exposée plus haut et que je ne puis admettre : il semble rationnel de dire, lorsqu'on soutient cette théorie, que la fraude peut aussi vicier la naturalisation acquise en France, et de refuser dans certains cas le divorce à des époux italiens, espagnols ou portugais qui seraient naturalisés Français ; car enfin, si l'intention frauduleuse est possible en matière de naturalisation, il faut bien admettre que les étrangers en sont aussi capables que les Français.

§ 2. – Naturalisation d'un seul des époux.

Dans certains pays, et particulièrement en France, la naturalisation est exclusivement personnelle : elle ne produit ses effets que sur celui des époux qui l'a obtenue, l'autre conservant sa nationalité d'origine. D'où une question que M. Labbé (2) pose de la façon suivante : « Lorsque

1830), p. 283 et s., 298 ; — Cogordan, *La nationalité au p. de vue des rapports internat.*, (2ᵉ éd., Paris, Larose et Forcel, 1890), p. 181 et s. ; — Pilicier, *Le div. et la sép. de c. en dr. int. pr.*, p. 282 et s. ; — A. *Une femme franc. sép. de c. peut-elle se faire natural. en pays étr. sans l'autor. de son mari ?* (Rev. du notariat, 1876, p. 299 et s.) ; — Voy. aussi le rapport fait à la Cour de cassation par M. l'avocat général Reverchon, sur l'affaire R. (Dall., 76.1.5) ; — Comp. Le Sueur et Dreyfus, *La nationalité*, p. 190 (Paris, Pedone-Lauriel, 1890).

(1) A l'exception du cas où ils seraient restés Français parce que, faisant encore partie de l'armée active, ils n'ont pas obtenu l'autorisation du gouvernement français (art. 17, 1ᵒ C. civ.).

(2) *De la natural. et du div. au point de vue des rapports internat.* (Clunet, 1877, 5 et s.).

de deux époux, un seul a été, depuis le mariage, naturalisé étranger, celui-ci peut-il faire appliquer à ce mariage, par exemple pour le dissoudre, la loi nouvelle sous l'empire de laquelle il s'est placé sans que son conjoint l'ait suivi dans ce changement ? » La question peut se poser tout aussi bien au sujet des causes du divorce ou des causes de la séparation de corps.

M. Labbé part de ce principe indiscutable : quand un contrat se forme, la validité de ce contrat considéré dans son objet, de même que ses effets, doivent dériver d'une loi unique ; ainsi quant aux dispositions impératives et irritantes : le contrat est ou il n'est pas, il est valable ou il ne l'est pas. A une question simple, posée relativement à un objet unique, une seule règle de décision est concevable ; un contrat ne peut donc quant à ses effets et ses causes de dissolution, être régi que par une seule et même loi. Quand un contrat est formé, l'une des parties ne peut, par un changement de nationalité, y introduire un changement, forcer l'autre à subir une loi que celle-ci n'a pas acceptée comme règle de leurs rapports.

Ce principe doit être appliqué au mariage, car le mariage touche à la conservation de la société, et doit être en harmonie avec la civilisation et les mœurs, dans chaque peuple et à chaque époque. Le législateur est donc toujours le maître absolu d'en modifier les conditions et les effets : mais il faut qu'il ait autorité sur les deux conjoints ; l'unité de contrat entraîne l'unité de loi applicable. Le mariage est comme tout contrat, dans ses effets, sa durée, ses causes de dissolution, soumis par une logique irréfutable à une loi unique. Elle peut changer durant le mariage, suivant les exigences de l'ordre public, mais à toute époque, elle doit être la même pour les deux époux ; le mariage qui est l'union de deux personnes, mais qui constitue un fait simple qui se forme, dure et se dissout pour les deux à la fois, ne peut être régi que par une seule loi : il sera donc soumis à la loi d'origine aussi longtemps que les deux époux ne se seront pas placés sous l'empire d'une loi nouvelle (1).

Telle est la théorie de M. Labbé ; elle me paraît irréfutable : elle respecte les droits acquis ; elle est juste, car elle ne permet pas à l'un des conjoints de modifier à lui seul, suivant son caprice, les conditions du contrat ; le conjoint naturalisé ne peut se plaindre de se voir refuser l'application d'une loi en vigueur dans sa nouvelle patrie : les effets de sa naturalisation ne peuvent être opposés aux tiers qui ont eu avec lui des relations légales, et modifier les conditions d'un contrat qu'il a conclu avant la naturalisation.

Les conséquences de cette théorie seront les suivantes : 1° Si un seul des époux étrangers acquiert la nationalité française, le divorce ne pourra être prononcé que s'il est admis — en particulier pour les causes invoquées, — par la loi sous l'empire de laquelle le contrat a été formé (et en même temps par la loi française, suivant la théorie que j'ai exposée précédemment).

Un arrêt de la Cour d'Alger, du 27 janvier 1892 (2), décide en ce sens et déclare non recevable la demande en divorce d'un Espagnol naturalisé Français ; un jugement du tribunal de la Seine (1ʳᵉ ch.), du 10 mars 1891 (3), part du même principe (4).

(1) Labbé, note sous l'arrêt de la Cour de cassation, du 25 mars 1889 (Sir., 90, 1, 145). Dans le même sens : Cogordan, *La national.*, p. 145 ; — Renault, *L'aff. de Bauffremont devant la justice belge* (Clun., 1880, 178 et s.); — Féraud-Giraud, *De la compét. des trib. franç. pour conn. des contest. entre ép. étr.*, (Clun., 1885, p. 234).

(2) Clunet, 1892.662. — Comp. Paris, 11 août 1817, couf. par Cass. rej., 25 février 1818 (Sir., 19.1.41).

(3) Clunet, 1891.505.

(4) Il ne s'agissait pas d'une naturalisation, mais d'une admission à do-

Cette jurisprudence ne paraît pas contredite par les jugements rapportés plus haut, du tribunal de Tunis, en date du 21 mars 1892 (1) et du tribunal de la Seine, en date du 9 novembre 1892 (1ʳᵉ ch.) (2) : dans les deux espèces le mari seul avait acquis la nationalité française, mais la femme n'avait plus de nationalité ; elle ne pouvait donc invoquer la loi sous l'empire de laquelle le contrat avait été formé, puisque cette loi n'existait plus pour elle.

2° Si un seul des époux français acquiert une nationalité étrangère, l'autre restant Français, le divorce et la séparation seront régis exclusivement par la loi française.

Ici, la jurisprudence est toujours arrivée au même résultat, mais par une autre voie : elle a presque toujours considéré la naturalisation comme frauduleuse, et par suite comme non opposable au conjoint demeuré Français. Depuis le rétablissement du divorce, la question ne s'est guère présentée : un jugement du tribunal de la Seine, du 7 janvier 1885 (3), a converti en jugement de divorce un jugement de séparation de corps prononcé en France avant l'acquisition par le mari seul de la nationalité italienne ; le jugement n'apprécie pas la naturalisation du mari et constate seulement qu'il est « hors de doute qu'au regard de la loi française, le sieur G... ne soit resté dans les liens civils créés par son mariage en France » ; il paraît pouvoir se rattacher à la théorie défendue par M. Labbé ; un autre

micile : le mari, Russe catholique comme sa femme, avait obtenu la séparation de corps en Russie, et demandait la conversion en divorce : le tribunal la lui a refusée parce que la loi civile russe n'autorise pas le divorce entre catholiques romains, et que, l'admission à domicile lui assurât-elle en France l'application de la loi française sur le divorce, il est inadmissible que la femme soit exposée à voir son état modifié par le caprice du mari.

(1) Clunet, 1892.933.
(2) Clunet, 1892.1155.
(3) Clunet, 1885.177.

jugement du tribunal de la Seine, du 14 août 1888, confirmé par la Cour de Paris (1ʳᵉ ch.), le 10 mai 1889 (1), considère comme valable le divorce obtenu par le mari après sa naturalisation en Suisse, la femme étant restée Française : il n'est pas constaté que la naturalisation ait été recherchée pour échapper à la loi française, et la question s'élevait au sujet du règlement des droits pécuniaires des époux, règlement fait à la suite du jugement suisse et dont la femme contestait la validité après l'avoir accepté.

Avant la loi de 1884, la jurisprudence appliquait la théorie de la naturalisation frauduleuse, le divorce du Français à l'étranger suivant généralement de très-près sa naturalisation ; cette jurisprudence a conservé son intérêt malgré la loi de 1884, car un certain nombre de législations étrangères admettent le divorce plus facilement que la loi française. Suivant cette jurisprudence, les tribunaux français restaient compétents malgré la naturalisation de l'un des époux à l'étranger (en général du mari) (2) ; le divorce obtenu à l'étranger par l'un des époux, contrairement à la loi française, ne pouvait être opposé au conjoint resté Français ; le second mariage contracté à l'étranger par l'époux divorcé pouvait entraîner contre lui des poursuites pour bigamie (3) : il était considéré comme nul, en France, sauf application, s'il y avait lieu, des articles 201-202 du Code civil relatifs au mariage putatif (4).

<hr>

(1) Clunet, 1891.197.

(2) Douai, 3 août 1858 (Sir., 58.2.513) ; — Toulouse, 27 juill. 1874 (Sir., 76.2.149) ; — Chambéry, 27 août 1877 (Sir., 78.2.15) ; quelques arrêts plus anciens avaient dénié la compétence des tribunaux français, principalement lorsque le mari était devenu étranger par un démembrement du territoire : Metz, 25 août 1825 (Sir., 27.2.192) ; — Paris, 24 avril 1844 (Sir., 44.2.568).

(3) Seine, 18 avril 1877 (Clun., 1878.603).

(4) Poitiers, 7 juin 1845 (Sir., 45.2.215), conf. par Cass., 16 déc. 1845 (Sir., 46.1.100) ; — Poitiers, 7 janv. 1846 (Sir., 46.1.401) ; — Cass., 19 juill.

Une affaire célèbre, l'affaire de Bauffremont, a donné l'occasion à nos tribunaux d'appliquer cette théorie ; j'en parlerai brièvement, tout ayant été dit sur cette affaire, dans presque tous les pays (1), mais je la rappelle car elle a fait ressortir mieux que toute autre les difficultés que peut soulever, en droit international, la question du divorce, lorsqu'elle se complique d'une question de naturalisation.

Mme la princesse de Chimay avait épousé à Chimay, en 1861, un Français, M. le prince de Bauffremont : par ce mariage, elle était devenue Française, conformément à la loi française (art. 12 du C. civ.) et à la loi belge (art. 19 du C. civ. belge). Un arrêt de la Cour de Paris, du 1er août 1874, prononça la séparation de corps au profit de Mme de Bauffremont, en lui confiant la garde des deux filles nées du mariage ; le 3 mai 1875, Mme de Bauffremont se faisait naturaliser dans le duché de Saxe-Altenbourg, et le 5 oc-

1875 (Sir., 76.1.289, avec note de M. Labbé : voy. aussi la note de M. Labbé dans le *Journ. du Palais*, 1876.721); — Seine, 18 avril 1877 (Clun., 1878.603) ; — Cass., 18 mars 1878 (Sir., 78.1.193) ; — Seine, 28 août 1878 (Clun., 1878.602) ; — Seine, 4 fév. 1882 (Clun., 1882.544); — Rouen, ch. réun. 6 avril 1877, conf. sur la question par Cass., 25 mars 1889 (Sir., 90.1.149 et s. avec note de M. Labbé) ; — Seine, 30 déc. 1887, conf. par Paris, 14 mars 1889 (Dall., 90.2. 88). Dans la plupart de ces cas, le mari s'était fait naturaliser Suisse.

(1) Je citerai, sans avoir la prétention d'être complet : A. Rev. du notar. et de l'Enregist., 1876 p. 299 et s., 593 et s. ; — Bluntschli, Rev. prat. de dr. franç., 1876 p. 305 et s. ; — de Folleville, *De la natural. en pays étr. des femmes sép. de corps en France* ; — Guelfi, *Della naturalizzazione, della separazione personale e del divorcio* ; — Holtzendorff, Clun., 1876.5 et s. ; — Labbé, Clun., 1875.409 ; Sir., 1876.1.289 ; Clun., 1877.5 et s. ; — Landgraff, *die Einwanderung der princ. Bauffremont* ; — Laurent, *Dr. civ. internat.*, t. V, n° 172 et s.; — Lehr, Clun., 1877. 114 et s.; — de Mauro, *Questione di diritto internaz. priv.* ; — Pic, *Le mariage en dr. int.*, p. 242 et s.; — Pilicier, *Le div. et la sép. de corps en dr. int. priv.*, p. 291 et s. ; — Renault, *L'aff. de Bauffremont devant la justice belge* (Clun., 1880, p. 178 et s. ; — Rolin-Jaequemyns, *La princ. G. Bibesco devant la justice belge ;* — Stœlzel, Clun., 1876. 260 et s.; — Teichmann, *Étude sur l'aff. de Bauffremont* ; — Bar, *Theorie und Praxis des internat. Privatr.*, 2· éd. (Hanovre, Hahn), 1889, t. I, § 66.

tobre 1875, elle épousait à Berlin M. le prince Bibesco, Roumain d'origine (1).

M. de Bauffremont attaqua en France, la naturalisation et le mariage qui l'avait suivie ; le tribunal de la Seine, par jugement du 10 mars 1876 (2), déclara nulle la naturalisation qui n'avait été recherchée que dans le but d'échapper à la loi française, et par voie de conséquence, le second mariage. Le tribunal de la Seine allait évidemment trop loin en déclarant nul un acte émanant d'une souveraineté étrangère ; il suffisait de déclarer qu'il ne pouvait être invoqué en France ni opposé au premier mari ; c'est ce que fit la Cour de Paris, par arrêt du 17 juillet 1876 (3) : la femme mariée, dit-elle, n'a pas, en droit français, même après la séparation de corps, la capacité de se faire naturaliser à l'étranger sans l'autorisation de son mari ou de justice. L'arrêt ne se place et n'avait à se placer qu'au point de vue de la loi française : elle seule pouvait permettre d'apprécier si Mme de Bauffremont avait la capacité nécessaire pour perdre la nationalité française par une naturalisation à l'étranger, et si, par suite, cette naturalisation et le second mariage pouvaient être opposés à M. de Bauffre-

(1) Les pièces relatives à cette naturalisation et au mariage qui l'a suivie ont été publiées dans le *Journ. de dr. int. priv.*, 1875, p. 409 et s.

(2) Clun., 1876. 350.

(3) Clun., 1876.352. La naturalisation de Mme de Bauffremont soulevait une question de capacité dont l'examen sortirait du cadre de cette étude : la femme séparée de corps peut-elle acquérir une nationalité étrangère sans le concours de son mari ? La Cour de Paris répondait non, avec raison. En ce sens : Labbé et les auteurs qu'il cite, Clun., 1875. 409 et s. ; 1877, 5 et s. ; — Regnault, Rev. prat. de dr. franç., 1878, t. 45 p. 29 et s. ; — En sens contraire : de Folleville, *De la natur. en pays étr. des femmes séparées de corps en France* ; — Rev. du notar., 1876, p. 299 et s. ; — de Holtzendorff, Clun., 1876. 5 et s. Aujourd'hui que la loi du 8 fév. 1893 a modifié le régime de la séparation de corps en décidant qu'elle rend à la femme le plein exercice de sa capacité civile, (art. 311, C. civ.) il faudrait admettre que la femme séparée de corps peut acquérir une nationalité étrangère sans le concours de son mari.

mont. Peu importe de quelle façon le droit allemand tranche la question : c'est son affaire ; il n'y avait pas à s'en préoccuper en France (1). La Cour de cassation confirma, le 18 mars 1878 (2), l'arrêt de la Cour de Paris.

La jurisprudence française n'eut pas l'approbation des jurisconsultes allemands, et notamment de M. Bluntschli (3) qui, — dans un article qui est plutôt un plaidoyer en faveur de Mme de Bauffremont en général et de la législation allemande en particulier, qu'un avis désintéressé de jurisconsulte, et que son auteur paraît avoir surtout cherché à rendre blessant — soutint cette thèse extraordinaire que, la naturalisation étant un acte souverain du

(1) Il ne paraît pas qu'en Allemagne même, la question de capacité allât toute seule : Labbé, Clun., 1875.417 et s. ; — de Holtzendorff, Clun., 1876, 10. La question de la validité du second mariage soulevait aussi des difficultés : le mariage avait suivi la naturalisation sans que le divorce eût été prononcé par aucun tribunal. M. de Holtzendorff soutint en Allemagne, dans une brochure publiée en mars 1876 (Stœlzel. Clun., 1876. 260), que Mme de Bauffremont avait le droit de se remarier parce qu'elle était domiciliée à Berlin et par suite soumise au *Landrecht* prussien dont l'article 734 dispose que la séparation perpétuelle prononcée judiciairement entre catholiques a tous les effets civils d'un divorce ; il soutint en France (*Une femme franç. sép. de c. peut se faire natural. en pays étr., notamm. en Allemagne, sans autor. marit., et y contracter un second mar.*, Clun., 1876, 14) que la loi prussienne n'était pas applicable mais la loi du duché de Saxe-Altenbourg, suivant laquelle, au moins, jusqu'au commencement de 1876, la séparation de corps entre catholiques équivalait au divorce, et il cita à ce propos le traité de Schulte (*Handbuch des katholischen Eherechts*) : or, suivant M. Stœlzel, conseiller intime au ministère de la justice à Berlin (Clun., 1876.260 et s). l'acticle 734 du *Landrecht* n'était plus en vigueur, à cette époque, en Prusse, et la loi de Saxe-Altenbourg ne permettait pas le mariage des époux catholiques séparés, le traité de Schulte (p. 596) disant seulement que la séparation perpétuelle des catholiques équivalait la plupart du temps, selon le droit civil, au divorce, comme par ex. en Saxe-Weimar : mais le droit du duché de Saxe-Altenbourg ne serait pas le même, paraît-il, que celui de Saxe-Weimar.

(2) Dalloz, 1878.1.201.

(3) Bluntschli, *De la natur. en Allem. d'une femme sép. de c. en France et des effets de cette natural.*, (Rev. prat. de dr. franç., 1876, t. 41, p. 305 et s. ; — de Holtzendorff, *cité*, Clun., 1876, 5 et s).

gouvernement ducal, que les autorités allemandes pouvaient seules apprécier compétemment, Mme de Bauffremont avait, par le fait même de la naturalisation, perdu la nationalité française, que personne ne pouvait contester cette naturalisation et que Mme de Bauffremont aurait eu le droit d'invoquer la protection de l'Empire allemand contre cette ingérence d'un État étranger, et contre cette violation de son droit.

M. Renault (1) a fait justice de cette étrange théorie en opposant à M. Bluntschli, le *Droit International codifié* de M. Bluntschli lui-même (règle 364 : « Chaque Etat a le droit de fixer librement les conditions auxquelles il accorde et retire la qualité de citoyen de l'Etat »), et le traité conclu le 22 février 1868 entre l'Allemagne du Nord et les Etats-Unis d'Amérique, traité qui avait précisément pour but de résoudre par l'adoption de mesures particulières, des difficultés analogues à celle que M. Bluntschli tranchait en 1876 d'une si singulière façon. Il est vrai que M. Bluntschli rappelait au début de son article qu'on doit reconnaître le principe « d'après lequel chaque Etat a le droit de fixer les conditions entraînant la perte de la nationalité et celles où il peut être permis ou interdit de changer de nationalité ». « Ici, disait-il, les autorités de l'Etat auquel cette permission est demandée sont les seules compétentes, et non celles de l'Etat qui accorde la naturalisation ». Mais c'était un hommage tout platonique au principe, car ce principe conduisait directement à la compétence exclusive des tribunaux français pour apprécier la question de capacité.

L'affaire de Bauffremont dut venir devant la justice belge, après la justice française : deux arrêts de la Cour

---

(1) *L'aff. de Bauffr. devant la justice belge* (Clun., 1880. 178 et s.).

de Paris, des 7 août 1876 et 13 février 1877 avaient enlevé la garde des deux filles à leur mère, et lui avaient enjoint de les remettre à leur père pour être élevées dans un établissement désigné, sous peine de dommages-intérêts par chaque jour de retard. M. de Bauffremont avait, en vertu de ces décisions, formé une saisie-arrêt sur les sommes provenant de la succession de sa belle-mère, Mme la princesse de Chimay ; pour faire valider cette saisie-arrêt, dont le montant s'élevait à 900.000 francs, M. de Bauffremont dut demander aux tribunaux belges de déclarer exécutoires en Belgique, les arrêts des 7 août 1876 et 13 février 1877. Le tribunal de Charleroi, par jugement du 3 janvier 1880 (1), refusa l'exequatur : il ne faisait guère que reproduire l'avis de Bluntschli, se plaçant exclusivement au point de vue allemand, et on a pu dire avec raison qu'il était contraire au bon sens (2). « Selon les principes du droit public, disait ce jugement, aucun pouvoir en dehors de l'autorité allemande ne peut discuter la validité de la naturalisation ni en modifier les effets ». Le jugement ne s'occupe même pas de la question de droit international soulevée par le procès : il la résout en la supprimant, ce qui était la façon la plus simple et la moins juridique, d'éviter les difficultés. La Cour de Bruxelles réforma d'ailleurs ce jugement, en déclarant que les décisions rendues par la juridiction française seule compétente pour régler l'état et la capacité de Mme de Bauffremont, s'imposaient en Belgique, que les jugements français sur la garde des enfants étaient obligatoires en Belgique sans devoir faire au préalable l'objet d'une demande d'exequatur, et que seule, la condamnation pécuniaire de-

(1) Clun., 1880.215 et s.
(2) Renault, Clun., 1880.178 et s. (*cité*). C'est aussi l'opinion de Laurent, *Dr. civ. internat.*, t. V, nᵒˢ 176 et s.

vait être examinée pour pouvoir être déclarée exécutoire (1).

La loi de 1884 permit au tribunal de la Seine, de con-
vertir en jugement de divorce, le jugement de séparation
de corps (Jug. du 16 août 1886).

Appendice. — Époux de nationalité différente.

Je viens de m'occuper de la situation de deux époux qui
n'ont pas la même nationalité, parce que l'un d'eux en a
changé au cours du mariage ; je crois devoir rapprocher de
cette situation, celle de deux époux qui n'ont pas la même
nationalité, mais sans qu'un changement se soit produit
après la célébration du mariage. Un mariage étant contracté entre deux personnes de nationalité différente, dont
chacune conserve sa nationalité, par quelle loi sera régie
la dissolution de ce mariage ?

En France, avant la loi de 1889 sur la nationalité, l'article 19 du Code civil faisait perdre la nationalité française à la femme française qui épousait un étranger ; certains
pays, et entre autres l'Angleterre jusqu'à la loi du 6 août
1844 n'admettaient pas que le mariage d'un de leurs sujets
avec une femme étrangère entraînât de plein droit la naturalisation de la femme ; la Française, en ce cas, était
donc sans patrie puisqu'elle avait perdu la nationalité
française sans acquérir celle de son mari ; depuis la loi de
1889 la situation est plus nette ; aux termes de l'article 19
du Code civil modifié « la femme française qui épouse
un étranger suit la condition de son mari, à moins que
son mariage ne lui confère pas la nationalité de son mari,
auquel cas elle reste Française ». Il pourra donc arriver

(1) Bruxelles, 5 août 1880 (Pasicrisie, 80.2.319).

que deux époux soient de nationalité différente : la femme Française, le mari étranger.

La question ne présente qu'un intérêt restreint, car presque toutes les législations admettent actuellement que la femme étrangère acquiert par le mariage la nationalité de son mari (1). Il n'y a guère que la législation ottomane qui fasse exception, et encore n'est-elle pas très-nette : l'article 7 de la loi ottomane du 19 janvier 1869 dit : « La femme ottomane qui épouse un étranger peut, si elle devient veuve, recouvrer la nationalité ottomane en faisant la déclaration dans les 3 ans qui suivent le décès de son mari » ; des décisions judiciaires intervenues en France et en Italie (2) ont interprété ce texte dans un sens strict et admis que la femme étrangère qui épouse un Ottoman ne suit pas la condition de son mari ; toutefois le gouvernement ottoman paraît avoir toujours raisonné par analogie et interprété l'article 7 en sens contraire (3).

Lorsque la femme sera restée Française malgré son mariage avec un étranger, il y aura lieu d'appliquer toujours la loi française. Suivant la théorie de M. Labbé que j'ai exposée précédemment, le divorce et ses causes, ainsi que les causes de séparation (qu'il faut ajouter quoique M. Labbé n'en parle pas, ayant eu surtout en vue le divorce) sont régis par une seule et même loi, celle sous l'empire de laquelle le mariage s'est formé ; or ici, que le

---

(1) Weiss, *Traité théor. et prat. de dr. int. pr.*, (Paris, Larose et Forcel, 1892) t. I, *De la national.*, p. 435 et s.

(2) Trib. consul. de France à Alexandrie, 4 juill. 1890 (Clun., 1891. 601) ; — Marseille, 16 juill. 1891 (Clun., 1891. 956) confirmé par la Cour d'Aix, 14 déc. 1891 (Rev. pr. de dr. int. pr., 1892. 1. 103 et la note) ; — Cass, Turin, 29 avril 1871 (citée par Salem, Rev. prat. de dr. int. pr., 1892.88).

(3) Salem, avocat à Salonique, *De la nationalité de la femme étr. qui épouse un Ottoman* (Rev. prat. de dr. int. pr., 1892, p. 88 et s.) ; M. Salem se prononce dans le même sens ; Comp. Salem, *De l'infl. du mariage de la femme turque avec un étr., sur sa nationalité* (Clunet, 1888. 477).

mariage ait été célébré en France ou à l'étranger, il faudra
toujours, en droit français, le considérer comme formé sous
l'empire de la loi française ; il n'y a aucune raison de décider autrement : on ne peut s'attacher au lieu de la célébration du mariage, qui est tout accidentel ; il faut s'en
tenir au principe de nationalité ; nous n'avons aucune raison pour préférer le statut personnel du mari à celui de la
femme ; nous en avons une excellente pour préférer celui
de la femme : c'est qu'elle est Française.

La jurisprudence s'est toujours prononcée en ce sens,
même sous l'empire de l'ancien article 19, parce qu'il y
avait en jeu un intérêt français (1).

Quant à la question de savoir quelle loi devra être appliquée en France à des époux tous deux étrangers et de
nationalité différente, c'est une question d'appréciation qui
ne peut être résolue que suivant les espèces.

(1) Cass., 19 juill. 1848 (Sir., 48. 1. 529) ; — Paris, 2 mars 1868 (Sir., 69.
2. 331) ; — Seine, 2 juill. 1872 (Sir., 72. 2. 248) ; — Cass., 6 mars 1877
(Sir., 79. 1. 305) ; — Seine, 9 déc. 1890 (Rev. prat. de dr. internat. pr.
1890-91. 1. 123).

CHAPITRE II

Le système français peut se résumer dans les deux principes suivants :

1° Les Français sont soumis hors de France, à la loi française ;

2° Les étrangers sont soumis, en France, à leur loi nationale.

C'est le principe de la personnalité des lois, appliqué de la façon la plus étendue.

Certaines législations ont adopté ce système : la Belgique, l'Italie, l'Autriche.

D'autres ne s'attachent pas à la nationalité des époux, mais à certains faits purement accidentels, qui n'ont pas le caractère permanent de la nationalité et qui sont susceptibles de faire varier au gré des époux les modes de dissolution de leur mariage : elles appliquent soit la loi du lieu de célébration du mariage, soit la loi du domicile des époux, soit la loi territoriale (loi en vigueur dans l'endroit où siège le tribunal saisi) : telles sont les législations de l'Angleterre, de l'Ecosse, des Etats-Unis, de l'Allemagne.

Enfin la Suisse a un système tout particulier : elle applique la loi du domicile, mais elle a cherché à concilier l'application de la loi territoriale avec le respect de la loi nationale des étrangers.

§ 1. — Loi nationale.

Belgique. — La Belgique a peu modifié le régime de notre Code civil sur le divorce et la séparation de corps des étrangers ; les articles 3, 11 et 13 du Code civil y sont toujours en vigueur. La jurisprudence belge a donc un intérêt tout particulier pour nous. Il faut reconnaître qu'elle s'est toujours montrée plus large que la jurisprudence française, et qu'elle l'a précédée dans la voie où celle-ci semble se décider à entrer aujourd'hui.

Le Code de procédure belge, du 15 mars 1876 (art. 52, 2e al.) assimile l'étranger au Belge, au point de vue de la compétence des tribunaux belges : la compétence est déterminée par le domicile ou la résidence sans distinction de nationalité (1). Mais bien avant l'adoption du nouveau Code de procédure, les tribunaux belges repoussaient l'exception d'incompétence tirée de l'extranéité, dans les affaires intéressant l'état des personnes et en particulier dans les instances en divorce ou en séparation : il y avait bien quelques dissidences, mais la jurisprudence la plus répandue écartait, comme elle le fait encore aujourd'hui, les articles 11 et 13 du Code civil ; suivant la jurisprudence belge, le droit d'ester en justice n'est pas un droit civil, mais un droit naturel : les tribunaux doivent leur protection à toute personne qui est domiciliée ou qui réside sur le territoire ; l'article 13 est sans intérêt ici puisqu'il n'a trait qu'à la jouissance des droits civils (2).

---

(1) Laurent, *Dr. civ. internat.*, t. IV, p. 16 et s.

(2) Des décisions repoussent l'exception d'incompétence lorsque les parties sont domiciliées ou résident en Belgique : Cour de Bruxelles, 5 mai 1829 (Pasicrisie, 29.167 ; *Sép. de corps entre Français*) ; — C. Bruxelles, 13 mars 1830 (Pasic., 30.124 ; *Sép. de corps entre Italiens* : en raison des faits particuliers invoqués, cet arrêt décide que la compétence devrait

La loi applicable est la loi nationale des parties, conformément au principe de l'article 3, 3ᵉ al. du Code civil : les tribunaux belges appliquent donc la loi nationale des époux, sous les restrictions imposées par l'ordre public en Belgique ; en ce qui touche l'ordre public, la jurisprudence belge paraît se déterminer suivant les espèces, et a plus d'une fois admis — en matière de séparation de corps — des causes que la loi belge repousse (1) ; elle applique la loi belge, loi du domicile, lorsque la loi nationale des époux renvoie à la loi du domicile (2).

La jurisprudence applique la loi belge lorsqu'un seul des époux est naturalisé Belge : elle considère que la naturalisation confère à l'étranger tous les droits de l'indigène, et

découler de l'art. 3, 1ᵉʳ al.) ; — Cassation belge, 3 août 1848 (Pasic., 48. 358 ; *sép. entre Français*) ; — C. Bruxelles, 28 mai 1867 (Pasic., 67.2.294 ; *divorce d'un Français naturalisé Suisse*) ; — Tr. Liège, 13 juin 1885 (Pasic., 86.3.13) ; — En sens contraire : Charleroi, 18 mars 1865 (Rép. gén. de Jamar, IV. 400.316). D'autres décisions admettent l'exception parce que les parties n'ont ni domicile ni résidence en Belgique : C. Bruxelles, 16 juin 1875 (Pasic., 75.2.337) ; — Tr. Anvers, 19 juin 1880 (Pasic., 81. 3. 9) ; — C. Bruxelles, 18 janv. 1888 (Pasic., 88.2.221) ; — Tr. Gand, 30 avril 1890 (Clun. 1891.1011).

(1) Tr. Bruxelles, 2 janv. 1885 (Pasic., 85.3.46 ; le *demandeur Français* peut provoquer la conversion de la séparation de corps en divorce, conformément à l'art. 310 du C. c. français, et contrairement à l'art. 310 du C. c. belge) ; — Tr. Liège, 13 juin 1885 (Pasic., 86.3.13 ; dans le même sens, entre époux *Français*) ; — Tr. Bruxelles, 30 juil. 1887 (Clun., 1891.274 : il admet l'adultère simple du mari, entre époux *Hollandais*, malgré l'article 230 du Code civil, car il peut constituer une injure grave, rentrant dans l'art. 231) ; — C. Bruxelles, 6 fév. 1889 (Clun., 1889.713 ; *Suisses*) ; — C. Bruxelles, 17 avril 1889 (Pasic., 90.2.12 ; Sir., 90.4.6 ; Clun., 90.724 ; *Suisses*) ; — Cass., 16 mai 1889 (Pasic., 89.1.220) ; — Tr. Liège, 25 juil. 1889 (Pasic., 89.3.350 : admet la séparation de corps par consentement mutuel, parce qu'elle n'est pas contraire à l'ordre public et aux bonnes mœurs) ; — C. Bruxelles, 13 nov. 1889 (Clun., 1891. 275 ; *Prussiens*).

(2) Tr. Bruxelles, 19 fév. 1881 (Pasic., 81.3.94), conf. par C. Bruxelles, 14 mai 1881 (Pasic., 81.2.263) et par Cass. 9 mars 1882) : il s'agissait d'un divorce entre Anglais domiciliés en Belgique.

notamment celui de demander le divorce quoique son conjoint reste soumis à sa loi nationale (1).

L'exequatur n'est pas nécessaire aux décisions étrangères pour produire leurs effets en Belgique, lorsqu'elles ont prononcé le divorce ou la séparation de leurs nationaux ou ont réglé la garde des enfants (2) ; elles ne sont soumises à l'exequatur que pour la partie qui règle les rapports pécuniaires des époux (3).

Enfin, quoique je n'aie pu trouver de décision à ce sujet, il me paraît certain, par application de l'article 3, 3ᵉ alinéa que le divorce ou la séparation prononcés à l'étranger conformément à la loi belge seraient reconnus en Belgique, surtout en présence de la jurisprudence belge qui refuse de connaître des instances entre Belges domiciliés et résidant à l'étranger (4).

Italie (5). — L'article 3 des dispositions préliminaires du

(1) Un jugement du trib. de Liège, 24 avril 1826 (Pasic., 26.125), entre époux Français d'origine, déclare non recevable la demande du mari, les faits invoqués ayant été commis *antérieurement à la naturalisation,* et sous l'empire de la loi française qui prohibait le divorce ; — un jugement du trib. d'Anvers, 19 avril 1866 (Belg. judic., 1866.827) statue dans le même sens, mais il a été réformé par la cour de Bruxelles, 31 déc. 1866 (Pasic., 67.2.87) ; — Même sens, C. Bruxelles, 31 déc. 1877 (Pasic., 78.2.114). Je ne reviens pas sur les décisions rapportées au sujet de l'affaire Bauffremont.

(2) C. Bruxelles, 9 juin 1827 (Pasic., 27.205; *séparation de corps entre Français*) ; — Cass. belge, 19 janv. 1882 (Dall., 82.2.81 ; *séparation entre Français*) ; — Tr. Bruxelles, 10 déc. 1887 (Pasic., 88.3.22 ; *séparation entre Français*).

(3) Tr. Liège, 10 avril 1867 (Pasic., 67.236). L'exequatur d'un jugement du trib. de la Seine, du 8 juill. 1856, entre Français, était demandé pour parvenir à la liquidation de la communauté ; le tribunal de Liège accorde l'exequatur sans révision, mais après vérification au point de vue de l'ordre public.

(4) Voy. à ce sujet les espèces déjà citées, à propos de la question de compétence des tribunaux français, p. 117-118 ; 117, note 1.

(5) Laurent, *Dr. civ. internat.,* t. V, nᵒˢ 142 et s. ; — Fiore, *Dr. int. pr.* ; — Esperson, *Le dr. int. pr. dans la lég. ital.* (Clun., 1879.330 ;

Code civil assimile l'étranger à l'Italien au point de vue de
la jouissance des droits civils ; l'article 6 décide que l'état,
la capacité des personnes et les rapports de famille sont régis par la loi nationale ; enfin l'article 12 n'apporte de restrictions aux lois, actes, jugements étrangers invoqués en
Italie que lorsqu'ils dérogent aux lois prohibitives du
royaume, à l'ordre public ou aux bonnes mœurs.

La jurisprudence ne paraît cependant pas fixée sur la
question de compétence : un certain nombre de décisions
admettent l'incompétence des tribunaux italiens pour statuer sur les questions d'état entre étrangers, notamment
en matière de séparation de corps (1) ou d'interdiction (2).
D'autres, dont l'une est plus récente, reconnaissent la compétence des tribunaux italiens (3).

En présence de l'article 6 des dispositions préliminaires
du Code civil, l'application de la loi nationale des parties
ne peut faire de doute (4) ; mais la jurisprudence refusait

1880.339 ; 1884.173 et s.) ; — Pilicier, *Le div. et la sép. de corps en dr.
int. pr.*, p. 156 et s. ; — Bussolini (Chrétien, *Rev. de la jurispr. ital.*,
Clun.,1886.620 et s.).

(1) Cour de Milan, 15 fév. 1876 (Clun., 1876.220 et la note). L'art. 6, suivant cet arrêt, ne serait pas applicable aux questions d'état soulevées par
demande principale ; il ne ferait que donner aux tribunaux italiens un
moyen de se prononcer sur l'affaire principale, lorsqu'une question d'état
se présente d'une façon incidente. En fait il s'agissait d'époux prussiens,
et la séparation demandée n'était qu'un acheminement au divorce repoussé par la loi italienne.

(2) Cass. Turin, 13 juin 1874 (Clun., 1874.330) cassant un arrêt de la
Cour de Milan, 1er juill. 1872 (Clun., 1876.213) ; — Cass. Florence, 31 janv.
1884 (*Il foro italiano*, 1884.1.549 ; Pilicier, *ouv. cité*, p. 167).

(3) Cour de Lucques, 11 déc. 1872 (cité par Esperson, Clun., 1884.173
et s.) ; — Tr. d'Ancône, 23 mars 1882 (Clun., 1884.551 ; *Allemands*, demande en divorce et subsidiairement en séparation) ; — Cour de Casale, 18 janv.
1884 (*Il foro italiano*, 1884.1.1103, rapp. par Pilicier, *ouv. cité*, p. 167) ;
— Cour d'Ancône, 22 mars 1884 (*Rev. pratique de dr. int. pr.*, 1892.131 :
Divorce entre Allemands). — Comp. Cour de Lucques, 1er sept. 1875 (Clun.,
1876.215 ; Compétence sur une demande d'interdiction) ; — Cass. Rome,
4 avril 1891 (Clun., 1893.237).

(4) La Cour de Casale, 18 janv. 1884 (*décision citée*) a prononcé la sépa-

jusqu'en 1884, de prononcer le divorce entre étrangers, en s'appuyant sur l'article 12 des dispositions préliminaires (1) ; un arrêt de la Cour d'Ancône, du 22 mars 1884 a renversé cette jurisprudence en prononçant le divorce entre époux allemands, par application de la loi allemande (2), le divorce n'étant pas prohibé expressément par la loi italienne.

La jurisprudence italienne accorde aisément l'exequatur aux décisions étrangères prononçant le divorce ou la séparation (3).

Je n'ai pu trouver de décision sur la validité d'un jugement rendu entre Italiens par un tribunal étranger ; mais, en présence de l'article 6, il semble qu'un tel jugement prononçant la séparation conformément à la loi italienne, pourrait être reconnu en Italie.

Autriche. — L'article 33 du Code civil autrichien donne aux étrangers les mêmes droits civils qu'aux nationaux, mais sous condition de réciprocité ; pour les causes matrimoniales, le tribunal compétent est, suivant l'article 14 des

ration de corps entre époux étrangers, conformément à leur loi nationale.

(1) Cour de Turin, 18 mars 1871 (Rev. de dr. internat. VII.202) ; — Tr. d'Ancône, 23 mars 1882 (Clun., 1884.551).

(2) Rev. prat. de dr. int. pr., 1891-92, 131, note de M. Fusinato ; voy. aussi sur cet arrêt: Pilicier, *ouv. cité*, p. 170.

(3) Cour de Florence, 30 juin 1875 (Clun., 1879.301 ; *sépar. de corps entre Anglais*, prononcée par le tribunal de Malte) ; — Cour de Rome, 29 oct. 1884 (Clun., 1886.620; *divorce prononcé par le tribunal de Berlin*) ; — Cour de Milan, 7 mars 1887 (Clun., 1888.149) et 29 nov. 1887 (Clun., 1889. 168 : même affaire ; la Cour accorde l'exequatur à un jugement du tribunal d'Athènes qui avait prononcé le divorce entre un sujet *grec* et sa femme d'origine italienne, devenue Grecque par son mariage) ; — Cour de Venise, 28 juin 1888 (Clun., 1889.910) ; — Cour de Milan, 13 oct. 1891 (Rev. prat. de dr. int. pr., 1891-92. 131 et la note) ; les circonstances étaient assez particulières : en 1887, le tribunal de Monza avait prononcé la séparation de corps entre *Suisses* contrairement à la loi suisse ; le 18 avril 1891, le tribunal de Mendrisio (Tessin) prononce le divorce en déclarant sans effet en Suisse le jugement de Monza ; la Cour de Milan a déclaré exécutoire la décision du tribunal de Mendrisio.

règles de compétence, celui du domicile des époux. La compétence des tribunaux autrichiens pour statuer sur les demandes en séparation de corps ou en divorce entre étrangers ne paraît donc pas douteuse, en principe, lorsque les époux ont leur domicile en Autriche (1).

Il y a controverse sur la question de savoir quelle loi doit être appliquée : l'article 4 du Code autrichien décide que les lois concernant l'état et la capacité des Autrichiens les suivent en pays étranger ; on en a conclu que les étrangers en Autriche doivent rester soumis à leur loi nationale ; la disposition est analogue à celle de notre article 3 (2). Mais l'article 34 du Code civil contient une disposition ambiguë, aux termes de laquelle la *capacité personnelle* (3) des étrangers doit être appréciée en principe, suivant la loi de leur domicile, ou, à défaut de domicile, suivant leur loi nationale, et quelques auteurs en ont conclu que les étrangers en Autriche sont soumis d'une façon générale à la loi du domicile, c'est-à-dire à la loi autrichienne (4). Je ne connais pas de décision judiciaire dans un sens ou dans l'autre, au sujet du divorce ou de la séparation ; mais la Cour suprême de Vienne a appliqué la loi nationale des étrangers dans une espèce analogue (5).

---

(1) Cour suprême de Vienne, 4 fév. 1891 (Clun., 1891.999 ; *époux suédois domiciliés à Vienne* ; en fait, ils acceptaient la compétence). Comp. Cour supr., 29 mars 1881 (Clun., 1886.463) au sujet des effets d'un divorce prononcé à l'étranger ; — Voy. aussi : Cour sup. d'Autriche, 10 nov. 1891 (Clun., 1893.212 ; *divorce entre juifs hongrois*).

(2) Vesque von Püttlingen, *Handb. des in Oesterr.-Ungarn gelt. internat. Privatrechts*, n⁰ˢ 16, 67 (2ᵉ éd., Vienne, Braumüller, 1878) ; — Lyon-Caen, *De l'influence de la religion des ép. sur les causes de div. en Autriche* (Clun., 1880, 268).

(3) « Die persœnliche Fæhigkeit der Fremden zu Rechtsgeschæften ».

(4) Unger, *System des œsterreich. allg. Privatr.*, t. I, p. 164 (4ᵉ éd., Leipzig, Breitkopf et Hærtel) ; — Stœrk, *De la cond. lég. des étr. en Autriche* (Clun., 1880, 334).

(5) Cour supr., 2 juin 1881 (Clun., 1886, 463). Le tribunal de Bamberg

L'article 4 soumet les Autrichiens à l'étranger à leur loi nationale : la Cour suprême de Vienne accorde l'exequatur aux décisions rendues par le tribunal étranger compétent à raison du domicile, lorsqu'elles ont fait application de la loi autrichienne (1).

La solution donnée à la question des *mariages Transylvaniens* peut nous renseigner sur la solution que le droit autrichien permettrait de donner à la question de la naturalisation des Autrichiens à l'étranger : on sait que le mariage est indissoluble entre catholiques, même si un seul des époux était catholique lors de la célébration du mariage, ou si l'un d'eux ou tous deux ont abandonné la religion catholique au cours du mariage (Code civil, art. 111)

(Bavière) avait prononcé le divorce entre époux bavarois, au profit de la femme ; puis la femme intenta en Autriche, contre son mari alors domicilié à Vienne, une action tendant à ce que l'enfant né du mariage lui fût confié ; elle s'appuyait sur la Novelle 117, ch. 7 de Justinien qui a, en Bavière, force de loi subsidiaire. La Cour suprême a décidé que l'enfant serait confié à la mère, par application de la Novelle 117 : les deux époux sont Bavarois ; le tribunal de Bamberg a prononcé le divorce en vertu de la loi bavaroise ; c'est donc cette loi qui doit déterminer les effets du jugement.

(1) Le trib. de Nuremberg avait prononcé le divorce pour adultère de la femme, conformément à la loi bavaroise, entre Autrichiens protestants mariés en Bohême ; le mari demandait l'exequatur de cette décision au tribunal de Prague : elle lui fut refusée, le tribunal bavarois étant considéré comme incompétent parce que le mariage avait eu lieu en Bohême et que les époux avaient eu, après leur mariage, leur domicile commun sur le territoire Autrichien (art. 4 du C. civ. et 14 des règles de compétence) ; cette décision fut confirmée en appel. Mais elle fut cassée par la Cour suprême : les jugements bavarois, dit-elle, sont exécutoires en Autriche, parce que la condition de réciprocité existe ; or le tribunal de Nuremberg constate que les époux sont domiciliés à Nuremberg ; peu importe que le tribunal de Nuremberg ait déclaré appliquer la loi bavaroise, puisque la loi autrichienne admet le divorce pour adultère, entre protestants. Cour supr., 29 avril 1884 (Clun., 1888, 124) ; — La Cour suprême, 18 oct. 1884 (Clun., 1886, 472) a confirmé une décision du tribunal de Prague, du 26 janvier 1880, prononçant la nullité du second mariage contracté par un catholique Autrichien, à la suite d'un divorce prononcé par le tribunal de Berlin.

ou enfin si deux époux n'appartenant pas à la religion catholique l'ont embrassée au cours du mariage, à moins qu'ils ne fussent juifs au moment du mariage (art. 136) ; si un seul se convertit au catholicisme, l'autre conserve le droit de divorcer, mais l'époux devenu catholique ne peut se remarier du vivant de l'autre (1).

Les catholiques ont cherché à échapper à cette prohibition du divorce : un grand nombre d'entre eux, après avoir obtenu la séparation de corps en Autriche, embrassaient la religion protestante, puis se faisaient naturaliser en Hongrie, ou y fixaient leur domicile ; les tribunaux ecclésiastiques protestants de Transylvanie, et en particulier de Klausenbourg, prononçaient le divorce sans difficulté ; les époux ainsi divorcés contractaient alors un nouveau mariage, soit en Hongrie, soit de préférence à Vienne (2). En 1880 il y avait environ 200 ménages, à Vienne seulement, qui se trouvaient dans cette situation. On peut envisager trois cas :

1° Au moment où le divorce a été prononcé en Transylvanie, les époux n'étaient plus Autrichiens : le divorce et le second mariage devraient être valables. Mais cette solution est, paraît-il, très contestée (3).

2° Un seul des époux a perdu la nationalité autrichienne ; le divorce ne peut être opposé au conjoint resté Autri-

---

(1) Sur les mariages Transylvaniens, voyez : Lyon-Caen, *De l'influence de la religion des époux sur les causes de div. en Autriche* (Clun., 1880. 268 et s.), et les auteurs qu'il cite ; — Weiss, *Traité élém. de dr. int. pr.*, p. 531 et s. et les auteurs cités.

(2) Principalement pour éviter l'application de l'article 507 du Code pénal autrichien qui punit ceux qui se rendent en pays étranger pour y contracter un mariage contraire aux lois autrichiennes.

(3) Lyon-Caen, *étude citée* ; — Beauchet, *Du div. en Allemagne des ép. Autrichiens sép. de corps.* (Clun., 1884.271) ; — Vesque von Püttlingen, *ouv. cité*, t. I, p. 236.

chien (1). Mais il semble que cette solution ne puisse être exacte que lorsque c'est la femme qui a perdu la nationalité autrichienne : en droit autrichien, la naturalisation du mari entraîne celle de la femme.

3° Les époux ont fixé leur domicile en Hongrie, sans y obtenir la naturalisation : le divorce est sans effet en Autriche, ainsi que le second mariage (art. 4 du Code civil) (2).

On peut rapprocher de ces législations, la législation suédoise : elle respecte la loi nationale des parties, en ce sens que les étrangers ne sont pas admis à divorcer en Suède ; il semble que les Suédois ne puissent faire prononcer valablement leur divorce à l'étranger, surtout s'ils s'appuient sur les causes dites secondaires (3) qui donnent au roi seul, en sa qualité de chef de l'État et de chef suprême de l'Église luthérienne, le droit de dissoudre le mariage (4).

La législation russe paraît être dans le même sens ; en particulier les tribunaux étrangers seraient absolument incompétents pour prononcer le divorce entre sujets russes appartenant à l'Église grecque orthodoxe (5).

____

(1) Cour supr., 30 nov. 1880 (Clun., 1886.471) ; 6 déc. 1881 (Clun., 1886.469).

(2) Des mesures ont été prises pour mettre fin à cette pratique : en Autriche, une circulaire du ministre de l'Intérieur, du 22 oct. 1879 enjoint aux prêtres et officiers de l'état civil de refuser de célébrer le mariage quand l'un des futurs époux est Autrichien, et a contracté un mariage qui n'est pas dissous conformément aux lois autrichiennes ; en Hongrie, la naturalisation a été rendue plus difficile par la condition d'une résidence préalable de cinq années (Lyon-Caen, *étude citée*).

(3) Voy. ci-dessus, p. 90-91.

(4) D'Olivecrona, *Le mar. des étr. en Suède et des Suédois à l'étr.* (Clun., 1883, p. 361 et s).

(5) Martens, *De l'exéc. des jugem. étr. en Russie* (Clun., 1878.142) ; — Pilicier, *Le div. et la sép. de c. en dr. int. pr.*, p. 240.

§ 2. — Loi du domicile et loi territoriale.

Allemagne. — Il résulte des articles 13 et 568 du Code de procédure de 1877, que les actions qui ont pour objet la dissolution du mariage sont de la compétence exclusive du tribunal du domicile du mari ; les articles ne font pas de distinction entre les Allemands et les étrangers. La compétence des tribunaux allemands entre époux étrangers n'est donc pas douteuse, lorsque le mari a son domicile en Allemagne.

J'ai déjà dit que la loi d'Empire de 1875 a établi dans toute l'Allemagne le divorce exclusivement, avec une séparation de corps de courte durée, mais a laissé aux législations des différents Etats allemands la détermination des causes de divorce : les tribunaux appliquent entre allemands la loi du domicile actuel du mari, ou ce qui revient au même, la loi en vigueur dans l'endroit où siège le tribunal, et cela même quand le mariage a été célébré dans un Etat qui n'admet pas les mêmes causes de divorce que celui dans lequel le mari a fixé son domicile (1). Les conséquences de ce système sont déplorables : il subordonne la possibilité de la rupture du mariage au caprice du mari, et sacrifie absolument le droit de la femme. Peu nous importerait, s'il n'était appliqué qu'aux Allemands ; c'est une question d'ordre intérieur. Mais on l'étend aux étrangers, et les tribunaux allemands prononcent le di-

---

(1) Tr. de l'Empire, 19 juin 1883 (Clun., 1884.307) : il s'agissait d'un mariage contracté à Halle entre Allemands ; le mari était domicilié à Hanovre au moment de l'action en divorce : le Tribunal de l'Empire a décidé qu'il y avait lieu d'appliquer le droit commun allemand qui régit le Hanovre, et non le Landrecht prussien en vigueur à Halle ; et cela, bien que le droit de demander le divorce eût pris naissance pour la femme, suivant la loi prussienne, avant que le défendeur eût changé de domicile ; Comp. Trib. supér. Hanséatique, 11 oct. 1889 (Clun., 1892.732).

vorce entre étrangers domiciliés en Allemagne, sans se soucier de savoir si leur loi nationale admet ou non le divorce, ou si elle l'admet pour les mêmes causes que la loi du domicile. Cette jurisprudence s'appuie principalement sur l'article 77 § 1 de la loi d'Empire du 6 février 1875 (1) qui ne fait pas de distinction entre les nationaux et les étrangers ; mais il est bon de remarquer qu'avant 1875, la jurisprudence suivait les mêmes errements en invoquant l'ordre public (2). Les conséquences d'un pareil système suffisent pour le faire juger : les époux divorcés pourront se remarier en Allemagne ; mais dans leur pays d'origine ils seront considérés comme bigames ; la nouvelle épouse sera une concubine et les enfants seront adultérins. Tout cela pour le plus grand bien de l'ordre public allemand.

Ce système, qui a pour lui des autorités considérables,

(1) « Dans les cas où, d'après le droit jusqu'alors en vigueur, il y avait lieu à la séparation de corps perpétuelle entre époux, on devra à l'avenir prononcer la dissolution du mariage par divorce » (Ann. de lég. étr., 1876, p. 238).

(2) Cour d'appel de Deux-Ponts, 27 juin 1870 (Clun., 1875.120) ; cet arrêt prononce le divorce entre *époux français* domiciliés dans le Palatinat ; le trib. de Landau (30 nov. 1869) avait repoussé le divorce en appliquant le statut personnel Français : la femme qui le demandait, Bavaroise d'origine, était devenue Française par son mariage, suivant la loi bavaroise et la loi française ; il n'était pas contraire à l'ordre public, disait le jugement, de repousser la demande, puisque la loi bavaroise admettait le divorce et la séparation de corps ; la Cour de Deux-Ponts a réformé le jugement en invoquant l'ordre public. — Tr. de l'Empire, 4 janv. 1881 (Pilicier, *ouv. cité*, p. 219 et s.) ; il prononce le divorce entre *Autrichiens catholiques* ; — Tr. de l'Empire, 22 avril 1884 (Clun., 1885.316) ; il casse une décision du tribunal régional supérieur de Dresde qui avait prononcé la séparation de corps entre *Autrichiens catholiques* ; l'article 77, § 1 de la loi d'Empire n'admet que le divorce ; il doit être prononcé ; peu importe qu'il ne puisse être reconnu dans le pays d'origine du mari ; l'officier de l'état civil allemand ne pourrait arguer de la loi autrichienne pour refuser de procéder au nouveau mariage d'époux ainsi divorcés ; — Comp. dans le même sens : Tr. de l'Empire, 1er juin 1883 (Clun., 1884.306, *époux autrichiens*).

mais dont les plus considérables sont quelque peu anciennes (1), paraît perdre aujourd'hui un peu de terrain, au moins dans la doctrine (2).

Quant au divorce ou à la séparation prononcés entre Allemands par des tribunaux étrangers conformément à la loi du domicile, ils ne paraissent pas devoir être considérés comme valables dans toutes les parties de l'Allemagne ; je ne connais pas de décision allemande sur ce sujet : toutefois suivant les articles 660 et 661 du Code de procédure, les jugements étrangers peuvent être exécutés en Allemagne sous certaines conditions, par exemple s'ils ont été rendus par un tribunal compétent suivant le droit allemand, et si la réciprocité est accordée ; il est très probable que les Cours prussiennes accorderaient l'exequatur à des décisions étrangères (3) ; il est non moins probable que les tribunaux badois refuseraient. l'exequatur à des décisions

(1) Schæffner, *Entwicklung des intern. Privatrechts*, § 124, p. 159 ; — Wæchter, *Die Collision der Privatrechtgesetze verschied. Slaten* (Archiv. fur civilist. Praxis, t. XXV, p. 187) ; — Savigny, *System des heutigen ræm. Rechts.*, t. VIII, p. 337 (*Edit. franç.*, t. VIII, p. 336) ; — Dernburg, *Lehrb. des preuss. Privatrechts*, t. III, § 4, p. 11, (3ᵉ éd. Halle, Buchhandlung des Waisenhauses, 1884).

(2) Von Bar, *Theorie und Praxis des intern. Privatrechts*, 2ᵉ éd. t. I, § 173, p. 482 et s. : suivant lui le divorce et la séparation sont soumis à la loi nationale (loi du domicile d'origine) des époux ; il résout le conflit entre la loi nationale et la loi du tribunal (*lex fori*), en ne reconnaissant que la compétence du tribunal national des époux ; dans un arrêt du 3 fév. 1890, le trib. de l'Empire déclare que son opinion est contraire à la jurisprudence commune en Allemagne et aux décisions du *Reichsgericht*(Clun., 1892.732). Suivant Bluntschli (Rev. prat. de dr. franç., 1876, t. 41, p. 328) la doctrine de la nationalité peut être considérée aujourd'hui comme la doctrine dominante en Allemagne ; souhaitons qu'elle passe dans la pratique. — Comp. Laurent, *Dr. civ. internat.*, t. V, n° 145 et s.

(3) Suivant les déclarations faites par le Ministère de la justice de Prusse, à propos d'une action intentée en Suisse, la plupart des Cours d'appel prussiennes ont été d'avis que les divorces prononcés en Suisse seraient reconnus en Prusse (Rec. off., V, p. 264, cité par Pilicier, *Le div. et la sép. de corps en dr. int. pr.*, p. 121).

étrangères qui prononceraient le divorce pour une cause non reconnue par la loi badoise (1).

Angleterre. — En droit anglais, la compétence, en matière de divorce dépend, en principe, du domicile des époux au moment où l'action est intentée : les tribunaux anglais sont donc compétents entre étrangers domiciliés en Angleterre ; réciproquement, les tribunaux étrangers du domicile sont compétents entre Anglais domiciliés à l'étranger (2). Toutefois des tribunaux anglais se sont déclarés compétents entre étrangers qui n'avaient en Angleterre qu'une simple résidence (3).

Les tribunaux anglais du domicile — ou, par exception de la résidence — appliquent la loi anglaise, quelle que soit la nationalité des époux, et sans tenir compte des prohibitions de leur loi nationale (4).

Le divorce des Anglais à l'étranger peut être reconnu en Angleterre, s'il a été prononcé par le tribunal du domicile (5). Avant la loi de 1857 qui a créé en Angleterre la Cour des divorces, les Anglais n'auraient pu divorcer à l'étranger puisque leur divorce ne pouvait être prononcé

(1) Déclaration du consul d'Allemagne à Genève (Sem. judic., 1887, p. 44, citée par Pilicier, *ouv. cité*, p. 120).

(2) Dicey et Stocquart, *Le stat. pers. Anglais*, t. II, p. 85 et s. ; — Alexander, *Du mar. en dr. internat. suivant la jurispr. Angl.* (Clun., 1881.193) ; — Pavitt, *De la comp. des Cours Angl. particul. à l'égard des étr.* (Clun., 1885, p. 509 et s.).

(3) Haute Cour (sir Philimore), 24 mai 1876 (Alexander, Clun., 1881.193 ; mari italien, femme d'origine anglaise, domiciliés en Italie) ; — Cour d'appel, 8 nov. 1878, réformant un jugement de la Haute Cour (Clun., 1879. 195 ; mari français, femme d'origine anglaise, domicile en France).

(4) Voy. les décisions citées dans la note précédente. Il est vrai que M. Alexander (*étude citée*) considère ces décisions comme exceptionnelles ; mais lui-même n'en cite aucune en sens contraire. Comp. Westlake, *A treatise on pr. int. law*, § 52, 3ᵉ éd. p. 84, suivant lequel la *lex fori* est toujours seule applicable.

(5) Westlake, *A treatise on priv. internat. law* (3ᵉ éd. Londres, Sweet et Maxwell), § 50, p. 83 ; — Pavitt, Clun., 1885.509 et s.

que par une loi : l'affaire Lolley en fournit la preuve (1).
Depuis la loi de 1857, le divorce des Anglais peut être prononcé à l'étranger : la seule condition est celle du domicile ;
il n'est pas certain que le divorce prononcé pour les causes
admises par la loi du domicile, serait reconnu en Angleterre, si ces causes n'étaient pas celles de la loi anglaise (2).

La jurisprudence anglaise considère d'une façon générale, le tribunal du domicile comme compétent : elle reconnaît par exemple la validité du divorce prononcé à
l'étranger par le tribunal du domicile du mari, lorsque le
mariage a été contracté, même en Angleterre, entre un
étranger et une Anglaise ; peu importe que la cause sur

---

(1) En 1812, l'Anglais Lolley contre lequel sa femme avait obtenu un
jugement de divorce en Ecosse, se remaria : son mariage fut déclaré nul
en Angleterre et il fut condamné à 7 ans de prison pour bigamie (Story,
Conflict of laws, 6ᵉ éd., p. 261 ; — Westlake, *A treatise on private internat.
law*, 3ᵉ éd. p. 86 ; — Laurent, *Dr. civ. internat.*, t. V, nᵒ 155 ; — Alexander, Clun., 1879.522 et s.).

(2) Voy. la jurisprudence citée par lord Brett dans l'affaire Niboyet
(Clun., 1879.195 et s.) ; dans l'affaire Warunder, 1835, la Chambre des
Lords décida que la Cour d'Ecosse était compétente à raison du domicile
du mari en Ecosse ; dans d'autres affaires (Conway, Tollemache, Ratcliff) le
divorce n'est pas reconnu, uniquement parce que le mari avait conservé
son domicile en Angleterre ; de même dans l'affaire Shaw, 1868 (Clun.,
1885.410 et s.) ; de même dans l'affaire Harris-Gastrea, Haute Cour de just.
14 juin 1890 (Clun., 1891.262) ; dans l'affaire Briggs, Haute Cour, 2 mai
1880 (Alexander, Clun., 1881.193 et s.), le juge, sir James Hannen, admet
que le mariage contracté par le mari après un divorce obtenu aux Etats-
Unis, le rend bigame et adultère, le mari n'ayant pas réellement trans-
porté son domicile aux États-Unis, et aucune sentence étrangère ne pouvant amener la dissolution d'un mariage Anglais, pour des causes qui ne
l'amèneraient pas en Angleterre ; suivant Pavitt (Clun., 1885.509 et s.), si
des sujets Anglais sont domiciliés à l'étranger, le tribunal étranger est
compétent et doit leur appliquer la loi du pays ; dans le même sens, Westlake, *A treat. on pr. int. law*, 3ᵉ éd. § 52, p. 84 ; telle est aussi la décision
que donne Dicey, *Le stat. pers. Angl.*, t. II, p. 127 et s. ; suivant Alexander (Clun., 1879.522 et s.) les Cours de justice Anglaises doivent admettre
le jugement du tribunal étranger compétent à raison du domicile, si le divorce a été prononcé pour des motifs admis par la loi Anglaise, et s'il n'y
a pas eu collusion des parties.

laquelle le tribunal étranger s'est appuyé pour prononcer le divorce, ne soit pas admise par la loi anglaise (1).

La jurisprudence anglaise étend le même système aux jugements prononcés à l'étranger, par le tribunal du domicile, entre étrangers, même si ces jugements sont contraires à la loi nationale des parties (2).

Ecosse. — Dans le Royaume-Uni, l'Ecosse est considérée au point de vue de la législation civile, comme un Etat souverain et indépendant. La jurisprudence écossaise applique la loi territoriale ; elle a une théorie toute particulière : le mariage impose à chacun des époux certains de-

----

(1) Haute Cour (sir James Hannen), 22 avril 1880 (Alexander, Clun., 1881.193 et s.) : le mari, Ecossais, avait épousé une Anglaise, en Angleterre : le domicile ayant été fixé en Ecosse, la femme y obtint le divorce pour adultère simple du mari : celui-ci se remaria, puis sa seconde femme demanda en Angleterre la nullité du second mariage, le premier n'ayant pu être dissous, suivant elle, par le jugement Ecossais ; elle fut déboutée : la première femme avait acquis le domicile du mari, et la Cour Ecossaise était compétente ; cette décision fut maintenue en appel (janvier 1881) ; — Haute Cour, 24 janv. 1888 (Clun., 1889.480), même décision : le mari, Américain, avait épousé une Anglaise en Angleterre, puis avait fixé son domicile aux Etats-Unis : la Haute Cour reconnaît la validité d'une décision de la Cour suprême de Colombie qui a prononcé le divorce pour cause d'impuissance du mari , le mettant dans l'impossibilité de consommer le mariage. — Comp. Cour Ecclésiastique de Guernesey, 5 déc. 1888 (Clun., 1889. 130) : elle annule le mariage contracté à Guernesey par un Anglais divorcé par jugement de la Haute Cour en Angleterre, le divorce n'étant pas admis à Guernesey.

(2) Haute Cour, 2 juill. 1881 (Clun., 1888.277 ; Pand. franç., 1890.5.18) : le mari, Autrichien catholique, avait épousé à Berlin une femme domiciliée en Prusse ; la Cour roy. provinc. de Berlin prononça le divorce sur la demande de la femme (5 juin 1881), puis le mari contracta un nouveau mariage en Angleterre, avec une Anglaise ; celle-ci demandait la nullité de ce second mariage, invoquant la nullité du divorce prononcé à Berlin, contrairement à la loi autrichienne, restée applicable en raison de la nationalité et du domicile d'origine du mari ; la Haute Cour refusa de considérer comme nul le jugement de la Cour de Berlin : « Les principes et les autorités que je puis invoquer, dit le juge Butt, me paraissent établir clairement que le statut personnel résultant du mariage contracté à Berlin est une matière qui doit être réglée par la loi du pays où a été conclu le contrat ».

14

voirs dont l'accomplissement intéresse avant tout la société ;
ces devoirs sont déterminés en vue du maintien de l'ordre
public et des bonnes mœurs ; ils ont pour but d'assurer le
bonheur général de la nation. La continuation d'une union
dans laquelle l'un des conjoints a manqué à ses devoirs
serait un scandale qui troublerait profondément l'ordre
moral : le divorce intervient donc comme une peine que
l'Etat inflige à l'époux coupable (1).

Il en résulte que les tribunaux écossais peuvent prononcer le divorce entre étrangers domiciliés ou résidant en
Ecosse, même accidentellement.

Je n'insiste pas sur cette théorie que les auteurs Euro-
péens ne citent guère que pour la combattre ; il n'y a rien
à ajouter à la réfutation présentée, il y a longtemps déjà,
par Laurent : cette théorie repose sur une confusion entre
le délit sur lequel la demande en divorce peut être fondée,
et le divorce lui-même qui est la rupture d'un contrat, et
qui est indépendant de l'idée de délit ; « c'est en définitive,
dit Laurent, le droit de l'époux qui est l'élément décisif
dans ce débat, et à ce point de vue le divorce n'a rien de
commun avec la peine (2) ». Les conséquences de ce système sont aussi mauvaises sinon pires que celles du système
allemand, et les Anglais ont été les premiers à s'en aper-
cevoir (3).

<hr>

(1) Laurent, *Dr. civ. internat.*, t. V, n° 110, p. 232 et s. ; — Dicey et Stocquart, *Le statut pers. Angl.*, t. II p. 349 et s. ; — Pilicier, *Le div. et la
sép. de corps en dr. int. pr.*, p. 13 et s.

(2) M. Pilicier, (*Le div. et la sép. de corps en dr. int. pr.*, p. 16) dit que si
la théorie écossaise était juste, il faudrait aller jusqu'au bout dans ses
conséquences et prononcer d'office le divorce, ce qu'on n'ose pas faire en
Ecosse, pas plus qu'aux Etats-Unis ; mais cette conséquence ne découle
pas du principe ; en droit français en particulier, l'adultère est un délit :
il ne peut cependant être poursuivi d'office par le ministère public (art.
336-339 du Code pénal).

(3) Voy. notamment l'affaire Lolley citée plus haut, p. 208, note 1.

États-Unis. — Un arrêt de la Cour de Massachusetts rapporté par Story (1), applique la même théorie que la jurisprudence écossaise; suivant Phillimore (2), cette théorie serait généralement admise aux États-Unis; il y a toutefois des exceptions, et certains États paraissent s'attacher plutôt à la théorie du domicile (3). Il est un fait certain : c'est que la loi nationale des époux n'est jamais respectée (4). Dans certains États la trop grande facilité des divorces entre étrangers est atténuée par l'exigence de quelques années de résidence : dans le Massachusetts, par exemple, il faut une résidence d'au moins trois ans pour pouvoir introduire une instance en divorce (5); il en est de même dans le Connecticut, à moins que la cause de divorce n'ait surgi postérieurement à l'établissement des étrangers dans le pays (6) ; mais dans la plupart des autres États les actions en divorce sont reçues avec une facilité déplorable, étant donné que la loi territoriale est exclusivement appliquée : dans l'État de New-York, il suffit que les deux époux aient résidé dans l'État au moment de l'infraction, ou que l'injure ait été commise dans l'État et que le plaignant y réside effectivement au moment où il

(1) *Comment. on the conflict of laws*, § 229 p. 283 (6ᵉ éd., Boston, Little, 1865); — Laurent, *Dr. civ. internat.*, t. V, nᵒ 159.

(2) *Comment. upon internat. law*, t. IV, § 504, p. 356 (2ᵒ éd. Londres, Butterworths, 1874).

(3) Cour de Minnesota, 25 avril 1878 (Clun., 1880. 313) : cet arrêt prononce la nullité d'un divorce obtenu dans l'Utah par des époux domiciliés dans le Minnesota ; un arrêt de la Cour suprême de Pensylvanie rejette la théorie pénale comme une erreur (Story, *Comm. on the confl. of laws*, 6ᵉ éd. § 205, p. 254).

(4) Voy. notamment Seine, 7 fév. 1882 (Clun., 1882. 88) : la Cour de San-Francisco avait prononcé le divorce entre Français, contrairement à la loi française qui, à cette époque, n'admettait pas le divorce.

(5) Clunet, 1877. 459.

(6) J'emprunte ce renseignement et les suivants à Dudley-Field, *Projet d'un Code internat.*, p. 517 et s. (Trad. Rolin ; Paris, Pedone-Lauriel, 1881).

intente l'action ; en Californie, le demandeur doit avoir une résidence de six mois avant la demande ; dans l'État de Virginie, il suffit que l'une des parties réside dans l'État au moment de l'introduction de l'instance ; en Pensylvanie, dans l'Indiana, l'Illinois, l'Ohio, il faut une année de résidence ; dans l'Illinois, cette condition n'est pas exigée lorsque la cause de divorce est née sur le territoire de l'État ou pendant que l'une des parties y résidait, et dans l'Indiana, le demandeur doit établir que sa résidence est de bonne foi. Dans le Dakota méridional, il s'est formé une entreprise de divorces qui est en pleine prospérité : la loi n'exige que 90 jours de résidence, et des hôtels de divorcés, réunissant le maximum de confort et de distractions, se sont ouverts à Sioux-Falls et à Yankton (1).

Les divorces prononcés à l'étranger sont généralement valables aux États-Unis, pourvu qu'ils soient valables dans l'État où ils ont été prononcés, et leurs effets sont, en prin-

(1) Chailley, l'*Economiste français*, n° du 28 mai 1892 ; 1892, 1er sem., p. 680. « Avec la facilité de ses lois, dit M. Chailley, le confort des hôtels de Yankton, la délicatesse des journalistes et l'empressement des juges de Sioux-Falls, le Dakota-Sud ne peut faire que de bonnes affaires dans la partie des divorces. Et c'est en effet ce qui arrive. Les divorceuses les plus élégantes le choisissent de préférence à tous les autres Etats ». La Pensylvanie ne suit pas le mouvement ; un message du gouverneur, du 4 janvier 1887, signale à l'attention des Chambres les pétitions du clergé des différents cultes, appuyées par la presse, demandant une réforme de la législation sur le divorce ; le nombre des divorces, dit-il, augmente d'une manière alarmante, surtout parce que beaucoup d'étrangers viennent se fixer temporairement dans l'Etat, uniquement pour profiter de la législation qui dissout trop facilement le mariage.
Les statistiques dressées aux Etats-Unis, de 1867 à 1886 établissent que pendant cette période de 20 années, il y a eu 328.716 divorces, dont 9937 en 1867 et 25.535 en 1886 ; de 1867 à 1886, la population a augmenté de 60 0/0 ; de 1869 à 1886, les divorces ont augmenté de 156 0/0. Les Etats où ils ont été le plus nombreux sont, dans l'ordre suivant : Illinois, Ohio, Indiana Michigan, Iowa, Pensylvanie, New-York, Missouri ; la cause la plus fréquente est la désertion du toit conjugal (Chailley, l'*Econom. français*, n° du 6 avril 1889 ; 1889, 1er sem., p. 423).

cipe, déterminés par la loi de l'État où le jugement a été rendu (1).

Suisse. — La Suisse est le seul pays qui, tout en admettant, en principe, l'application de la loi du domicile, ait cherché à respecter la loi nationale des parties.

Il est généralement admis que les tribunaux suisses sont compétents pour connaître des contestations entre étrangers, quoiqu'il ne paraisse pas y avoir de texte précis actuellement en vigueur, qui établisse cette compétence (2).

Les auteurs ne sont pas unanimes sur l'application de la loi suisse aux étrangers domiciliés, en matière de divorce : certains se prononcent pour l'application de la loi nationale des parties (3) ; mais la jurisprudence du Tribunal

----

(1) Kerr, *Effets aux États-Unis des div. prononcés dans les contrées et États étr.* (Clun., 1889, 234) ; — toutefois les tribunaux de l'Etat de New-York ne reconnaissent pas le divorce obtenu hors de l'Etat, par une femme qui s'y était mariée et y était domiciliée, lorsque ce divorce a été prononcé pour des causes qui ne sont pas admises par la loi de New-York (Clun., 1889. 234) ; — la loi du Tennessee interdit à l'époux adultère contre lequel le divorce est prononcé d'épouser son complice, du vivant de son premier conjoint : le mariage contracté au mépris de cette prohibition est nul, même s'il a été contracté dans un pays qui l'admet. Cour sup. du Tennessee, 29 janv. 1889 (Clun., 1889. 903) ; — En sens contraire pour l'Etat de New-York : Seymour van Santvoord (Clun., 1891.138 et s).

(2) Pilicier, *Le div. et la sép. de corps en dr. int. pr.*, p. 95 ; l'article 46 de la constitution fédérale qui soumet les étrangers établis en Suisse à la juridiction de leur domicile n'est pas encore en vigueur en Suisse, la loi fédérale qu'il prévoit n'ayant pas encore été promulguée ; — Roguin, *Conflits des lois suisses*, n° 52, p. 74.

(3) Barrilliet, *Du div. des ép. étr. en Suisse et des ép. suisses à l'étr.* (Clun., 1880. 347 et s.) : toute loi statuant sur le divorce revêt au premier chef, le caractère d'une loi d'ordre public ; les tribunaux suisses sont donc tenus de prononcer le divorce, si la demande est fondée sur une cause admise par la loi suisse quoique rejetée par la loi nationale ; ils doivent le refuser, si la cause de divorce est admise par la loi nationale mais repoussée par le droit suisse ; — dans le même sens, Humblet, Clun., 1877. 342 et s. ; — Roguin, *Conflits des lois suisses*, nᵒˢ 54-55, p. 77 et s. ; — En sens contraire : Pilicier, *Le div. et la sép. de c. en dr. int. pr.*, p. 96 et s. : l'art. 46 de la Const. fédér. cité plus haut, soumet les étrangers en Suisse à la loi du domicile ; mais j'ai déjà dit qu'il n'est pas encore en vi-

fédéral est fixée : la loi applicable est la loi du domicile, c'est-à-dire la loi suisse (1).

La validité des jugements rendus ainsi, conformément à la loi suisse mais contrairement à la loi nationale des époux, n'aurait vraisemblablement pas été reconnue, en général, dans la patrie des époux. Pour éviter ce résultat, l'article 56 de la loi fédérale du 24 décembre 1874 a déterminé les conditions de recevabilité de l'action : « Quant aux mariages entre étrangers, aucune action en divorce ou en nullité ne peut être admise par les tribunaux, s'il n'est pas établi que l'Etat dont les époux sont ressortissants reconnaîtra le jugement qui sera prononcé ». Les auteurs ne sont pas d'accord sur l'interprétation de cet article (2). La jurisprudence qui, à l'origine, paraissait dis-

gueur ; depuis, la loi fédérale du 22 juin 1881 a admis que la capacité des étrangers en Suisse est déterminée par leur loi nationale ; le Conseil fédéral, dans le Message accompagnant le projet de loi, disait qu'on avait adopté le principe des nationalités « qui est, aujourd'hui plus que jamais, admis comme base des relations internationales en matière de statut personnel » (cité par *Pilicier*, p. 97).

(1) Trib. fédér., 14 oct. 1882 (Rec. off., VIII, p. 825, cité par Pilicier, p. 97, 98) ; — Comp. dans le même sens, un arrêt du Trib. fédér. du 18 oct. 1878 (Clun., 1879. 96) : il casse un arrêt de la Cour de Genève, du 11 janv. 1878, qui avait prononcé la séparation de corps perpétuelle entre Français, conformément à la loi française, par application de la loi genevoise du 5 avril 1876 (art. 125 : « La loi admet la séparation de corps formée par demande principale dans les cas où il y a lieu à une demande en divorce. Toutefois cette séparation ne peut être prononcée pour plus de deux ans, sauf en ce qui concerne les ressortissants d'un État qui ne reconnaît pas le divorce »). A la suite de l'arrêt du Trib. fédér., le Grand Conseil de Genève a voté, le 20 mars 1880, une loi qui supprime tout ce qui a trait à la séparation de corps perpétuelle (Alf. Martin, *Jurispr. suisse*, Rev. de dr. internat., 1881, p. 598 et s.). Le trib. civ. de Genève paraît persister dans sa jurisprudence : un jugement du 8 avril 1892 (Clun., 1892. 1068), entre Hessois, décide que les tribunaux suisses sont compétents, conformément à l'art. 56 de la loi du 24 déc. 1874, mais sont incompétents si l'étranger ne démontre pas que sa législation nationale admet le divorce pour la cause sur laquelle il s'appuie.

(2) Suivant M. Barrilliet, *Du div. des ép. étr. en Suisse et des ép. suisses à l'étr.*, (Clun., 1880.347), l'article exige que, pour chaque cas particu-

posée à exiger une attestation des autorités du pays d'origine constatant que le jugement suisse serait reconnu sans conditions (1), admet aujourd'hui qu'il suffit qu'on puisse déduire de la législation ou de la jurisprudence de l'Etat étranger que le divorce prononcé par le tribunal suisse sera reconnu, et si une attestation de l'ambassade ou de la légation étrangère est quelquefois exigée, ce n'est plus qu'à titre de certificat de coutume ; l'appréciation de la loi étrangère a naturellement amené des décisions contradictoires relativement aux étrangers d'un même pays : le Tribunal fédéral a toujours exigé la certitude absolue que le jugement suisse serait reconnu dans le pays des époux, sans aucun examen; aussi ne paraît-il pas avoir jamais admis une demande de divorce entre étrangers (2). Excep-

lier, il soit justifié par une déclaration des autorités de l'Etat, que celui-ci reconnaîtra le jugement qui sera prononcé en Suisse : il faut pour cela que le jugement à reconnaître ne soit pas encore rendu ; la condition ne pourra donc presque jamais être accomplie en fait. Mais c'est interpréter la loi dans le sens dans lequel elle ne peut avoir aucun effet. — Suivant M. Lehr, *Du div. des ép. étr. en Suisse*, (Clun., 1880.464), les époux devront communiquer aux autorités de leur pays, les motifs sur lequels ils fondent leur action, et ces autorités, après examen de la législation locale, pourront déclarer d'avance qu'elles reconnaîtront le jugement rendu en Suisse pour ces motifs. Mais M. Lehr fait la loi plutôt qu'il ne l'interprète. D'ailleurs, la plupart du temps, ces Etats se refuseront à délivrer de pareils certificats dans chaque espèce, et nulle part une déclaration d'une autorité quelconque ne peut engager le pouvoir judiciaire ; il n'y a qu'une loi précise qui puisse donner la certitude absolue de la reconnaissance dans un Etat, du jugement rendu dans un autre État. C'est donc dans les lois étrangères qu'il faut chercher la preuve exigée par l'article 56 : il faut pouvoir déduire de la législation ou de la jurisprudence de l'Etat étranger que le divorce prononcé par le tribunal suisse sera reconnu. En ce sens : Pilicier, *ouv. cité*, p. 111 ; — Roguin, *Conflits des lois suisses*, n° 57, p. 81.

(1) Tr. fédéral, 30 sept. 1876 (Barrilliet, Clun., 1880.355 ; — Pilicier, *ouv. cité*, p. 109 ; *Epoux allemands originaires du duché de Brunswick*).

(2) La demande des époux *français* n'est pas recevable parce que la condition exigée par l'article 56 n'est pas remplie : Tr. cantonal de Neuchâtel, 6 mars 1886 (Clun., 1887. 375); — Tr. fédér. 15 nov. 1886 (Clun., 1887, 111) ; — En sens contraire, Tr. civ. de Vevey, 13 nov. 1885 (Clun., 1887. 112). La demande d'époux *autrichiens* n'est pas non plus recevable :

tion est faite pour les individus sans patrie, auxquels l'article 56 ne peut être appliqué, puisqu'il n'y a pas d'Etat étranger dont ils ressortissent, qui ait à reconnaître la validité du jugement suisse : le tribunal du domicile est donc compétent et applique la loi suisse (1).

Le système suisse conduit parfois à des conséquences assez singulières : un Hongrois avait épousé il y a quelques années à Zurich, une Suissesse ; le mariage avait été purement civil ; les deux époux demandèrent le divorce : or la loi hongroise ne reconnaît que le mariage religieux ; si le mariage n'est pas valable en Hongrie, le jugement de divorce qui le suit ne peut l'être davantage : il était impossible de satisfaire aux conditions de l'article 56, et le tribunal de Zurich, puis le Tribunal fédéral (6 oct. 1883) repoussè-

Tr. féd., 11 sept. 1886 (Rec. off., XII, 435, cité par Pilicier, p. 122). Pour les *Allemands*, la jurisprudence est variable : le tribunal civil de Genève admet assez généralement les demandes d'époux allemands : Tr. civil de Genève, 30 août 1876 (Barrilliet, Clun., 1880. 355 ; *Bavarois*); 16 mars 1886 (Clun., 1888. 153 ; *Badois*) ; 29 avril 1887 (Clun., 1890. 512 ; décision applicable aux *Allemands en général*) ; 12 janv. 1892 (Rev. prat. de dr. int. pr., 1892. 197 ; *Bavarois*) ; 8 avril 1892 (Clun., 1892. 1068 ; *Hessois*) ; — d'autres tribunaux refusent de juger de pareilles demandes : Tr. fédér., 4 août 1879 (Clun., 1880. 403 ; *Prussiens*) ; Cour de Zurich, 6 sept. 1883 (Zeitschr. für schw. Recht., I, 91); Cour de Berne, 18 janv. 1884 (*eod.* III, 165); Cour de Zurich, 20 sept. 1884 (*eod.* III, 120) ; Tr. fédér., 26 déc. 1884 (Rec. off., X, 479 : ces derniers arrêts sont cités par Pilicier, *ouv. cité*, p. 119, note 1. Tr. féd., 20 nov. 1884 (Clun., 1886. 243 ; *Badois*); Cour de Bâle, 19 février 1891 (Rev. prat. de dr. int. pr., 1892. 196 ; *Allemands en général*). Cette jurisprudence est particulièrement embarrassante pour les Allemands qui n'ont plus de domicile en Allemagne, et cela principalement à cause de la disposition du Code de procédure allemand qui ne leur laisse pas la possibilité de saisir un tribunal allemand : ils ne peuvent divorcer ni en Suisse ni en Allemagne, quoique les deux pays admettent le divorce. Des pourparlers entamés en 1882 entre les autorités des deux pays pour régler cette situation n'ont pu aboutir (Feuille fédér., 1881, II. 337 ; 1883, II, 931 citée par Pilicier, *ouv. cit.*, p. 118, note 1 ; — Roguin, *Conflits des lois suisses*, n° 61, p. 89, note 1). La seule ressource des Allemands qui se trouvent dans cette situation, est de retourner fixer leur domicile en Allemagne.

(1) Trib. fédér., 13 mars 1891 (Rev. prat. de dr. int. pr., 1892. 194), réformant un arrêt de la Cour de Zurich, du 13 déc. 1890.

rent la demande (1). En Suisse donc, ces deux personnes sont mariées et leur mariage est indissoluble ; en Hongrie, elles ne sont pas mariées du tout.

Ce système, tel qu'il est et quoiqu'il n'ait vraisemblablement pas répondu en pratique, aux espérances qu'il avait pu donner à ses auteurs, n'en est pas moins une tentative très intéressante faite pour concilier la théorie de l'application de la loi du domicile, avec le respect de la loi nationale des plaideurs ; il est infiniment préférable aux systèmes Allemand et Ecossais. Si, dans un cas tout à fait particulier, il a pu aboutir au maintien d'un mariage qui, suivant la loi nationale des parties, n'existait pas, il a du moins l'avantage de ne pas encourager la bigamie et l'adultère.

La question de la validité du divorce des Suisses à l'étranger est controversée ; la controverse est née de l'article 43 de la loi fédérale du 24 décembre 1874 : « Les actions en divorce et en nullité de mariage doivent être intentées devant le tribunal du domicile du mari... A défaut d'un domicile dans la Confédération, l'action peut être intentée au lieu d'origine ou au dernier domicile du mari en Suisse ». La doctrine voit, en général, une opposition entre le terme *doivent* du 1ᵉʳ alinéa et le terme *peut* du 2ᵉ alinéa : les tribunaux étrangers sont donc compétents (2). Telle n'est pas l'interprétation du Conseil fédéral qui considère que l'article 43 en admettant pour les Suisses do-

---

(1) Lehr, *D'un cas où des étr. mariés en Suisse ne peuvent obtenir ni la reconn. de leur mar. dans leur pays d'orig. ni la rupt. du lien conjug. dans le lieu de la célébr.*, (Clun., 1884. 483 et s.) ; — Rittner, *Observ. sur les div. entre étr. à propos d'un cas singul. de mariage suisse-hongrois* (Clun., 1885, 152 et s.). Dans cette espèce, le conflit entre la législation suisse et la législation hongroise est insoluble.

(2) Barrilliet, (Clun., 1880, 556 et s.) ; — Pilicier, *Le div. et la sép. de corps en dr. int. pr.*, 132 et s. ; — de Salis, (Clun., 1889, 410 et s).

miciliés à l'étranger la possibilité d'agir en Suisse, refuse par
cela même toute compétence aux tribunaux étrangers (1).
En jurisprudence, la question n'est pas tranchée (2).

Il semble qu'un jugement étranger prononçant la séparation perpétuelle entre Suisses ou prononçant le divorce
pour des causes que n'admet pas la loi suisse, ne serait
susceptible de produire aucun effet en Suisse (3).

La Cour de Genève (7 juill. et 25 nov. 1890) (4) a fait
application de la loi suisse à l'étranger naturalisé Suisse,
et prononcé par suite le divorce, sans s'occuper de la nationalité de l'autre époux.

(1) Rapport de gestion du Conseil fédér. en 1884 (Pilicier, *ouv. cité*,
p. 134) ; Rapport de gestion de 1887 (Feuille fédér., 1888, II, 774, citée par
Salis, Clun., 1889, 410) ; Rapp. de gestion de 1891 (Feuille fédér., 1892, II,
309, citée par la Rev. prat. de dr. int. pr., 1892. 180). — En ce sens, Roguin, *Conflits des lois suisses,* n°ˢ 74 et s. p. 107 et s., mais il reconnait que
la question est délicate.

(2) Un arrêt de la Cour de Zurich, 6 sept. 1883, admet que la réciprocité
pourrait être garantie aux Allemands, pour l'exécution des jugements de
divorce (Zeitschr. für schweiz. Recht, I, 91 citée par Pilicier, p. 136); deux
jugements du trib. civ. de Genève, des 9 déc. 1882 et 1ᵉʳ sept. 1885 (Sem.
judic., 1883. 132 ; 1886, 583, citée par Pilicier, p. 137) admettent que les tribunaux genevois sont seuls compétents entre Genevois : le divorce rentre
dans le statut personnel ; les tribunaux genevois sont donc seuls compétents ; il n'est pas question de l'art. 43. Ces décisions proviennent d'une
confusion entre la compétence et la loi à appliquer à la contestation.

(3) Barrilliet, *Du div. des ép. étr. en Suisse et des ép. suisses à l'étr.*,
(Clun., 1880. 356 et s.) ; — Pilicier, *Le div. et la sép. de c. en d. int. pr.*,
p. 137 et s.

(4) Sirey, 1891, 4, 31.

CHAPITRE III

NÉCESSITÉ D'UN SYSTÈME UNIQUE. — SES CONDITIONS.

§ 1.

On sait qu'il existe actuellement, sur chaque matière de droit international privé, à peu près autant de théories que d'Etats différents ; le droit international privé est multiple, il varie d'Etat à Etat, comme la loi elle-même : il en est particulièrement ainsi en matière de divorce et de séparation de corps. J'ai cherché dans les pages qui précèdent, à étudier avec quelque détail le système français, et j'ai fait suivre cette étude de l'exposé de quelques systèmes étrangers, destinés à servir de points de comparaison ; en ce qui touche les pays étrangers, je me suis attaché plus spécialement à la jurisprudence, parce que les difficultés ne naissent pas, en droit international, de l'interprétation doctrinale de la loi de tel ou tel pays, mais de l'application qui en est faite par les tribunaux, suivant l'interprétation qu'ils en donnent.

Les résultats de l'application simultanée de systèmes différents, sont le plus souvent déplorables : je me suis déjà attaché à le faire ressortir ; lorsque, de deux pays, l'un admet le divorce, l'autre ne l'admet pas, l'application dans le premier, de la loi du domicile, met les époux dans une situation fausse et dangereuse : considérés ici comme mariés, là comme divorcés, ils s'exposent s'ils se remarient, à des poursuites pour bigamie dans leur patrie ; le conjoint avec lequel a été contracté le second mariage, légitimement marié dans un pays, ne sera dans l'autre qu'un concubin ; les enfants issus du second mariage seront légitimes dans un pays, adultérins dans l'autre ; en dehors de ces effets qui touchent à l'état des personnes, les effets sur leur capacité ne seront pas moins contradictoires : la femme par exemple, aura dans un pays la pleine capacité de la femme divorcée ou séparée de corps, dans l'autre elle sera toujours frappée de l'incapacité de la femme mariée. Et le conflit, posé dans ces termes, est insoluble ; les deux législations resteront toujours face à face, la première considérant le nouveau mariage comme légitime, la seconde le considérant comme illégitime (1). Un homme marié, par exemple, pourra avoir plusieurs habitations dans différents pays, et dans chacune une femme légitime et des enfants légitimes ; il est vrai que la plupart des législations condamnent la polygamie ; aussi chacun de ces pays considèrera-t-il que la vraie femme légitime, la seule, est celle qui se trouve sur son territoire ; l'homme marié en question pourra ainsi passer une saison ici, une saison là, avec une femme toujours nouvelle et toujours légitime.

Cette situation, si elle est essentiellement favorable à l'augmentation de la population dans les différents pays, n'en est pas moins contraire à l'idée que l'on se fait du mariage, au moins en Europe et dans la plupart des Etats de l'Amérique. Le mariage est avili : son maintien ou sa dissolution dépendent d'un changement de domicile ou de résidence de l'un des époux, généralement du mari seul, quelquefois même d'un simple voyage des époux à l'étranger (2) ; les lois établies dans l'intérêt du maintien des

____

(1) Je parle du cas où l'un des pays admet le divorce tandis que l'autre le repousse : la situation sera évidemment la même, si les deux pays admettent le divorce, mais pour des causes différentes.

(2) Telle est la situation dans quelques parties des Etats-Unis, par

bonnes mœurs, par l'Etat auquel appartiennent les époux, sont violées ; cette violation est d'autant plus dangereuse qu'elle reste fréquemment impunie.

§ 2.

L'adoption d'un système unique s'impose donc. Reste à savoir quel devrait être ce système : les théories des différents pays sur la compétence et sur la loi applicable au fond de la contestation, dépendent surtout, ainsi que le font remarquer MM. Dicey et Stocquart (1), de la manière d'envisager le divorce ; à ce point de vue on peut distinguer trois théories différentes :

1° La théorie pénale ;

2° La théorie contractuelle ;

3° La théorie du statut.

La première considère le divorce comme une peine : c'est la théorie adoptée par l'Ecosse et la plus grande partie des Etats-Unis. Je l'ai exposée précédemment. Si le divorce est considéré comme une peine, la compétence des tribunaux et la loi applicable sont déterminées par le fait de la résidence, même toute fortuite, des époux ou de l'un d'eux dans le pays, surtout si l'infraction aux devoirs du mariage, tels que les comprend la loi territoriale, a été commise dans le pays.

Je n'insiste pas sur cette théorie ; j'ai déjà eu occasion de dire qu'elle est la pire de toutes, dans ses conséquences ; elle repose sur une confusion inadmissible entre le délit qui peut donner lieu à des mesures répressives dans tout pays, et les faits qui, sans avoir nullement le caractère

exemple dans l'Illinois, où on pourrait presque divorcer entre deux trains, et dans le Dakota méridional. (Voy. ci-dessus, p. 212).

(1) *Le Stat. personnel Anglais*, t. II, note VI, p. 348.

délictueux, peuvent entraîner la rupture du contrat de mariage : il serait tout à fait absurde, par exemple, d'assimiler à un délit, la folie qui, dans certains pays, comme la Suisse, est une cause de dissolution du mariage ; le délit suppose un élément intentionnel. En outre, si le divorce était la répression d'un délit, on ne comprendrait pas qu'il pût avoir effet en dehors du territoire sur lequel il a été prononcé (1).

Cette théorie a contre elle la presque unanimité des auteurs.

Suivant la théorie contractuelle, le mariage est avant tout un contrat entre les époux : le divorce n'est que la résiliation du contrat, dans les conditions prévues par les parties au moment de la célébration. Il faudrait en conclure logiquement que tout tribunal pourra être compétent pour prononcer la résiliation ; la compétence sera déterminée suivant les mêmes principes que pour la rupture d'un contrat quelconque, et la loi applicable au fond sera celle à laquelle les parties se seront soumises au moment de la conclusion du contrat ; resterait à déterminer d'une façon précise cet élément intentionnel.

Mais il y a autre chose dans le mariage, qu'un contrat pur et simple : la volonté des parties n'a d'effet que sur la conclusion même du contrat, mais non sur ses conditions ni sa résiliation. C'est l'Etat qui intervient pour déterminer les conditions spéciales de capacité auxquelles les parties devront satisfaire ; c'est lui qui règle tous les effets du contrat sur la personne et les biens des époux, qui détermine les devoirs des contractants ; enfin c'est lui qui détermine si et de quelle façon le contrat pourra être résilié (2).

(1) Dicey et Stocquart, *Le stat. pers. Angl.*, t. II, p. 349.
(2) Dicey et Stocquart, *Le stat. pers. Angl.*, t. II, p. 349 ; — Bar, *Theor. und Praxis des internat. Privatr.*, t. I, § 173, p. 486 ; — Brocher, *Nouv. traité de dr. int. pr.*, p. 123.

Le mariage est bien un contrat, mais un contrat d'une nature toute spéciale : ce qui le caractérise, c'est qu'il modifie profondément l'état des personnes.

La théorie du statut ne considère que ce caractère du contrat : le divorce, suivant elle, est l'acte par lequel l'Etat, par l'entremise d'un pouvoir public, met fin à la condition d'époux.

Il me semble que le véritable caractère du divorce n'est pas exclusivement celui que lui donne chacune de ces deux théories : le mariage est un contrat qui modifie l'état des personnes ; le divorce modifie l'état des personnes, mais ne peut y parvenir que par la rupture du contrat. La théorie contractuelle et la théorie du statut se complètent donc l'une l'autre. Le divorce est la rupture d'un contrat ; il est en outre une question d'état : la séparation de corps perpétuelle participe de ce caractère ; elle affecte l'état et surtout la capacité des personnes.

A ce point de vue, le divorce et la séparation perpétuelle doivent être soumis à la loi nationale des époux ; l'application de la loi nationale est à peu près universellement admise en matière d'état et de capacité ; en matière de divorce et de séparation, elle seule permet à chaque Etat de maintenir au mariage de ses sujets, qu'ils soient sur le territoire ou hors du territoire, le caractère que lui impriment les mœurs nationales ; elle seule permet d'éviter les fraudes, et de soustraire la possibilité de la dissolution du mariage, aux hasards d'un changement de domicile. La nationalité est fixe, facile à déterminer ; il n'en est pas de même du domicile. Les changements de nationalité sont moins fréquents que les changements de domicile ; ils sont plus réfléchis et sont rarement dus à des circonstances fortuites. « Le principe de la nationalité, dit M. Brocher, l'emporte de beaucoup sur l'autre en puissance morale et sociale, il repose sur une base mieux définie, plus stable et plus facile à reconnaître; c'est lui, de plus, qui satisfait le mieux aux exigences de la famille et de la patrie, dont l'influence respective se fortifie dans ce système par une action simultanée et concordante. Il s'appuie sur les rapports les plus anciens, les plus respectables et les plus intimes, il tient au sang qui circule dans les veines, remonte aux souvenirs et aux traditions de famille, à toute une série d'existences antérieures; il se rattache à tout un ensemble de droits et d'obligations dont il paraît impossible de faire abstraction. S'il est vrai que chacun doit trouver dans sa patrie un asile toujours ouvert, s'il doit en attendre la protection qui lui est nécessaire en pays étranger, est-il possible de refuser à cette patrie tout contrôle et toute influence sur ceux de ses ressortissants qui, sans rompre les liens qui les retiennent à elle, vont se fixer à l'étranger ? Ne doit-elle pas conserver une influence légitime sur les modifications qui s'opèrent dans l'état civil et politique de ses ressortissants et qui réagissent nécessairement sur ses propres obligations ? L'esprit de retour ne doit-il pas être généralement supposé, et les changements d'état qui s'opèrent à l'étranger ne ressortiront-ils pas, fort souvent, leurs effets sur le territoire ?... A tous ces éléments de vie morale et sociale, le domicile n'oppose qu'un rapport presque matériel, le lien qui rattache la vie juridique d'un individu à telle localité, pour un temps qu'on suppose devoir être plus ou moins long (1) ».

Quant aux causes et aux effets du divorce, ils ne peuvent être distingués du principe du divorce lui-même, et

______

(1) Brocher, *Comment. du traité franco-suisse* (Genève, Georg, 1879), p. 27. Dans le même sens : Bar, *Theorie und Praxis des int. Privatr.*, t. I, § 173, p. 482; — Fiore, *Dr. int. pr.*, § 131; — Laurent, *Dr. civ. internat.*, t. III, n° 254; — Pilicier, *Le div. et la sép. de corps en dr. int. pr.*, p. 245; — Weiss, *Tr. élém. de dr. int. pr.*, p. 240.

il en est de même des causes et des effets de la séparation
perpétuelle. C'est un point que j'ai déjà eu à signaler précédemment et sur lequel je ne reviens pas (1).

Reste à savoir comment on peut concilier le conflit entre la loi nationale des époux et la loi en vigueur au siège
du tribunal : on peut le résoudre en considérant comme
exclusivement compétent, le tribunal national des époux.
Les auteurs qui sont partisans de ce système s'appuient
sur les raisons suivantes :

L'unité de la loi ne serait qu'un vain mot, si elle ne se
reproduisait dans son application : or ce but ne peut être
atteint qu'en s'adressant aux juges qui sont le mieux placés pour connaître la loi, pour désirer que son autorité
soit pleinement respectée ; ces juges sont les juges nationaux des parties (2). Les erreurs seront fréquentes dans
l'application d'une loi étrangère : dans les différents pays
de l'Allemagne par exemple, les causes de divorce reconnues par l'Église protestante ont été étendues dans différents sens (3).

Cette observation ne peut s'appliquer qu'aux causes de
divorce qui laissent au juge un certain pouvoir d'appréciation, comme par exemple les excès, sévices et injures
graves : il n'y aura pas à s'étonner outre mesure s'il se produit des divergences dans l'interprétation ; il s'en produit
bien dans l'intérieur d'un même pays. D'ailleurs, actuellement, les renseignements sont relativement faciles à obtenir ; s'il y a quelque raison de douter, le tribunal étranger saisi exigera la production d'un certificat de coutume,
et il arrivera rarement que l'espèce qui lui est soumise

(1) Laurent, *Dr. civ. int.*, t. V, n° 134 ; — Pic, *Le mar. en dr. int.*,
p. 230 ; — Pilicier, *ouv. cité*, p. 251, 270.
(2) Brocher, *Le traité franco-suisse*, p. 7.
(3) Bar, *Theor. und Praxis des int. Privatr.*, t. I, § 178, p. 499.

n'ait pas déjà été jugée dans la patrie des époux ; en droit,
il y a peu de questions neuves, spécialement en ce qui touche l'interprétation des causes de divorce dans un pays :
le tribunal saisi n'aura qu'à chercher l'interprétation de
la loi nationale des parties, dans la jurisprudence de leurs
tribunaux nationaux ; ce sera pour lui le guide le plus sûr,
et si cette jurisprudence est contradictoire, on ne pourra
vraiment pas faire un reproche au tribunal étranger, de
suivre l'opinion qui se rapproche le plus de la sienne propre (1).

On a présenté une raison plus solide à l'appui de la
compétence exclusive des tribunaux nationaux des parties :
le juge, a-t-on dit, ne peut jamais appliquer, en cette matière, que sa loi nationale ; il ne déclare pas le droit entre
les parties, il crée entre elles un état nouveau, change
leur situation juridique en les rétablissant dans leur état
antérieur de célibat ; le jugement qui prononce le divorce
ressemble, à ce point de vue, à certains actes de la juridiction non contentieuse ; le juge agit ici comme organe
du pouvoir public, pour créer une situation nouvelle, con-
férer des droits nouveaux : il ne peut prendre pour guide
d'autre loi que celle de l'État même qu'il représente (2).
Des raisons d'ordre public et de morale nationale conduisent au même résultat : on ne peut admettre que le tribunal prononce le divorce, si la loi de son pays le juge contraire à la religion et aux bonnes mœurs ; il en sera de
même si le divorce est demandé pour des causes différentes de celles que la loi territoriale autorise, causes qu'elle
a considérées par le fait même de leur rejet, comme contraires à la morale ; il faut en dire autant de la séparation
perpétuelle que certains pays (l'Allemagne, la Suisse) ont

____

(1) En ce sens, Pilicier, *ouv. cité*, p. 254 et s.
(2) Asser et Rivier, *Élém. de dr. int. pr.*, n° 53 (Paris, Rousseau, 1884).

écartée parce qu'ils la considèrent comme contraire au but du mariage. Inversement, dans un pays où le divorce est admis, les juges ne pourront refuser de le prononcer au profit d'un étranger dont la loi nationale ne l'admet pas : ce serait agir contrairement aux idées morales qui ont cours dans leur pays, et qui ont fait admettre le divorce par le législateur, parce qu'il a considéré qu'il était de l'intérêt de la famille, de l'ordre et des bonnes mœurs de ne pas maintenir certaines unions (1).

J'admets parfaitement que les juges d'un pays ne peuvent appliquer une loi contraire à leur loi nationale, lorsque cette loi nationale a pour objet, comme la loi qui admet le divorce et la séparation ou la loi qui les prohibe, le maintien des bonnes mœurs et de l'organisation de la famille. C'est la théorie que j'ai soutenue en étudiant le droit français ; il me paraît impossible de faire abstraction ici, de l'idée de la morale et des bonnes mœurs, telles que les comprend chaque pays, sous peine d'aboutir à un système qui ne pourrait être accepté nulle part. Laurent, qui voudrait l'application la plus étendue de la loi nationale, a bien été forcé de faire des distinctions et de refuser l'application de la loi étrangère dans les cas où elle lui paraît blesser les idées de morale qui ont cours sur le territoire (2) ; mais la distinction qu'il fait est arbitraire, comme toutes celles que l'on pourra tenter de faire : la loi belge comme les autres, dit clairement ce qu'elle veut dire, et lorsqu'elle autorise le divorce dans telle circonstance déterminée, elle l'exclut par cela même dans toute autre circonstance. On objecte que l'Etat qui refuse d'appliquer la loi étrangère

----

(1) Asser, *passage cité* ; — Bar, *Theor. und Praxis des int. Privatr.*, t. I, § 178, p. 498 ; — Olivi, *Du mar. en dr. int. pr.*, (Revue de dr. internat., 1883, p. 366 et s.).

(2) *Dr. civ. int.*, t. V., §§ 129, 136.

lorsqu'elle est en contradiction avec la sienne, ne voit pas
de scandale à reconnaître la validité de la décision étrangère qu'il aurait refusé de laisser rendre sur son territoire (1). Il y a une différence considérable entre ces deux
situations : dans un cas l'étranger fait la preuve de son
état de célibat ; il produit le jugement de divorce étranger
comme il produirait son acte de naissance, pour établir son
état, et c'est pourquoi l'exequatur est inutile ; dans l'autre il demande aux juges étrangers d'appliquer une loi qui
se trouve en désaccord avec les principes admis sur le territoire en matière de mariage. Respectons la loi nationale
de l'étranger sur notre territoire, mais demandons-lui de
respecter la nôtre.

Toutefois, si je comprends et si j'admets les raisons
qui peuvent décider le juge à n'appliquer que sa loi nationale, je comprends aussi, quoique je ne l'approuverais
pas en France, que certains pays se fassent une autre
idée des lois sur le mariage ; en Italie par exemple, un
courant paraît s'être formé pour la prononciation des divorces entre étrangers conformément à leur loi nationale ; fé-
licitons-nous en, puisqu'il donne plus de facilités aux étrangers, mais je ne suis nullement partisan de la réciprocité.
En fait d'ailleurs, il y a certaines causes de divorce ou de
séparation qui sont admises partout : l'adultère et les sévices graves par exemple ; le juge, en appliquant la loi
étrangère, respectera la loi territoriale, puisque les deux
lois sont identiques. Il ne me semble donc pas que la raison invoquée soit suffisante pour faire exclure la compétence du tribunal du domicile.

Reste l'autre face de la question : le juge, dit-on, ne
pourra appliquer à l'étranger d'autre loi que la loi territoriale ; inversement, il ne pourra repousser la demande de

____

(1) Laurent, *Dr. civ. internat.*, t. V, n° 131, p. 278.

l'étranger fondée sur la loi territoriale, sous le prétexte que sa loi nationale est contraire.

Je ne puis admettre cette seconde proposition : je vois bien qu'elle sert de pendant à la première, mais elle ne paraît avoir aucun rapport avec elle. « Nous n'avons pas l'intention, dit M. Fiore (1), de soutenir que la dissolubilité ou l'indissolubilité soit un droit des parties, ni que la *lex loci contractus* doive régler partout les obligations et les droits qui dérivent de l'union conjugale ; au contraire nous sommes d'avis que les lois applicables aux contrats ne peuvent pas toujours s'appliquer au mariage qui est un contrat *sui generis*. Mais dans les profondes recherches de nos adversaires, nous n'avons pas trouvé la raison pour laquelle on doive regarder comme nécessaire pour l'ordre public et la police générale d'un Etat de décréter le divorce *a vinculo* entre étrangers, de les déclarer libres et de les autoriser à se remarier ». M. de Bar prétend que l'Etat qui, dans un cas donné, autorise le divorce, agirait contrairement à ses propres idées si, sur le fondement d'une loi étrangère, il refusait aux époux la liberté qu'ils demandent (2). Je comprends parfaitement que le respect dû à la loi territoriale fasse écarter l'application de la loi étrangère : je ne puis comprendre qu'il conduise à la violation de cette loi. M. de Bar admet que le tribunal du domicile doit être incompétent entre étrangers ; pourquoi ne pas admettre, s'il est compétent, qu'il se borne à déclarer non recevable la demande de l'étranger, parce qu'elle est contraire à la loi nationale de l'étranger ? Est-ce que dans l'un comme dans l'autre cas, le résultat ne sera pas le même : la présence sur un territoire, d'étrangers qui ne peuvent invoquer les lois de ce territoire pour faire dissou-

---

(1) *Dr. internat. pr.*, n° 131.
(2) *Theorie und Praxis des internat. Privatr.*, t. I, § 178, p. 498.

dre leur union ? (1) Si l'ordre public est troublé, si l'un
des conjoints met la vie de l'autre en danger, il suffira de
mesures de police pour rétablir l'ordre : la séparation temporaire par exemple.

On a donné une dernière raison en faveur de la compétence exclusive des tribunaux nationaux : il y a peu de
chances que la patrie des époux reconnaisse sans révision
le jugement émanant d'un tribunal étranger, quand bien
même ce tribunal aurait eu l'intention d'appliquer la loi
nationale des époux ; le point de savoir si le jugement a
appliqué, dans sa lettre et dans son esprit, la loi nationale,
ne peut être établi que par une révision scrupuleuse du
jugement et du procès qui l'a précédé ; en réalité le tribunal chargé de la révision prononcera un nouveau jugement :
les intéressés auront un jugement de divorce et ils ne sau-
ront pas si leur patrie, c'est-à-dire l'Etat dans lequel le
divorce, normalement, doit surtout sortir ses effets, reconnaîtra ce jugement (2). On peut répondre qu'il est très-
douteux, si le tribunal étranger a voulu appliquer la loi
nationale, que la révision soit aussi complète que le croit
M. de Bar, et que le tribunal national rende un nouveau
jugement au lieu d'accorder l'exequatur au premier ; quant
aux intéressés, ce sera à eux d'apprécier s'ils veulent considérer le jugement comme acquis d'ores et déjà ou s'ils
préfèrent se couvrir par l'exequatur d'un tribunal de leur
pays : l'obtention de l'exequatur ne présentera certaine-

---

(1) Il faut remarquer que la plupart des pays qui invoquent cette considération d'ordre public pour appliquer leur loi aux étrangers, contrairement à la loi nationale de ces étrangers, se mettent en contradiction avec
eux-mêmes lorsqu'il s'agit du divorce de leurs nationaux à l'étranger :
l'Allemagne par exemple, admet-elle l'application de la loi du domicile à
ses nationaux à l'étranger ? De même la Suisse ?

(2) De Bar, *Theorie und Praxis des int. Priv.*, t. I, § 177, p. 496 ; § 178,
p. 498.

ment pas pour eux, les difficultés de l'obtention du jugement dans leur patrie.

Ces difficultés peuvent être en effet considérables, et si les raisons qu'on invoque en faveur de la compétence exclusive du tribunal national ne me paraissent pas suffisantes pour faire écarter la compétence du tribunal du domicile, les difficultés dont je parle me paraissent rendre absolument nécessaire la compétence du tribunal du domicile : il y a d'abord la question de savoir si l'étranger a conservé dans sa patrie un tribunal compétent ; j'ai déjà signalé la situation particulière que leur loi nationale fait, sur ce point, aux Allemands domiciliés à l'étranger ; il me paraît absolument injuste de refuser à des étrangers de reconnaître leurs droits, sous le prétexte que leur loi nationale sur les règles de compétence est mal faite. Le plus souvent, c'est dans l'endroit où les époux ont leur domicile que se seront passés les faits sur lesquels ils fondent leur demande en divorce ou en séparation ; comment feront-ils la preuve de ces faits devant leur tribunal national ? Des témoins devront être entendus, le tribunal national décernera une commission rogatoire au tribunal du domicile ; n'est-il pas infiniment plus simple, puisque c'est le tribunal du domicile qui fait l'enquête, de lui laisser aussi le soin de rendre le jugement ? Le tribunal du domicile sera mieux renseigné : n'y aura-t-il pas là une garantie que le jugement sera mieux rendu ? Enfin et surtout il y a la question des frais : les époux seront forcés pour se rendre dans leur pays, de faire des dépenses qui pourront être considérables et auxquelles il ne seront pas toujours à même de faire face ; peut-on raisonnablement exiger qu'un homme soit tenu d'abandonner ses intérêts commerciaux ou industriels, la situation qu'il a pu se créer à l'étranger, la place qui le fait vivre, pour aller se faire rendre justice dans son pays, alors qu'il y a, au lieu même de son domicile, des tribunaux qui pourront juger sa contestation tout aussi bien que ses tribunaux nationaux, peut-être mieux darce qu'ils seront mieux renseignés sur la question de fait? Si cette situation est difficile pour le mari, elle le sera encore bien plus pour la femme. Le système de la compétence exclusive des tribunaux nationaux ne convient qu'aux riches, et ce n'est pas parmi eux qu'il faut chercher les gens qui s'expatrient. Déni de justice pour les pauvres, déni de justice pour la femme presque toujours, voilà le résultat auquel on aboutit (1).

Telles sont les raisons qui me conduisent à admettre la compétence du tribunal du domicile ; mais il me paraît nécessaire d'admettre en outre la compétence facultative pour les parties, du tribunal national, ainsi que le veut avec raison M. Pilicier (2) : elle est nécessaire, car le tribunal du domicile pourra déclarer la demande non recevable comme contraire à l'ordre public et aux bonnes mœurs, si elle s'appuie sur une loi qui diffère de la loi du domicile.

Je résume de la façon suivante les principes posés :

1° Le tribunal du domicile sera compétent ; les parties auront la faculté de saisir leur tribunal national.

2° Le divorce et la séparation de corps, leurs causes et leurs effets, seront régis par la loi nationale des époux ; le tribunal du domicile pourra refuser l'application de la loi nationale, lorsqu'elle sera contraire à la loi du domicile.

3° Le divorce prononcé par le tribunal compétent sera reconnu partout.

(1) Comp. Demangeat, note sur Fœlix, t. I, n° 158, p. 331 ; — Pilicier, *Le div. et la sép. de c. en dr. int. pr.*, p. 256 et s.

(2) *Ouv. cité*, p. 253 et s.; — La compétence du tribunal du domicile avec application de la loi du pays d'origine est aussi admise par M. Picot, *De la compét. des tr. Suisses à se nantir des act. en null. de mar. et en div. entre étr. dom. en Suisse*, (Le Fort, Bullet. de la soc. de lég. comp., 1886-1888, p. 739).

L'Institut de droit international, dans les conclusions qu'il a adoptées au sujet du divorce (Séance du 5 sept. 1888), fait une distinction entre le divorce et ses causes : « La question de savoir si un divorce est légalement admissible ou non dépend de la législation nationale des époux » ; « Si le divorce est admis en principe par la loi nationale, les causes qui le motivent doivent être celles de la loi du lieu où l'action est intentée (1) ». M. de Bar fait remarquer avec raison, à ce propos, que la mission du juge sera ainsi simplifiée d'une façon très-agréable pour lui, mais qu'en pratique ce sont surtout les causes du divorce qui ont de l'importance, car presque tous les pays admettent le divorce (2) : soumettre le divorce à une loi et ses causes à une autre, ce n'est pas une solution ; les causes du divorce font corps avec lui et quand une législation refuse le divorce fondé sur telle ou telle cause, il faut assimiler l'étranger qui invoque cette cause, à celui dont la loi nationale n'admet pas du tout le divorce.

Je n'ai rien à ajouter ici à ce que j'ai déjà dit sur la question de la naturalisation : la naturalisation des deux époux les soumet à la loi de leur nouvelle patrie, mais la naturalisation d'un seul des deux ne peut lui permettre de profiter de la loi de sa nouvelle patrie ; tel est le sens de la théorie de M. Labbé, que j'ai exposée précédemment ; elle part de cette idée que le divorce est la rupture d'un contrat (3).

(1) Ann. de l'Instit. de dr. int., 1888-1889, t. X, p. 78 ; — Voy. les différents projets présentés, 1887-1888, t. IX, p. 62 et s. Comp. Dudley-Field, *Projet d'un code internat.*, art. 679, p. 523 (traduct. Rolin).

(2) *Theor. und Praxis des internat. Privatr.*, t. I, p. 500 et s.

(3) En sens contraire, Bar, *Theorie und Praxis des internat. Privatr.*, t. I, §§ 174-175, p. 488 et s.

§ 3.

M. Garnier (1), puis M. Lehr (2) ont mis en avant, pour
trancher les difficultés que font naître en droit international les questions qui se rattachent au mariage, l'idée d'une
sorte de tribunal international matrimonial, ayant pour
but d'émettre un avis obligatoire, lorsqu'une difficulté
d'interprétation surgirait à l'occasion du mariage projeté
de deux étrangers ou d'un étranger et d'un régnicole ; les
diverses puissances y seraient représentées par un ou plusieurs jurisconsultes autorisés, et ses sentences seraient
sans recours auprès d'un tribunal national. On pourrait
dire du divorce ce qu'on dit des mariages projetés : mais
le projet est assez vague. A moins que ce tribunal ne fût
ambulant, l'éloignement souvent considérable des parties
le rendrait bien peu pratique ; il serait en outre à craindre
qu'à raison du grand nombre de juges, tous de nationalité
différente, les lois de chaque pays fussent violées (3).

Le procédé le plus pratique pour arriver à l'adoption
d'un système unique se trouve dans la conclusion de traités ; c'est le procédé dont l'Institut de droit international,
notamment, a reconnu la nécessité, et ses études ont pour
but de dégager les principes qui pourront servir de base à
la rédaction de ces futurs traités. L'époque où ils intervien-
dront ne paraît pas être prochaine ; mais il est permis d'espérer que le jour viendra où les diverses puissances reconnaîtront la nécessité de l'adoption de règles uniformes de
droit international privé.

(1) *Aufzeichn. betreffend die Eheschliessung von Auslænd. in der Schweiz*
(cité par M. Lehr).
(2) *D'un projet de réglem. internat. en mat. de mariage* (Clun., 1884. 49).
(3) De Bar, *Theor. und Praxis des int. Priv.*, t. I, § 179, p. 502.

Les Etats de l'Amérique du Sud nous auront précédés dans cette voie : à la suite du Congrès sud-américain de droit international privé qui s'est réuni à Montevideo en 1888-1889, des traités ont été rédigés entre les sept Etats représentés : Uruguay, République Argentine, Paraguay, Brésil, Chili, Pérou et Bolivie ; mais ils ne sont pas encore tous ratifiés suivant les règles constitutionnelles de chacun de ces Etats ; le protocole est ouvert à l'adhésion des puissances Européennes ; l'un de ces traités est relatif au droit civil, mais il rejette l'application de la loi nationale des parties : la séparation et le divorce sont régis par la loi du domicile matrimonial, pourvu que les causes alléguées soient admises par la loi du lieu où le mariage a été contracté ; si les époux changent de domicile, leurs droits et leurs devoirs sont ceux du nouveau domicile. L'adoption de la loi du domicile ne sera vraisemblablement pas de nature à attirer à ces traités l'adhésion des puissances Européennes ; elle s'explique jusqu'à un certain point si on considère que les législations civiles des Etats de l'Amérique du sud ont la même source et qu'elles ont entre elles certaines analogies (1).

(1) Voy. sur ces traités, Pradier-Fodéré, *Le Congrès de dr. int. Sud-Améric. et les traités de Montevideo* (Rev. de dr. int., 1889, p. 217 et s.).

TABLE DES MATIÈRES

POSITIONS

Positions prises dans la thèse.

DROIT ROMAIN.

I. — La coutume du legs de la dot est antérieure à la création d'une action en restitution de la dot.

II. — Le legs de la dot laisse à la charge de la femme les impenses nécessaires ou utiles, et la restitution de la donation révoquée par le mari.

III. — A l'époque classique, l'avantage d'un paiement anticipé des choses fongibles, offert à la femme par le legs de la dot, ne comprend que la réduction, et non la suppression des délais de paiement.

IV. — L'idée du legs de la chose due est indépendante de celle du legs de la dot; elle lui est postérieure en date.

V. — Le mari était seul propriétaire de la dot.

DROIT INTERNATIONAL PRIVÉ.

I. — Les tribunaux français ne peuvent se déclarer incompétents pour statuer sur les demandes en divorce ou en séparation de corps entre étrangers, à raison de la seule extranéité des parties.

II. — Les étrangers ne peuvent obtenir, en France, la séparation de corps perpétuelle ou le divorce que s'ils sont admis par leur loi nationale, et si les causes invoquées sont admises à la fois par la loi étrangère et par la loi française.

III. — Les jugements de divorce ou de séparation de corps

rendus à l'étranger, entre étrangers, n'échappent à la formalité de l'exequatur en France que lorsqu'ils sont invoqués pour établir l'état ou la capacité des personnes.

IV. — La naturalisation d'un seul des époux au cours du mariage est sans influence sur la question du divorce et de la séparation ; le mariage reste soumis à la loi sous l'empire de laquelle il a été contracté.

V. — Le divorce et la séparation de corps, leurs causes et leurs effets devraient être régis partout par la loi nationale des époux.

Positions prises hors de la thèse.

DROIT ROMAIN.

I. — Le co-propriétaire n'a pas droit au remboursement des dépenses utiles qu'il a faites sur la chose commune sans le consentement de ses co-propriétaires.

II. — La fidéjussion est nulle si elle excède l'obligation principale ou si elle a été contractée sous des conditions plus onéreuses.

III. — L'obligation alternative devient pure et simple si l'un des deux objets que le débiteur pouvait livrer à son choix périt par cas fortuit.

IV. — L'hypothèque de la chose d'autrui est valable, si le propriétaire devient l'héritier du constituant.

DROIT CIVIL.

I. — Le contrat par correspondance est formé à l'instant où la partie qui accepte l'offre se dessaisit de son acceptation.

II. — Les donations déguisées faites par l'un des époux à l'autre sont radicalement nulles.

III. — L'usufruitier d'une valeur à prime ou à lots n'a aucun droit sur le montant de la prime ou du lot.

IV. — L'enfant incestueux ne peut être légitimé par le mariage subséquent de ses père et mère, contracté en vertu de dispenses.

LÉGISLATION CRIMINELLE.

I. — L'inculpé relâché à la suite d'une ordonnance de non-lieu ou d'un acquittement, après détention préventive, devrait avoir droit, en principe, à une indemnité.

DROIT COMMERCIAL.

I. — L'inventeur breveté en France ne peut se fonder sur le simple transit sur le territoire Français de produits fabriqués à l'étranger et faisant l'objet de son brevet, pour intenter contre l'expéditeur une action en contrefaçon.

DROIT DES GENS.

I. — L'état de guerre n'autorise pas le bombardement de la partie des villes ennemies occupée par la population civile.

DROIT CONSTITUTIONNEL.

I. — La révision de la Constitution est limitée aux points déterminés par la résolution prise dans chacune des deux Chambres avant la réunion de l'Assemblée nationale.

Vu par le Président de la thèse,
L. RENAULT.

Vu par le Doyen,
COLMET DE SANTERRE.

Vu et permis d'imprimer :
Le Vice-Recteur de l'Académie de Paris,
GRÉARD.

Imp. G. Saint-Aubin et Thevenot, Saint-Dizier, (Haute-Marne), 30, Passage Verdeau, Paris.

Imp. G. Saint-Aubin et Thevenot, Saint-Dizier (Hte-Marne). 30, Passage Verdeau, Paris